文化与城市

王蒙

俞明◎著

南京出版传媒集团
南京出版社

图书在版编目（CIP）数据

文化与城市 / 俞明著. -- 南京 : 南京出版社，
2020.6
ISBN 978-7-5533-2886-7

Ⅰ. ①文… Ⅱ. ①俞… Ⅲ. ①城市文化 - 研究 - 南京
Ⅳ. ①G127.531

中国版本图书馆CIP数据核字（2020）第086872号

书　　名　文化与城市
作　　者　俞　明
出版发行　南京出版传媒集团
　　　　　南　京　出　版　社
　　　　　社址：南京市太平门街53号　　邮编：210016
　　　　　网址：http://www.njcbs.cn　　电子信箱：njcbs1988@163.com
　　　　　联系电话：025-83283893、83283864（营销）　025-83112257（编务）

出 版 人　项晓宁
出 品 人　卢海鸣
责任编辑　翟聪睿　金　欣
装帧设计　韦　俊　张　淼
责任印制　杨福彬

排　　版　南京凯德印刷有限公司
印　　刷　南京凯德印刷有限公司
开　　本　787毫米 × 1092毫米　1/16
印　　张　16.75
字　　数　256千
版　　次　2020年6月第1版
印　　次　2020年6月第1次印刷
书　　号　ISBN 978-7-5533-2886-7
定　　价　50.00元

南京出版社
图书专营店

序

与俞明先生相识已经多年，知道他曾经担任南京市的区长、区委书记、市政协副主席，主管过政协文史工作。尤其知道，他曾在援疆期间推动兴建了伊犁汉代细君与解忧公主的纪念馆。在南京，他则推动兴建了早在六百年前已有创意与计划，并写出愿景文章《阅江楼记》，收入到《古文观止》，为读书人所熟悉与赞赏，但后来并无下文的“阅江楼”。人们说，这是六百年前明初已经“立项”，由社会主义的新中国施工完成的伟大建筑。它受到各方好评。

他根据文史资料推动改建了静海寺《南京条约》史料陈列馆，而那里是当年签订丧权辱国、导致我国失去了香港百年治权的《南京条约》的地方。现在，陈列馆连同新疆伊犁的纪念馆，都已成为重要的爱国主义教育基地。他起草的《警世钟铭》刻在静海寺的钟上，永远警醒着后人。

有趣的是，他还根据镇江原名润州的史料，提出了将镇江通扬州的公路桥命名为“润扬大桥”的意见，并得到了批准与落实。这四件事，有一件做成，就堪称有历史意义的佳话了，而他一身兼得其四，何其荣耀、难忘与幸运也！

人们见到文史遗迹的保护与弘扬的业绩，往往乐于称赞它们为“立竿见影”。但俞明先生做到的是“立影见竿”，因为此前遗迹已经大体失去了其物质性存在，只留下了历史的影迹；而俞明的努力使历史记忆鲜明坚固地凸现在祖国大地上。

人们还信奉“腹有诗书气自华”的名言，但俞明先生做的，不仅展现了读书知史者本人气度的华美，更彰显了两处纪念馆的风姿，催生了一处大楼阁的华赡，还有一座大桥名称的古雅与如意。俞明贡献的是腹有诗书，从而实现楼也华、寺也华、馆也华、桥梁也华的历史与实景的华，建筑的华，道路的华与地貌的华。

善哉文史！善哉文化与城市！善哉我们的时代——给了俞明先生大显身

手的机会，记录这一切的他的新书《文化与城市》于是欢庆出版！文以兴城，文以华史，文以美丽家园国土，好啊！

王蒙

2019年10月18日 于青岛

王蒙简介：王蒙，当代著名作家，曾任《人民文学》主编、中国作家协会书记处书记、中国艺术研究院院长、中共中央委员、中华人民共和国文化部部长、全国政协常委，现任中国作家协会名誉副主席、中央文史研究馆馆员。王蒙自1953年开始创作至今，一直进行不倦的探索和创新，成为新时期文坛上创作最为丰硕、最具有活力和探索精神的作家之一，代表作有《组织部新来的年轻人》《青春万岁》《王蒙文集》（10卷）、《王蒙文存》（23卷）、《我的人生哲学》等。作品多次获得国内外文学大奖。2019年9月王蒙被授予“人民艺术家”这一国家荣誉称号。

王蒙先生在山东赠送给本书作者的书籍

自 序

2006年下半年，我赴京在中央党校进修学习，常有机会到党校图书大楼查阅资料。有一天，在层层叠叠的书架中，偶然发现有两种我出的书紧紧排列在一起。一是中国社会科学出版社于1998年出版的《〈南京条约〉与香港百年》，二是方志出版社于1999年出版的《下关开埠与南京百年》。这两本书印数都不算多，而且是不同出版社在不同时间出版的，怎么会在中央党校图书大楼这样高大上的知识殿堂里排列在一起，而且和我本人"巧遇"了呢？细想一下，除了极大的偶然性以外，也有其必然性，比如，这些都是文史类图书，都涉及同一个地点同一个人名，就容易陈列在一起，等等……这意外的"发现"，使我激动万分。我认真地取下几本书来，一一查看了封三的借阅登记表，看到每一本书都有近十人的借还记录。看来我当初的脑力劳动还是有作用、有意义的。当天晚上，我真有夜不能寐的感觉。

曹丕在《典论·论文》中对"文章"的意义作用有一段名言，他所指的"文章"，包含的是各种类别的文字著述。人类在生存发展的过程中，有无数种必要性要求人们用语言文字记录古往今来的经历和感受，规划未来的方向和路径，总结经验教训，教化子孙后代。人类的知识宝库，离不开文字文章文化的日积月累。这是一种无比丰厚、无所不包的资源财富。

联想到我们这一批被称为"老三届"的读书人、劳动者，是数十年来中国发展变化的亲历者，经历不可谓不丰富，感受不可谓不深刻。我们经历过上山下乡，当过农民，当过工人，经历过高考，经历过解放思想的20世纪80年代，经历过经济增长的20世纪90年代，经历过抗洪抢险、抗击疫病、金融危机，进入了中国特色社会主义的新时代。美好的时代给我们这样的平凡人物带来了大好的机遇，这一切难道不应该记录下来，留存下来吗？现在我们退休了，有时间了，有条件了，不应该写一点"文章"，讲一点"故事"吗？最近几年，我陆续写了十几段文字，大部分已发表在报纸杂志上，现结集于此，汇编为《文化与城市》一书，盼望能得到有识者的批评指正。

感谢王蒙先生为本书确定书名并题写了书名，在百忙中破例作序，我补充写了以上文字，就算是“自序”吧！

俞　明

2020年5月

与全国政协文史委主任王蒙同志（左）在南京阅江楼（摄于2006年12月2日）

目　录

文史缘

我与文史工作颇有缘分。一则我在政协工作已跨两届，一直分管南京市政协的文史工作；二则此前我在从事党政工作时，较为重视文史资源对城市建设、经济建设乃至政治建设的潜在影响，做过一些尝试、探索，有了一些心得体会。

警世钟——迎庆香港回归

1995年秋，中共南京市委调我到下关区工作。赴任前我认真阅读了有关下关地区的文史资料与档案，深感这个滨江老城区历史积淀丰厚，内涵发人深省。从近代历史来看，1842年8月，英国军队凭借坚船利炮，迫使清廷与英方签订了丧权辱国的《南京条约》，条约的议定和签字就是在下关静海寺和江边军舰上完成的。清王朝不但割让了香港，还赔偿2100万银圆。香港回归，这里是历史巨变的最好见证。下关还是人民军队横渡长江、解放南京的登陆地。因此，下关既是中国近代历史起点的标志，也是一个旧时代走向终结的见证。

《南京百年风云》一书的封面照：警世钟

由于屡经战火，静海寺几近不存。1987年重建的静海寺《南京条约》史料陈列馆，占地面积628平方米，建筑面积仅400多平方米，很难形成大的影响。我担任下关区区长后，听说不少人想到静海寺参观，东找西找都没找到。我在小巷深处找到了陈列馆，有一个不起眼的小门，进得院内，但见陈列物品寥寥可数，工作人员也只有田践等数人。田馆长向我反映了陈列馆面临的窘境，我感到这个陈列馆的面积、展品和影响与它在中国近代史上的重要地位很不相称，尤其是再过一年多，香港就要重回祖国怀抱，南京人民迎庆香港回归，如果把活动放在这里，连一个班级的学生都容纳不下，这可是个实际问题。

我和区委书记郑鄂都认为问题虽然有点棘手，却是一个重要的机遇，应当把静海寺建为重要的爱国主义教育基地。正巧不久后我跟随市长到无锡开会，就把关于扩建陈列馆的书面建议送到市长手中，得到了他的全力支持。市长和我又向同在无锡开会的省领导做了汇报。时任江苏省委书记的陈焕友同志对书面建议做出批示给各有关方面。经过高效率、快节奏的运作，一个关于“扩建陈列馆，隆重庆回归”的方案很快形成，省委、省政府同意立项，市委、市政府下拨部分财政补助，由下关区负责实施。

扩建方案由东南大学教授潘谷西领衔设计。方案确定把原来埋没在天妃宫小学内的三宿岩清理出来，与静海寺连为一体，使这一重要古迹重现在世人眼前，同时邀请文史名家撰写、镌刻了不少诗文刻石。这一巍峨石山在宋代时还是长江边上一处泊舟石岸，一代名臣虞允文以一万八千人马打败金兵四十万，取得了采石矶之战的重大胜利，随后沿江而下，在此处系舟三夜，因此后人将此山命名为“三宿岩”；而静海寺又是此后明成祖朱棣因郑和下西洋敕建，两大名胜相互呼应，印证了三宿岩前所书楹联：

伟哉虞相　南宋一人　水石尚留三宿影
雄矣郑公　西洋七下　风林犹作万涛声

扩建陈列馆这一工程得到了社会各界的极大关注。在中国工商银行江苏省分行工作的省民建成员俞效东专门写了一份建议书，提出要铸一口钟作为纪念，在香港回归之日鸣响此钟以警世人：不忘这段历史，落后就要挨打。省民建主委陈邃衡将此建议送交省领导，省领导大力支持，分别做出批示。我得知情况后，约了俞效东等人到区政府面谈，后又到金陵青铜研究所找到青铜铸造专家王丰陵与他的父亲商定铸钟的技术方案。经过半年左右的努力，一口重3.5吨的青铜大钟终于铸成。钟高1.842米，意为香港岛是1842年被割占的；“警世钟”三个大字由陈焕友书记题写，书法家武中奇先生题写了“前事不忘，后事之师”，正文的钟铭由我拟定。当时全市的大中小学师生共捐资90多万元，不但铸造了这一大钟，余款还用来建造了一座钟亭。

扩建工程共投入600余万元，使陈列馆面积扩大数倍。6月1日，省市有关方面联合在陈列馆举行工程竣工暨警世钟铸成庆典，陈焕友等领导到场参加庆祝活动。7月1日凌晨，爱国志士林则徐第六世孙林纲、邓廷桢第六世孙邓源率先鸣钟，南京各界人士代表接着鸣钟，共鸣钟155响，象征香港被割占155年的历史从此结束。中央电视台于6月30日至7月1日凌晨现场直播南京人民迎庆香港回归的盛况，国内外数十种中文报刊全文登载了《警世钟铭》，可以说产生了巨大的反响。中宣部将陈列馆列为全国百处爱国主义教育示范基地之一，将南京增补为迎庆香港回归的重点城市。此后出版的获奖图书《南京百年风云》封面图片就是警世钟的照片，江苏省委组织部、省委宣传部拍摄的以警世钟铭文作为解说词脉络的电视专题片，获得当年全国电视专题片一等奖，我所写的“屈辱历史，此为终点，有碑为证，有钟为鉴。起点终点，遥隔百年，浓缩于此，咫尺相连……”这一段话，先后得到龚育之等领导同志的肯定，并加以引用。

天妃宫——为海峡两岸人民祈福

600年前兴建静海寺的同一时期，寺东并排建造了一座天妃宫，用以祭祀保护郑和船队出海的海神——妈祖，明成祖朱棣还亲自起草了一篇699字的《御制弘仁普济天妃宫之碑》碑文。我找到藏有此碑的工厂宿舍区，只见这块30多吨重的巨碑湮没在两排民房之中，几乎无人问津，更谈不上保护了。我找来文物部门将石碑上报为文保单位，并根据拓片印出了一批碑文字帖。随着静海寺陈列馆的扩建，我们把天妃宫碑安放在陈列馆内，让人们能够看到当年见证郑和下西洋的规格最高、文字最多、体型最大的皇家敕建历史文物。

为保护好这块石碑，近几年我又联系文物局两次拨款30万元，并推动成立妈祖文化研究会，由我担任名誉会长，陆续刊发了多期研究刊物，台湾地区、福建地区妈祖文化研究机构给予了高度关注，纷纷派人到南京天妃宫参观考察。

每年农历三月二十三，天妃宫还专门举办纪念妈祖的活动。这里的民谚是："三月二十三，乌龟爬下关。"过去人们每逢这一天都要举办庙会，家里有小孩的都要来给天妃宫碑赑屃（俗称"乌龟"）烧香祭拜，以求大人小孩年年平安。2010年的这一天，天妃宫还组织妈祖神像的巡游，一时盛况空前。2005年4月27日连战先生偕夫人专程前来拜谒妈祖，并题写了"慈航普济"四个字。

阅江楼——结束"有记无楼"的历史

南京是一座滨江城市，但30多公里的城墙使江城分离，城区看不到江，江上看不到城。滨江城市往往建有登临远眺之楼，如武汉的黄鹤楼、岳阳的岳阳楼、南昌的滕王阁，这些名楼皆已成为一座城市的地标。1995年，我看到下关区政协委员关于建阅江楼的提案。《古文观止》有宋濂写的《阅江楼记》，《明太祖实录》中有朱元璋写的同名文章。朱元璋当年在南京狮子山以8万人马击退陈友谅40万军队，这之后才建立了大明王朝，并确定建都南京。他郑重提出在狮子山建阅江楼，后因天象有异，开工建造楼基刚一个月就停工了，这一停就停了600多年。600多年有记无楼，不能不说是一大缺憾。经过多方论证，我请诗词学会、书法学会向海内外征集诗词、楹联和书法作品，做了一年舆论宣传，然后正式提出开建阅江楼。当时区机关不少人反对，说全区一年财政收入才几千万元，要建这一旅游景点是小马拉大车，力不从心；再加上狮子山作为军事重地，已延续了一个多世纪，能不能说服军方腾让出这一座山来，谁心里都没底。

经过前前后后10多次讨论，我的想法终于得到大家的支持。10个区属部门一共筹集到80多万元的开办费，开始进行阅江楼的建设。从立项、设计开始，项目先后争取到军队、市里的支持，市政府补助500万元投入前期工作。我多次到中国建设银行、华夏银行，说服他们各提供贷款2000万元，加上区里自筹资金，共投入7800万元，历时4年建成了阅江楼景点。2000年阅江楼竣工，2003年就被授予"国家AAAA级旅游景区"称号，成为当时全国"最年轻的4A级景区"。李瑞环同志登楼后高兴地说："这是中国历史上立项最早、开工最迟的项目。""修建阅江楼是件好事，后人定会给予很高评价的。阅江楼建造得非常好，充分展示了传统文化、传统建筑的特色……可以找名人再写第3篇《阅江楼记》，进一步深

化阅江楼文化建设。”（《下关年鉴》2002年）

改桥名——地名史上的佳话

1998年，经国务院批准立项，江苏省开始建设从镇江到扬州的长江大桥，最初命名为“镇江扬州长江公路大桥”。消息见报后，引起了我的一番思考。

30多年前，我姐姐在镇江一中执教，她寄钱到南京，让我到镇江她家中过暑假。但我没舍得坐火车去镇江，而是一早走出太平门，经过栖霞、龙潭、高资走了一天到镇江。第二年，我约了家住扬州的同班好友窦玉谦（现在雨花台区教师进修学校任教），避开烈日，又走了一夜到镇江。我和他畅游了镇江的“三山”名胜后，乘轮渡到扬州他家中小住。渡江时我们就曾谈到在镇江、扬州之间应建一座大桥，没想到如今成为现实。不过以“镇江扬州”为桥名似乎太直白了，简称为“镇扬大桥”或“扬镇大桥”都有不妥之处。

于是，我于1999年1月1日寄出了一式两份建议函分别呈送北京中办和国办，建议将“镇江扬州长江公路大桥”更名为“润扬长江公路大桥”，简称“润扬大桥”，理由是：（1）镇江、扬州都是历史文化名城，镇江原名“润州”，与扬州、苏州、常州、徐州、通州、海州等江苏古州名相映成趣，与历史有关联，可体现丰厚的历史文化底蕴；（2）建桥指挥部及大桥起点设在如今镇江的润州区润州路一带，与“润州”有着现实的关联；（3）润者泽也，从内涵、字意、音韵等方面考虑，均以“润扬”为宜；（4）原名10个字，改名全称8个字，简称4个字，可大大节省各种成本，包括报刊文字、交通路牌等，聚沙成塔，节约何止亿万？

我的上述建议引起有关方面的关注。不久后，中办打来电话，认为我的建议很有道理，有关方面都已同意按我的建议更改桥名。省委领导亲自询问我有关桥名想法的形成过程，我一一做了说明。次年，大桥被正式宣布更名为“润扬长江公路大桥”，党和国家的领导同志题写了桥名。

公主馆——民族团结的生动教材

2002年，我受省委、省政府派遣，率55名江苏援疆干部到新疆维吾尔自治区伊犁哈萨克自治州工作。我担任伊犁州党委副书记。

我到伊犁后，围绕历史上内地与新疆的关系开展调查研究，其中西汉时期从江苏地区来到伊犁（时为乌孙国）的两位公主——刘细君和刘解忧的经历，引起了我的特别关注。

公元前115年，汉武帝刘彻派张骞第二次出使西域，到达中亚地区和乌孙等国。张骞回到长安后向汉武帝提出建议，通过公主和亲，联合乌孙，共同打击匈奴。汉武帝接受了建议，于公元前105年派江都（今江苏扬州）王刘建之女刘细君远赴乌孙，嫁给乌孙国国王，并生有一女“少夫”。细君公主去世后，汉武帝又派楚（今江苏徐州）公主刘解忧嫁到乌孙国，刘解忧在乌孙生活了50多年，其子分别成为乌孙等国的国王，女儿也都嫁给了周边国家的国王或大将。在解忧公主两次上书汉昭帝、汉宣帝之后，汉廷同意发兵16万人，会合乌孙精骑5万人，一举打垮了匈奴军队。从此以后，匈奴一蹶不振，远迁西亚、欧洲。公元前60年，汉朝在西域建立西域都护府，丝绸之路也日益兴旺起来。两位公主不仅促进了民族的融合，也促进了西汉与欧亚大陆的交往。

围绕两位公主对民族融合所做贡献的史实，我在国内核心期刊上发表了《细君、解忧公主和亲述论》《文史遗产与古为今用的创新》等两篇文章，并将文章、资料和由国家文物局古建筑专家罗哲文先生题字的“细君公主之墓”墓碑照片拿给省领导看。当时的省委书记听了我的汇报后十分高兴，说：“这可算是江苏最早的援疆干部。”（当时大家笑称：谁说公主不是干部）他同意由江苏支援3000多万元在伊犁州首府伊宁市修建一条“江苏路”，在路口修建一座“汉家公主纪念馆”。“汉家”两个字，是我提出并得到自治区、自治州批准的，其中的“汉”既是汉朝的“汉”，又是汉族的“汉”，一字双关。

经过一年多的努力，这两个项目以及在霍城县援建的九个建设项目陆续竣工，江苏省党政代表团赴新疆伊犁参加了江苏路通车仪式。矗立在江苏路路口的汉家公主纪念馆馆名由江苏著名书法家、中国书法家协会原主席沈鹏所题，大门前的一副楹联系中国韵文学会会长钟振振所题：

北戍边烽休赤子

西通远域护乌孙

其中“赤”对“乌”,“子”对“孙”,“赤子”“乌孙”浑然天成,妙笔生花,堪称绝对。在馆内的公主塑像前,我分别为两位公主题诗一首。

细君公主

琵琶相伴车绝尘,江都公主嫁乌孙。
民汉融合万里路,八百年后有文成。

和亲有功的王昭君、文成公主分别是公元前33年之后和641年以后的人物了,而细君公主不愧是民族融合的先行者。

解忧公主

红颜骏马续春秋,百年战乱此时休。
万民爱戴汉家女,公主慈容可解忧。

题诗下面落款是“唐阿提汗”四个字,这是伊犁州州长柯赛江亲自为我选定的富有少数民族风格的姓名,当时农牧民都亲热地称我为“唐阿提汗”或“儿子娃娃”(新疆俚语,即“男子汉”)。

汉家公主纪念馆如今已成为伊犁州重要的爱国主义教育基地,是中宣部、国家民委和自治区领导机关高度重视并给予资助的重点工程,对于维护民族团结、边疆稳定发挥着日益明显的作用。一批又一批江苏援疆干部也都被当地群众视为“汉家公主娘家来的亲人”,他们与农牧民亲如一家,得到中组部、自治区党委的多次表彰。我荣立二等功,项雪龙任县委书记的霍城县成为中组部试点单位,作为先进典型向全自治区推广。

俞明口述　袁传旭整理

本文原载《钟山风雨》
江苏省政协主管、江苏省政协文史委主办
2010年第6期

南京静海寺
一个与香港回归有关的名字

下关，是南京长江南岸主城区一个很有名、很重要的老地名。自明代洪武年始，下关就是军事要冲、商旅枢纽。地处下关的静海寺和天妃宫，建成400多年后，却经历和见证了近代中国的一场浩劫。1840年，英国军队对中国悍然发动鸦片战争。1842年夏，70余艘大小船舰侵入南京下关江面，腐朽的清朝政府委派的官员对入侵者卑躬屈膝，奉命议和。因时值盛夏（8月下旬），船舰上气温太高，有人提议到长江岸边树荫浓密的静海寺内议和拟文，草拟成丧权辱国、割地（香港）赔款的《南京条约》。这是中国历史上第一个不平等条约。因此，静海寺也就成为香港被迫割占这一重大国耻事件的见证地。

此后南京历经战乱，静海寺、天妃宫均遭焚毁。1949年人民解放军解放南京时，静海寺仅存偏殿数间。1987年政府在原址修复了仿明建筑400平方米，由于不是按原貌进行维修，改称为“古静海寺旧址”，1990年改为《南京条约》史料陈列馆。

新中国成立以来，我们的国家日益强大，并且向全世界宣布，不承认强加于旧中国的一切不平等条约。1997年是英国强行“租借”香港的新界即将到期、必须归还的一年。中国政府早在1982年就已正式声明，不但新界必须回归，九龙和香港岛也必须全部回归，由中国政府恢复行使主权。在中国政府义正词严地提出这一主张后，中国政府和英国政府经过历时两年的22轮谈判，于1984年12月19日签署了《中英关于香港问题的联合声明》，确定了自1997年7月1日0时起，中国政府对香港（包括九龙、新界）恢复行使主权，香港正式回归，这是中国外交史上的伟大胜利。

为了迎庆香港回归，自1995年起，中央有关方面即已确定在北京、上海、广州、深圳等几个城市做一些宣传和准备。当时南京尚未被列为迎庆香港回归的重点城市，静海寺也未被提及。我东找西找，好不容易在朝月楼小巷深处找到了静海寺这个旧馆，只有一个很不起眼的小门，进了门内，馆内陈列的物品寥寥可数，工作人员仅两三名。馆内工作人员向我这位新来的区长汇报了陈列馆面临的窘境。我感到这个馆与香港在历史上有着重要的渊源关联，两年内一定会成为迎庆香港回归的重要场所，但以当时这种有限的面积、过小的规模、极少的展品、微弱的影响，与时代的大背景、香港回归的大意义相差太远，很不相称。

我向时任区委书记的郑鄂同志做了汇报。我们都意识到，如果人民群众在这里迎庆香港回归，只能安排一个班级的学生，容量太小，但毕竟离香港回归还有一年多的时间，这是留给我们下关区一个重要的机遇，机不可失，时不再来。我们起草了一份给上级政府的汇报材料，建议立即扩建静海寺《南京条约》史料陈列馆，将此馆辟为南京市重要的爱国主义教育基地。正巧这时，我得到通知，随市长到无锡参加全省性会议，我就把这一书面请示件带给了市长，得到了他的肯定和支持。市长又约我向同在无锡开会的省委书记、省长做了汇报，引起了省领导的高度重视。

陈焕友书记看到书面请示后，及时做了批示，并要求省委宣传部、省财政厅给予支持。陈书记还曾带着省委办公厅的陈刚同志，不通知市里和区里，找了半个小时，悄悄来到静海寺，现场考察了当时陈列馆的情况，认为确实需要尽快立项扩建。经过这一系列高效率、快节奏的运作，一个关于“扩建陈列馆，隆重迎回归”的方案很快形成。省、市两级政府都同意立项，并下拨一些财政补助款，确定由下关区政府组织实施。

扩建陈列馆这一工程得到了社会各界的极大关注。在中国工商银行江苏省分行工作的省民建成员俞效东专门写了一份建议书，提出要募集捐款铸一口钟作为纪念，在香港回归之时鸣响此钟，以警世人：不忘这段历史，落后就要挨打。省民建主委陈邃衡同志安排省工商联干部孙建昌将此建议送交省领导。省领导大力支持，分别做出批示，并带头各捐款500元。批示转到下关区政府后，我约了俞效东、孙建昌到区政府面谈，后又到金陵青铜研究所找到青铜铸造专家王丰陵与他的父亲王钟泉老先生商定铸钟的技术方案。

为了使“以警世人”的宗旨更为明确，我们将此钟定名为“警世钟”，请省委书记题写了钟名，钟上铸有我草拟的《警世钟铭》，全文如下：

公元1997年7月1日，我中国政府恢复对香港行使主权。由此上溯至1898年，香港新界被迫租借已99年；上溯至1860年，九龙半岛南部被割占已137年；上溯至1842年，香港岛被割占，迄今更长达155年矣。百年奇耻，一朝洗雪；举国欢腾，亿兆同庆。就中我南京人民，歌笑涕泪，感慨尤深。盖香港之割，本据《南京条约》，而实胁议于南京下关之静海寺也。帝国主义强加于我之不平等条约，即始于此；我中华民族遭受外侮之痛史、恨史，亦始于此。虽劫波已度，恩仇可泯；然后事之师，前事敢忘?！故我南京人民捐集众资，铸为警世洪钟，葺亭于此静海寺中，其钟铭曰：

华夏有史　五千余年　泱泱中国　文明渊源
晚清积弱　列强垂涎　坚船利炮　倾销鸦片
林公则徐　虎门销烟　鸦片战争　炮火连年
一八四二　浊浪滔天　英军入侵　扬子江面
七十余艘　大小船舰　烧杀淫掠　践我家园
胁迫清廷　割地赔款　占我香港　掠我银元
静海律寺　康华丽舰　南京条约　于此议签
丧权辱国　泣地惊天　近代历史　兹为起点
此后百年　国力维艰　不平等约　为数近千
叹我中华　屡经烽烟　赞我人民　斗志弥坚
抗争星火　终能燎原　一九四九　风云巨变
我军南下　陈兵江边　下关水域　又见英舰
紫石英号　炮轰北岸　雄师百万　重挫敌焰
大军挥戈　横渡天堑　挹江门上　红旗漫卷
屈辱历史　此为终点　有碑为证　有钟为鉴
起点终点　遥隔百年　浓缩于此　咫尺相连

一九九七　沧海桑田　香港回归　还我河山
一国两制　港澳为先　两岸统一　历史必然
国强民富　世纪宏愿　展望未来　伟业万年
洪钟长鸣　毋忘当年　落后挨打　前事可鉴
雪耻夙念　终于实现　永志不忘　一往无前

经过大家的努力，静海寺《南京条约》史料陈列馆终于扩建完成。一口重3.5吨的青铜大钟也铸成并运到了陈列馆内，钟高1.842米，意为香港岛是在1842年被割占的。书法家武中奇先生题写了“前事不忘，后事之师”。当时全市的大中小学师生和军队领导、地方领导都捐了款，共捐得90多万元，不但铸造了这一大钟，余款还用来建造了一座钟亭。

扩建陈列馆工程共投入600多万元，使陈列馆面积扩大到2000多平方米。1997年6月1日，省市各有关方面联合在陈列馆新址举行了工程竣工暨警世钟铸成庆祝活动。省委书记陈焕友、南京军区副政委兰保景中将等领导到场参加了这一活动，两位领导还联手撞响了警世钟。中宣部等有关部门对南京的这些活动非常关注，中央电视台多次派人到实地考察，白岩松、郎昆等也来区里采访，并安排7月1日0时的现场直播活动。7月1日0时，我们邀请了鸦片战争相关人物的后代来到现场。爱国志士林则徐六世孙林纲、邓廷桢六世孙邓源率先鸣钟，南京各界人士代表接着鸣钟，共鸣响155响，象征着香港被割占155年的历史从此结束。中央电视台用10分钟的时间现场直播南京人民迎庆香港回归的盛况，国内外数十种中文报刊全文登载了《警世钟铭》，静海寺《南京条约》史料陈列馆被列为全国爱国主义教育示范基地之一，南京也被增补为迎庆香港回归的重点城市（同时被增补为重点城市的还有广东省东莞市）。江苏省委组织部、省委宣传部组织拍摄的以《警世钟铭》作为解说词主线的电视专题片获得了1997年度全国电视专题片最高奖项。此后南京出版社出版的《南京百年风云》一书多次获奖，封面图片就是警世钟的巨幅照片。

《警世钟铭》四言韵文部分提到“兹为起点”，指的是1842年8月，清朝政府与英国侵略者在静海寺草拟了丧权辱国的《南京条约》，这里成为中国近代史起点的标志地，后面一句提到的“此为终点”是指1949年4月23日，人民解放军解放了南京，宣告了旧政府的灭亡，旧时代的结束。因这两起标志性事件，下关区建了两个馆，一个是《南京条约》史料陈列馆，一个是渡江胜利纪念馆。这两起事件时间上相隔107年，成为中国近代屈辱历史起点和终点的标志。两个馆在地理位置上，相距仅有一公里。所以我写了“起点终点，遥隔百年；浓缩于此，咫尺相连”16个字，形成了“起点终点说”，并得到了大家的一致认同。1997年6月30日夜，市里专门为此举办了一场“起点终点”跑步活动，组织了千人队伍从静海寺《南京条约》史料陈列馆，举着数百个火炬，一路跑到渡江胜利纪念碑，象征性地跑完了“世纪之路”。

1997年10月26日，中央党校原常务副校长、党史专家龚育之同志来到静海寺，仔细听取了我的汇报，以及“起点”“终点”的由来，凝思良久，郑重提笔，题写了如下一段文字：

中国近代史从这里开始，在这里结束。伟人孙中山在这里开国，在这里长眠。如同到西安想起秦汉，到南京就想起近代的屈辱和人民的抗争。

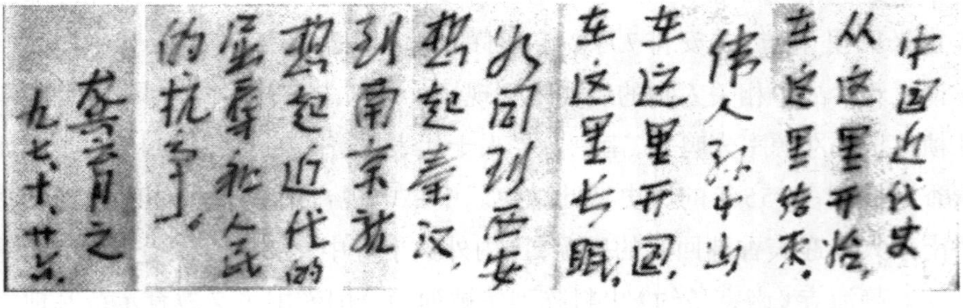

龚育之题词

2001年10月，中共南京市第十一次代表大会召开。大会报告指出：“南京是一座美丽的城市，更是一座不平凡的城市。在过去的一百多年里，她作为中国近代史的起始地，经历过痛苦的屈辱与悲壮的抗争；她又是旧中国黑暗统治的终结地，在中国共产党的领导下，获得了新生和发展，逐步走向繁荣和富强。在新的百年起始之际，我们召开南京市第十一次党的代表大会，动员、组织南京人民谱写现代化建设新的历史篇章，这将是何等宏伟而壮丽的

事业！”（《中国共产党南京市第十一次代表大会文件汇编》）

当时，我作为党代表聆听了这一报告。当听到南京作为中国近代屈辱史、抗争史“起点、终点”的提法被写入党代会报告，我不由得热泪盈眶，浮想联翩。

当初写《警世钟铭》的场景，已过去20年了。静海寺的钟声至今仍回响在我耳畔。

本文原载《世纪风采》

中共江苏省委党史工作办公室主管主办

2017年总第283期

明成祖朱棣撰写碑文的御制弘仁普济天妃宫之碑

阅江楼　有记无楼六百年

在南京长江大桥南桥头堡西侧，有一座狮子山，海拔78米。除去江岸自身海拔10米左右，实际山高60多米。“狮岭雄观”，是南京古四十八景之一。由于此山地处长江、铁路、护城河、城市主干道的交汇要冲，如今又建起了被称为“江南四大名楼”之一的阅江楼，10多年来已成为南京又一处旅游热点、地标。

阅江楼的楼名虽已流传了600多年，但直到20年前，这狮子山上从来没有建过阅江楼，明代、清代，以及太平天国建都南京的年代和民国时期，这座在江边兀然突立的山头，一直是一处江防要塞、军事重地。为什么到了21世纪初，能够建成一座古典式的登高阅江之楼呢？

2001年9月16日，当时的全国政协主席李瑞环一行登山视察阅江楼，听了介绍后风趣地说：“这是中国历史上立项最早、开工最迟的项目，立项600多年后才开工建设。”

朱元璋的“应天大捷”和两篇《阅江楼记》

朱元璋（1328—1398）是一位“草根”出身的开国皇帝。他生于安徽凤阳，在当地的皇觉寺当过和尚，做过流浪汉。元至正十二年（1352），他在附近的濠州（治所在今安徽凤阳）参加了郭子兴领导的农民起义军，参军不久，因屡建战功，被郭子兴看中，郭把自己的养女马氏许配给朱元璋，并委任朱掌管军中要职。此后，朱元璋率兵先后打下定远、滁州，并于元至正十六年打下了集庆（又名应天，今南京）。

四年后，元至正二十年，自立为汉王的另一支农民武装陈友谅（1320—

1363）集团率兵约40万顺江而下，欲攻应天，而当时朱元璋在应天城内城外的兵力，只有七八万人。在这成王败寇的关键时刻，朱元璋听取了刘基等谋士和将领的建议，定下了在狮子山（当时名卢龙山）一带设伏御敌的重大方案。这个方案的核心机密有两点。

一是密召水军将领康茂才授计。因康茂才与陈友谅熟识，朱元璋让康写信给陈，要求向陈军投降，并且约定，陈军船只经过康茂才镇守的江东木桥，进逼应天城下，届时康茂才拆桥放行，里应外合，占领应天。陈友谅对此来信深信不疑。（《宋文宪公全集》卷4，《蕲国康公神道碑》碑文）

二是决战前数日，康茂才密令军民拆除木桥，砌上坚固的大型石桥，让船舰无法通过。到了约定的攻城之日，陈友谅大军船队从长江驶入内河后，派人到桥下连喊数声"老康"，却无人应答，抵近一看，才发现木桥改成了石桥，船只无法通行。陈军只好弃船上岸，冒着高温酷热疲惫行进。

这时，朱元璋本人早已按预定方案登上了卢龙山顶，居高守望。朱元璋在他14年后所写的《阅江楼记》中追述道："朕以黄旌居山之左，赤帜居山之右，谓吾伏兵曰：'赤帜摇而敌攻，黄旌动而伏起。'当是时，吾伏精兵三万人于石灰山之阳，至斯而举旌帜。军如我约，一鼓而前驱，斩溺二万，俘获七千。"

这一场以少胜多的"应天大捷"，使陈友谅的四十万人马溃不成军。朱元璋乘胜追击，夺取了安庆、九江等城池，最后在鄱阳湖全歼陈军主力，取得决定性胜利。所以，在应天大捷战场上，卢龙山作为前敌指挥部，给朱元璋留下了深刻的记忆。

1363年八月二十六日，朱元璋的队伍在作战中一箭射杀了陈友谅，后又东征，俘虏并处死了另一劲敌张士诚（1321—1367）。1368年正月十三，朱元璋举行祭天大典，定国号为大明，定都应天（后改称南京）。

朱元璋建立明王朝六七年后，天下甫定，百业待兴。这时他念念不忘的就是城北的卢龙山了。他看到南京四周诸山环列，就根据各座山的形状，分别命名为狮山、虎山、象山，取"猛兽环列，拱卫京师"之意。此后，他又亲自执笔，写下1198字的《阅江楼记》。文中追忆了应天大捷的过程和狮子山当年发挥的作用，并写道："观此之山，岂泛然哉。乃于洪武七年甲寅春，命工因山为台，构楼以覆山首，名曰阅江楼。”

朱元璋自己写了这篇《阅江楼记》，表述出要建阅江楼，这就是为阅江楼“立项”的经过。文章有了，楼名定了，他意犹未尽，索性命令手下文臣，每人写一篇命题作文《阅江楼记》。一时间不少人为此冥思苦索，执笔成文。当时“交卷”的同题文章有数十篇之多，但写得较好的要数大学士宋濂的那篇500多字的《阅江楼记》。

所以，在见诸文字，流传有序的文史典籍中，共有“朱记”“宋记”两篇《阅江楼记》，相映成趣，不失为文史资料中的一则佳话。但阅江楼并未因这两篇著名的“楼记”而建成，相反却历经波折最终未建。

按照朱元璋在《又阅江楼记（并序）》中所写“今年欲役囚者建阅江楼于狮子山”，当时已经安排了一批工匠和服刑罪犯来到山顶，平整了土石，打算“进场开工”了。但是，“抵期而上天垂象，责朕以不急。即日惶惧，乃罢其工”。这就是说，正要择吉日开工之时，天上的星辰月亮出现异常（据查当时发生了“五日朔”），连续几天看不到星月。朱元璋当过和尚，有点迷信天象，请大臣和术士来琢磨切磋，也都觉得此兆不祥，不宜动土。于是朱元璋写了一篇《又阅江楼记（并序）》，宣布不建楼了。他在文中假借大臣的劝谏说：“夫宫室之广，台榭之兴，不急之务；土木之工，圣君之所不为。皇上拨乱反正，新造之国，为民父母，协和万邦，使愚夫愚妇无有谤者，实臣之愿也。臣虽违命，文不记楼，安得不拜手稽首，以歌陛下纳忠款而敛兴造，息元元于市乡。”所以才有了“立项六百多年（1374—1997），迟迟未能开工”的这一务虚过程。

六百年后开工建造阅江楼

明、清两个朝代，是汉文化的重要发展时期。我自1980年起在南京师范大学师从专家研习明清文学，阅读了《古文观止》和一些明史典籍，总是疑惑南京狮子山为什么有“记”无楼。1990年至1995年，我任南京市政府办公厅副主任、市政府副秘书长，联系文史、旅游等部门，分工办理人大代表、政协委员的建议提案，提案就已多次议及这阅江楼的悬疑，并有在新时代新社会

阅江楼

建楼的愿望。但因狮子山向来属于军事重地，山上有部队驻守，建造阅江楼的事就无法列入五年计划或年度计划，继续成为“务虚”式的话题。

1995年，我当选南京市下关区代区长，开始深入了解狮子山的有关文史资料，做了几件与此有关的工作。第一是扩建了山下的静海寺《南京条约》史料陈列馆，写了一篇《警世钟铭》，铸造了警世钟（铭文铸于钟上），使静海寺陈列馆成为1997年7月1日迎庆香港回归的重要场所。第二是从陈列馆附近的工厂宿舍院内移来了海上丝绸之路最高规格的文物——御制弘仁普济天妃宫之碑，碑文是明代第三任皇帝朱棣所拟。我们将此碑加以保护展示，并拓印了碑文，印书出版，宣传郑和七下西洋的重大意义。第三就是着手筹备兴建阅江楼。区里当时先做了一些宣传工作。

一是在区政府当年的政府工作报告中，明确提出要将建造阅江楼列为政府最重要的文化工程、旅游项目，按当时的工作要求逐步正式立项报批。

二是向全社会征集有关阅江楼的原创诗词楹联，说明待到此楼建成后择优录用。1996年起，省内外就有不少诗词楹联爱好者创作投稿，我们组织区文化局、建设局、旅游局和专家教授们开展公开评选，选取了数十首诗词、100多副楹联陆续刊登在《阅江潮》小册子和整开报纸大小的印刷品上，得到很多读者的关注和支持。

三是征集书法作品。当时向全国十几个省、区、市的书法家协会发函征稿，历时一年多，收到了200多幅书法作品。区里经过认真评选，选出了一等奖一名，二等奖两名，三等奖若干名，并颁发了奖状和奖金。获书法一等奖的是新疆维吾尔自治区书协老会长席时珞，他用颜体大楷书写了朱元璋的《阅江楼记》全文，古朴端庄、大气有力，获得了6000元奖金。后来他的作品就镌刻在狮子山全国最大的汉白玉碑上，成为山间一景。

当时被评为佳联的还有中国韵文学会会长钟振振教授所拟一联：

吴楚名楼今则四
水天明月古来双

此联如今已镌刻在阅江楼登楼入口处，看上去十分醒目。我也应邀拟成二联。

螭龙东去欲探海
崇楼北望可阅江

此联后被中国台湾的百岁老人陈立夫写成书法作品，现已镌刻陈列在阅江楼上。陈立夫书写时误将“螭龙”写成了“此龙”，那只能将错就错了。

此外我还拟有一联：

一江奔海万千里
两记呼楼六百秋

此联也已镌刻在山头碑亭的廊柱上（抱柱联被误传为“六百年”，实应为“六百秋”）。

1997年7月1日，举国欢腾迎庆香港回归。此后，下关区扩建静海寺、迎庆香港回归有关的工作告一段落，文史工作、城建工作的热点之一，遂转为兴建阅江楼的工程。

1997年7月15日，下关区政府在扬子江宾馆召开了阅江楼工程第一次项目论证会，当时参加的领导和专家有：南京大学张鸿雁教授，东南大学潘谷西教授、杜顺宝教授，以及市计委、建委、旅游局等各方面的代表20余人。与会人员都对阅江楼的建设寄予厚望，给予肯定，并建议市政府将其列入年度计划，正式立项。

1998年1月5日，南京市政府发出〔1998〕3号文件，成立了狮子山公园开发建设领导小组。组长是当时的市领导，副组长张大强（时任市建委主任）、郑鄂（时任市计委主任）、俞明（时任下关区区长）。领导小组成员还包括市规划、土地、旅游部门的负责人共计11人。领导小组下设办公室，这个办公室就设在下关区政府。

这一文件的下发，标志着从1998年起，阅江楼工程被市、区两级政府第一次列入了年度工作计划。当时的目标是三到四年建成，后因2001年在南京举办世界华商大会，各项工作的进度加速进行，31个月就完成了全部主体工程，这是后话。当时陆平贵（我担任区委书记后，陆任区长）也参加了领导小组和办公室的各项工作，推动了这一工程的顺利实施，使工期缩短的同时工程质量得到保证。

当时面临的最大困难，是商请军方腾让狮子山。军方有军方的规定，作为作战阵地的制高点一般是不会让给地方的，这是国家安全的需要，战备工作的需要。当时区政府商请军方腾让出狮子山，就直接面临这一根本问题。

狮子山，面积200多亩（约13.3公顷），在地籍资料上正式确定的是112亩（约7.5公顷），长期归属南京军区空军司令部管理，是作为南京长江大桥的防空阵地而建成的高炮营地。了解到这些情况以后，我多次率领区政府有关部门，登门拜访南京军区空军司令部的袁亚军副司令、马凤山参谋长等，岳崇川旅长也因此成为我的好友。施永根副司令一行专程来区里商谈此事，并视察了我们推荐用于置换山地的40亩（约2.7公顷）坡地、40亩平地共80亩地，他们都表示满意。

与南京军区空军司令部的商谈协调，一直在进行之中，有的事情涉及面较广，由区政府出面显然不太合适，我就向我们这个狮子山公园开发建设领导小组的组长做了多次汇报。当时他在市政府分管旅游工作，他也很热心地出面主谈。我们拜访了两次南京军区空军司令部，会见了各位有关首长，终于在

1998年先后签订了一份正式协议和一份补充协议，并报请北京中央军委有关部门批准，对这两处地块进行土地置换，军地共建城市公共设施，在巩固和加强国防建设的前提下，对个别实际上作用不大的制高点加以改造和利用。军委有关方面和空军总部都给予了关注和支持，这使得南京军区空军司令部上报的置换方案得到最后的批准。这在当年也是一个特例。

在这一工作过程中，军方的领导人员在军地融合方面做了很多工作，给地方的同志们留下了深刻的印象。下关区委、区政府也在军区和南京军区空军司令部的帮助下，努力做好双拥共建工作。1999年4月23日，下关区在长江南岸建成了胜利广场，隆重纪念南京解放50周年。胜利广场中央，刘伯承同志的全身立像与江泽民同志为铜像题写的“刘伯承同志”铭文同时揭幕，南京军区和江苏省委、省政府的主要领导参加了这一揭幕仪式。

1997年8月1日，王宏民市长到下关召开市长办公会，专题讨论阅江楼的建设工作，并且决定，这一工程由下关区负责组织实施，市财政补助500万元。此后我们请省政府俞兴德常务副省长视察了工地，省财政厅也拨来200万元补助款。

在20世纪90年代末，南京各个城区的自有财力并不宽裕。下关区的当年可用财力也只有1亿元左右，绝大部分用于支付人员工资、中小学教育经费等，能用于建设的资金少而又少，而且都已列出专项，属于专款专用。按这种财政支出结构，启动阅江楼这一建设项目实属不易。我向区委、区政府联席会议做了汇报后，以区政府名义下发一函，商请政府各有关部门共同筹款100万元启动这一项目。一个月后，全区总计只筹到81万元，离预计目标还差19万元。（后又筹到3万元。）

为了筹集到足够的资金，我们先后邀请中国建设银行、华夏银行的分行、支行行长到下关区考察，向他们宣传阅江楼名称的来历和驻南京军队给予的支持。两家银行的分行、支行行长了解这些情况后，看到这一项目的良好前景，一致表态可以分期放贷。在1999—2001年三年建设期间，这两家银行各贷给该项目2000万元，彻底解决了建设资金不足的难题。

对阅江楼及其配套设施的建设，我们采取了精打细算的做法，同时开展了反腐败教育，避免“大楼立起来，干部倒下去”，做到“想做事、能做事、做成事、不出事”。有一次发现某一工程负责人有受贿线索，我们组织了纪检检察部门立即彻查，并将其撤职查办。这件事有效地教育了区里的干部和前来投标的各建筑公司，使各项招投标工作得到公平公正公开的实施。市纪委和区纪委还以此线索展开工作，在区级开发公司、房地产系统抓住好几只“苍蝇”，送交有关部门。最后被判刑、“双开”、撤职的处、科级干部共有七人。我们将这些案例汇编成册印发，定名为“警钟”。

由于“节约”和“反腐”双管齐下，阅江楼工程把每一笔钱都用在刀刃上，经决算审计，共计耗资7800万元（鼓楼区档案馆馆藏档案《阅江楼工程档案》），这样的投资成本，对于此后每年1000多万元的门票收入来说，“投入产出”比是非常高的，这一工程成为全市改革开放以来旅游项目建设的一个典范。

阅江楼的建成，带动了狮子山周边地区的全面规划调整与老城改造，市政府和下属的市建委、水利局、供电局、市政公用局等有关部门都给予大力支持，拆除了山南侧的城河路危旧房、山东侧的金固集团等工企单位，疏浚了护城河，建起了七孔石桥。山西侧的天妃宫、静海寺经扩建已与阅江楼、仪凤门连成一片，加上南侧的挹江门、绣球公园、小桃园，形成了一个南北长达2000米，东西宽500米的绿化旅游地带，充分体现出南京“山水城林融为一体”的特色。市政府及有关部门在财力上也给予了很大的支持，整个拆迁整治费用，累计在亿元以上。

阅江楼横空出世

阅江楼工程自1999年2月2日正式开工，历时31个月，2001年8月31日竣工。2001年9月16日，李瑞环同志一行登楼视察。李瑞环同志说：“修建阅江楼是件好事，后人定会给予很高评价的。阅江楼建造得非常好，充分展示了传统文化、传统建筑的特色；可以找名人再写第三篇《阅江楼记》，进一步深化阅江楼文化建设。朱元璋那篇《阅江楼记》写过去多，写后来少。这类文章应该往前看，进行鼓舞、激励后人的发挥；但是，也可借用其中的精彩部分。江苏才子多，可找些人来好好写这篇文章，说明为什么六百年有记无楼，现在却有楼了。但是，不光讲一时一事，不光讲南京。要讲中国人，讲

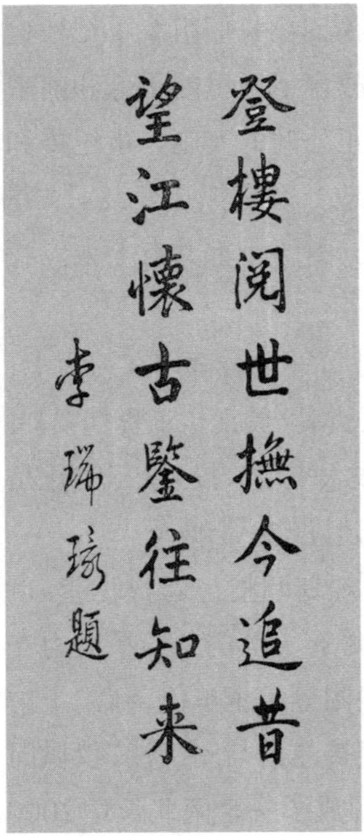

李瑞环题词

中华民族，讲一代比一代强。总之，要借题、借景、发挥好。”（《下关年鉴》2002年）我见李瑞环同志谈得很深入，就请他为阅江楼题字，他欣然同意。后来，他委托全国政协办公厅送来了亲笔题字：

登楼阅世抚今追昔
望江怀古鉴往知来

竣工后的阅江楼，以其挺拔的英姿、古典的造型成为南京一个地标性的建筑。

2001年冬，上海《新民晚报》用一个整版的篇幅隆重介绍这个“江南第四名楼”，标题是“阅江楼横空出世”。

从山东南的入口登山，首先见到的是当年的中国书法家协会主席沈鹏先生所写“狮子山”三个字，每个字一平方米大小，第二进正殿有南京师范大学常国武教授撰，启功写的楹联：

已见河清海晏
犹闻狮吼龙吟

在阅江楼的底层，则有岭南书法家陈永正以“统一”为主题书写的一副楹联：

统万马麾千军功成百战人言信
一九州宁四海国瑞双悬日月明

二楼有时任国家开放办主任胡平所书，钟振振所撰以“开放”为主题的楹联（上联巧用魏源名言，契合主题）：

开眼向洋看世界
放怀作海纳乾坤

楼的中层正厅，竖有高12.8米、宽8米的全国最大景德镇瓷画《郑和下西洋》，画的是海上丝绸之路的形成过程，具有丰富内涵，现已成为诠释南京与海上丝绸之路渊源关系的实物教材。

楼的顶层则有全国最大的一幅苏州双面绣《四大名楼》，楼顶藻井是整根香樟木雕刻而成的包金蟠龙。整个阅江楼工程金碧辉煌，打造金箔共用黄金11公斤，是当时报请中国人民银行特批的千足金，请江宁金箔厂精心制成数百平方米的金箔，贴在了阅江楼的里里外外。

下得楼来，又能见到朱元璋所吟一联：

佳山佳水佳风佳月　千秋佳地
痴声痴色痴情痴梦　几辈痴人

山门正南，则是军旅书法名家武中奇先生所书"政通人和"四个字，笔法遒劲有力，令人赞叹不已。阅江楼的楼顶，是江苏籍老教育家顾毓琇先生书写的"阅江楼"三个字，书法家尉天池老师写的楼名和"江南第一楼"牌匾。

山门下铸有著名雕塑家、现中国美术馆馆长吴为山当年的力作《朱元璋阅江》，高二米，宽八米，为青铜所铸，足足有五吨多重。

阅江楼未解之"谜"

阅江楼建成至今，各种报刊网络上仍然众说纷纭，有几个问题成为有争议的"谜"。

1.历史上究竟有没有建过阅江楼

有的学者认为建过，至少建过一座很小的楼。他们的证据之一，是明代嘉靖年间，文臣吕柟（亦作吕楠）曾写有《游卢龙山记略》，其中有两句话："至翠微已三憩，乃至其巅磨盘平，即阅江楼旧址也。"

证据之二，是王阳明（1472—1529）写有《登阅江楼》一诗：

绝顶楼荒旧有名，高皇曾此驻龙旌。
险存道德虚天堑，守在蛮夷岂石城？
山色古今余王气，江流天地变秋声。
登临授简谁能赋，千古新亭一怆情。

但我们深入研究一下可知，"旧址""楼荒""登楼"这三个说法，皆为文学性的虚拟。

首先，吕柟是明代嘉靖年间的"地方志老专家"，官至祭酒，著有《陕西通志》等数十种地方志一类的专著。他的考证应该有一定权威性。他本人在《游卢龙山记略》一文的后半部分中写道："初，皇祖欲建阅江楼于此，惜其费财而止。乃叹臣下无一人来谏。"这就明确提到"欲建……""而止"，原因是"惜其费财"。这当然也可作为600多年"有记无楼"的又一种原因（主流说"而止"的原因是"天象有异"）。而文中所谓"旧址"，不过是当时"规划"的"旧址"，而非实有其楼的"旧址"。不管是哪种原因，一种说法出自皇帝本人，另一说法出自100多年后的大臣之口，应该均为可信。

其次，王阳明比吕柟年长，距朱元璋"欲建此楼"后又"罢其工"，也只有140年左右。这140年中，既无官方建楼的记载，亦无"楼荒"的说明。140年中，朝廷不太可能建楼、楼塌而在《明实录》《明史》中没有只言片语的记载。因为这是皇帝提出"立项"而又下令"罢其工"的项目，除非后任皇帝发话，否则谁也不敢"违旨"开工。其诗，不过是借题发挥、抒发感慨而已。

2.阅江楼因何停建

上文已提到，一是"天象有异"，二是"惜其费财"，看来两种原因可能同时存在。洪武年间，朱元璋大兴土木，仅南京城墙就修了二三十年。民间传说因财力不足，他抓了个"首富"沈万三来捐资助建。同时，在皇帝老家兴建的中都凤阳（因宫阙建于凤凰山南，朱元璋赐名"凤阳"），建了几十年的城墙和宫室，最后也因资金缺口太大而成了“烂尾”工程，至今也未见几处像样的有规模的建筑。

朱元璋当过和尚，粗通文墨，但又有点迷信天象，这是可以理解的，由此而写下“上天垂象”“不急之务”“责朕以不急”，是可信的。因此他下诏“乃罢其工”。当时他已命一批囚犯和施工人员上山进场“平砥”（即磨盘平，至1998年山上仍留有一处直径十余米的圆形平顶），仅一个月左右即停工了。第二任皇帝朱允炆执政仅四年，忙于抵抗其叔父朱棣发动的“清君侧”战争，哪有心思建阅江楼呢？第三位皇帝明成祖朱棣，打跑了自己的侄儿，夺来了皇位。他想到自己曾长期驻守幽燕之地，被父王朱元璋册封为燕王，还是回到燕北老根据地为好。朱棣用20年左右的时间，建造了北京的宫殿，并于公元1421年迁都北京，从此形成了南北二京，南京原来的宫殿衙门仍保留了名称，等于虚设了一个“陪都”。首都这样一搬迁，朱棣不可能在南京开建阅江楼，朱棣之后的明朝13个皇帝长年在北京当政，更不可能到南京来建阅江楼了。

3.朱元璋停建阅江楼与三四十年后朱棣迁都北京有没有内在联系

答案是没有。明洪武元年八月，朱元璋曾下诏建“南北二京”，这里的“北京”当时指的是位于河南的开封府。朱元璋改“汴梁路”为“开封府”，次年，又撤销了开封府作为“北京”的别称；1379年，封其第五子朱橚为周王，驻藩开封。后来，朱元璋又提出要在自己的老家临濠建“中都”，所以明初出现过南京、开封、临濠（凤阳）三个都城。

为什么以南京为正式首都呢？《阅江楼记》也回答了这一问题，朱元璋写道：“朕生淮右，立业江左，何固执于父母之邦。以古人都中原，会万国，尝云道里适均，以今观之，非也。大概偏北而不居中，每劳民而不息……（南京）西南有疆七千余里，东北亦然；西北五千之上，东南亦如之；北际沙漠，与南相符，岂不道里之均，万邦之贡，皆下水而趋朝，公私不乏，利益大矣。”这就是说，朱元璋对当时定都南京，是下定了决心的，因为这里地理位置适中，“道里之均”“利益大矣”。所以，迁都北京应是明成祖朱棣所定，永乐元年（1403），北平改称北京，永乐十九年正式迁都。所以说，停建阅江楼与此后迁都北京毫无关联。

本文原载《江苏地方志》
江苏省地方志编纂委员会办公室主办
2017年第6期

文史遗产与古为今用的创新

——从爱晚亭、阅江楼到公主馆

一

文学佳作、史学典籍，是国家和民族文化的富矿，是历史人文底蕴的宝藏，也是爱国主义教育和旅游事业发展的重要依托之一。

有一些爱国主义教育基地或历史人文旅游景点，原先并不存在，在某一文学佳作或史学典籍的影响下，孕育而成，破土而出，并不断得到发展，不断扩大影响，爱晚亭、阅江楼就是两例。

爱晚亭是因唐代大诗人杜牧（803—约852）的诗句而闻名的。然而在唐代，以及唐代以后的近千年时间中，世上都没有一处“爱晚亭”。

山行

远上寒山石径斜，白云生处有人家。
停车坐爱枫林晚，霜叶红于二月花。

杜牧这首诗后来不胫而走，流传甚广，但出现与这首诗有关联的名胜古迹、景点建筑，却是近千年以后的事了。清代乾隆年间（1736—1795），有一位名叫罗典的文人，在岳麓书院执教，对书院周边的山林十分眷恋。他选择在离书院不远的清风峡，建造了一座亭子，供朋友们赏景论学。亭子建成后尚未命名。某日罗典一位行伍出身的将军朋友来访，当被问及此亭应取什么名字时，将军灵机一动，想到了近千年前杜牧的这首绝句，就建议用“停车坐爱枫林晚”的诗意，取名为爱晚亭。爱晚亭由此而得名。

200多年来，爱晚亭名气越来越大，如今已成为长沙市的标志性景点。文学对于旅游，文学对于名胜的巨大推动力、影响力、感染力，由此可见一斑。

先有文学作品、史学典籍的流传，而后产生重要景点的例子并不仅仅只有爱晚亭一处，南京阅江楼也是重要一例。

公元1360年，农民起义领袖朱元璋在南京卢龙山上指挥伏兵以少胜多，打败劲敌陈友谅，奠定了他统一全国建立明朝的基业，遂改卢龙山名为狮子山，诏建阅江楼于山巅。当时楼虽未建，朱元璋却亲自撰写了一篇《阅江楼记》[1]公之于众；他又乘兴命“诸职事”各写一篇同名文章《阅江楼记》。在一百多篇同题文章中，以大学士宋濂所做一篇为最佳，文思飞扬、语词优美，后被《古文观止》选录，但因“上天垂象”“乃罢其工”，[2]阅江楼最终并未兴建，六百多年来“有记无楼”，成为中华文化史上一个诱人的谜团，同时也留下了一件憾事。直到六百多年后，由我牵头策划、论证推动，当地政府以新颖的想象和设计、以超越前人的立意与构思，历时四年，一举建成阅江楼，结束了六百多年来“有记无楼”的历史，证实了景点与文学作品之间的又一种关系：先有文学作品，后因作品而产生名胜景点。

明代大学者王阳明（1472—1528）曾登狮子山寻访阅江楼，写有一诗：

登阅江楼

绝顶楼荒旧有名，高皇曾此驻龙旌。
险存道德虚天堑，守在蛮夷岂石城？
山色古今余王气，江流天地变秋声。
登临授简谁能赋，千古新亭一怆情。

这首诗给读者带来的疑问是：王阳明亲身登上阅江楼了，看到“绝顶楼荒”了，怎么说当年并未建楼，“有记无楼六百年”呢？其实，王阳明也是虚应故事。我们可从朱元璋后来所写的《又阅江楼记》《辟阿奉文》得知，朱元璋因见到“上天垂象，责朕以不急，即日惶惧，乃罢其工”[3]。

“上天垂象”是怎么回事？清代夏燮所撰《明通鉴》，以及《明史·天文志》载：

“洪武七年二月，日变月变。庚戌，日中有黑子，凡五日。”“庚戌到甲寅五日朔。”“是月，免平阳、太原、汾州、历城、汲县田租，以旱蝗故也。”

“朔”为何义？日月相会曰朔，约在农历每月初一前后，故谓初一为朔日。这一现象，一般仅为一日，洪武七年二月却发生了“五日朔”“日变月变”，使朱元璋不得不“惶惧，乃罢其工”。因此，史籍上均已载明，朱元璋未能建造阅江楼。但此后想象中的阅江楼倒也成了王阳明等明清文人一再吟咏的“名胜”了。这个实例也说明了文学作品对于名胜景点的建设确实有其推动作用和延伸效应。

伊犁也有这样的人文底蕴。在我国古代的典籍中，对伊犁地区的记叙、描述“史不绝书”，最早的史料中即有汉家公主和亲乌孙的记载。

乌孙人原在敦煌、祁连一带游牧。西汉初年，大月氏人从敦煌、祁连一带迁往伊犁河流域，迫使原在伊犁河谷游牧的塞种人（印欧人种部落）南迁至帕米尔高原。汉文帝前元四年（前176），乌孙昆莫（乌孙国国王的称谓，也作昆弥）率部落进驻伊犁河流域，在这里建立了乌孙国，立国五百多年。乌孙国起初立足于伊犁河南侧，河北为匈奴所属的伊列国。当时有匈奴人趁着“汉兵与项羽相距，中国罢于兵革，以故冒顿（匈奴国王名）得自强，控弦之士三十余万”，对汉族边民常加掠夺烧杀，有时竟侵犯到中原地区。

汉武帝登基后，凭借着“文景之治”带来的强盛国力，决定改变过去对匈奴以忍让为主的妥协政策，欲以武力驱逐匈奴。曾主动请命出使西域的太中大夫张骞建言曰：“诚以此时厚赂乌孙，招以东居故地，汉遣公主为夫人，结昆弟，其势宜听，则是断匈奴右臂也。”“天子以为然，拜骞为中郎将，将三百人，马各二匹，牛羊以万数，赍金币帛直数千巨万，多持节副使，道可便，遣之他旁国。骞既至乌孙，昆莫见骞，礼节甚倨，骞谕指曰：‘乌孙能东居故地，则汉遣公主为夫人，结为兄弟，共距匈奴，匈奴不足破也。’”[4]乌孙王不肯东迁到敦煌故地，但迫于匈奴的压力与汉王朝的国威，后又“使使愿得尚汉公主，为昆弟。天子与群臣议，许之。乌孙以千匹马聘汉女，汉以江都王建女细君为公主，往妻乌孙，赠送甚盛，乌孙王昆莫以为右夫人”[5]。

细君公主到伊犁后，因“悲愁思归”[6]，写了一首《黄鹄歌》。“天子闻而怜之，间岁遣使者持帷帐锦绣给遗焉。”[7]

细君公主生有一女名叫“少夫”。公主死于天汉元年（前100）前后。“公主死，汉复以楚王戊之孙解忧为公主，妻岑陬（即军须靡）。”[8]岑陬死后，解忧改嫁给肥王翁归靡，生有三男二女。甘露三年（前51），解忧70岁时“上书言年老土思，愿得归骸骨，葬汉地。天子悯而迎之。冬，至京师，待之一如公主之制。后二年卒”。

两位汉家公主从元封六年（前105）细君初嫁，到解忧回京去世（约前49年），历时共计56年之久。但她们身后的直接和间接影响则更为深远。

由杜牧《山行》诗而有了爱晚亭，由朱元璋、宋濂两篇《阅江楼记》而有了阅江楼，我们同样可以凭借班固的《汉书》、司马光的《资治通鉴》而考虑建成一处汉家公主纪念馆，使之成为伊犁州又一处重要的历史人文景观，成为一个爱国主义教育基地、一个两千多年来中华各民族和睦团结的历史象征。

二

二千多年前两位汉家公主远嫁乌孙，是具有深远历史影响的重大事件。

汉家公主远嫁，保证了汉王朝的领土完整、边境安全。“昭帝时，（解忧）公主上书言：‘匈奴与车师共侵乌孙，唯天子幸救之。’汉养士马，议击匈奴，会昭帝崩。”后解忧公主再次上书继位者汉宣帝，宣帝派常惠及五将军兵发长安，“乌孙昆弥自将五万骑与校尉常惠从西方入，至右谷蠡王庭，获单于父行及嫂、居次、名王、犁污都尉、千长、骑将次下四万级，马、牛，羊、驴、橐佗七十余万头……于是匈奴遂衰耗，怨乌孙”“冬，匈奴单于自将数万骑击乌孙……会天大雨雪，一日深丈余，人民、畜产冻死，还者不能什一……匈奴大虚弱……而边境少事矣”。

从上述史料记载中我们不难得出结论，匈奴的“衰耗”“大虚弱”，直接原因是解忧公主的两次上书争取到汉宣帝派常惠及五将军率军联合乌孙铁骑共二十余万出兵征讨。因此，汉家公主在遏制匈奴的长期斗争中直接发挥了作用，使汉王朝与西域诸国获得最后胜利，这是有目共睹，功不可没的。

汉家公主远嫁，推动了中原文化与西域文化的交流，促进了中华民族文化的形成与发展。元鼎二年（前115），汉武帝接受了张骞使乌孙与汉“结昆弟，其势宜听，听则是断匈奴右臂也”的建议，“于是西域始通矣”。《汉书·张骞李广利传》也记载：“于是西北国始通于汉矣。然骞凿空（苏林曰：‘凿，开也；空，通也。骞始开通西域道也。’师古曰：‘空，孔也，犹言始凿其孔穴也。’故此下言当空道而《西域传》为孔道也）……外国由是信之。”

宋袁枢所撰《通鉴纪事本末》卷三，即有《汉通西域》一章。从文中可以看出，“汉通西域”确实是与张骞出使、细君与解忧和亲有着直接的因果关系，这是毋庸置疑的。在“汉通西域”的过程中，中原文化与西域文化之间，乃至中原文化与更为遥远的今中亚、西亚地区文化和欧洲地区文化之间是一种双向、互动式的传播、模仿与学习，这对中华民族文化的形成与发展是十分有利的，对形成多元的、融合的、具有多民族成分的中华民族文化产生了意义深远的影响。

据《文化博览》杂志《细君和解忧》一文介绍：“在汉武帝的亲自安排下，以汉族最高礼仪，送细君远嫁西北草原乌孙国。送亲队伍浩浩荡荡数十里……当时跟随细君下嫁的有数百人，其中有能工巧匠、乐队、卫士、裁缝、侍从等，中原的文化及先进技术也随之带进西北大草原。”这也表明汉代公主西域和亲，与七百年后的唐代文成公主和亲一样，为西部地区带去了中原的文化、科学、技术，发挥了意义深远的作用。

汉家公主远嫁促进了汉族与少数民族之间的团结融合，推动了我国统一的多民族国家的形成与稳定。

细君、解忧和亲，是西汉王朝当时旨在遏制和打击匈奴力量，加强中原地区与西域关系的一项重要的政治举措。这一和亲之举，直接促成神爵二年（前60）西域都护府的建立，西域纳入统一的西汉王朝版图，这是我国汉族与少数民族之间团结融合的得力措施，奠定了我国成为一个统一的多民族国家的坚实基础。

两位汉家公主和亲西域，不但使西域重要的乌孙国与西汉中央王朝形成了稳固联盟，而且影响到整个西域。当时乌孙国“户十二万、口六十三万、胜兵十八万八千八百人”，是西域强国，影响很大，“史不绝书”，围绕乌孙国发生过许许多多、大大小小的事件，频频见诸各种史籍。解忧长子元贵靡、孙星靡、重孙雌栗靡、孙伊秩靡四人先后出任乌孙国大昆弥，解忧次子万年成为莎车王，长女弟史成为龟兹王绛宾的妻子，解忧三子大乐为乌孙左大将，次女素光为乌孙大将军若呼翎侯妻。据《汉书》卷九十六统计，当时西域诸国皆臣服西汉，“最凡国五十。自译长、城长、君、监、吏、大禄、百长、千长、都尉、且渠、当户、将、相至侯、王，皆佩汉印绶，凡三百七十六人”。由此可知，西汉与西域各国凭借着和亲产生的血缘、亲缘关系，最终促中国发展成一个统一的多民族的国家，汉家公主和亲，在一定程度上为这样一个国家的形成和稳定奠定了基础。

汉家公主远嫁，进一步推动了古代丝绸之路的形成与发展，促进了国际交通干线的建立与沿线经济的发展。丝绸之路的出现是中国与中亚、西亚、欧洲在经济上建立联系，在交通上形成主干的标志，丝绸之路的形成，在张骞“凿通”西域之前虽有雏形，但真正发展成形，应是在汉通西域之后。张骞与汉家公主所开展的一系列政治、经济、文化活动，直接或间接推动了丝绸之路的形成和发展。

汉代丝绸之路的出现，一方面是商品出口、易货贸易发展的必然趋势，同时也有政府行为的影响。如西汉连年征战，需要大量军马，西汉政权将西域大宛、乌孙等国视为军马的主要供给地。为了对大宛、乌孙等国表示友好，中原政权长期以绢等丝织品作为交换马匹的主要货物。西域人得到绢等丝织品后，除部分供自己使用以外，有相当大的部分被运往中亚、西亚与欧洲各国。这样，丝绸之路越来越兴旺发达，至盛唐达到顶点，客商往来不绝于途。当时除了天山南北几条干道以外，张骞与细君、解忧走过的“乌孙道”也是丝绸之路的一条支线。其史证之一是解忧之女弟史到长安学鼓琴归乌孙，途经龟兹，被龟兹王绛宾留下求婚，最终结为夫妇；史证之二是解忧的女侍冯夫人曾多次受命“行赏赐于城郭诸国”，这里的“城郭诸国”，主要指塔克拉玛干沙漠边缘的绿洲地区，包括龟兹、莎车等国。汉家公主和亲乌孙，对西域地缘政治的确产生了一定的影响，这一发展脉络，包括神爵二年（前60）西域都护府的成立，公元5—6世纪乌孙人之大部南迁，匈奴人在中原政权打击下一再西迁，最终定居西亚地区。这种种变迁发展与西汉时期中原政权所采取的一系列军事、政治策略存在着一定的关联，与西汉王朝所采取的“凿通西域”“和亲乌孙”的政策措施在客观上也存在着一定的关联。

如今我们筹划建造一处汉家公主纪念馆，更有其重要的现实意义，这一新的旅游胜地、爱国主义教育基地不但可以有力地回击“东突”民族分裂分子、宗教极端分子、暴力恐怖分子等势力暗中散布的分裂谎言，而且是我国各民族千百年来团结统一的真实体现，是一部厚重的历史教科书。

三

文史遗产中有不少中华文化的瑰宝，有待我们去发掘、搜寻、整理、分析，并以物质形态加以展示、传扬，这是十分必要的，如前文所列爱晚亭、阅江楼以及大有文章可做的公主馆等。在这物化、传扬的过程中，应注意以下一些原则。

要有根有据，不宜无中生有。爱晚亭确是因唐人名诗而名，阅江楼确是“有记无楼”，两位公主也确是历史真实人物，这才可以出现景点，成为名胜。

要恰到好处，不宜大材小用。粗糙制作只会浪费资源。文章要做足、做精，思路起点一定要高出一筹，才能丝丝入扣，处处精当。

要修旧如旧，不宜“古董”翻新。凡应体现古典色彩的建筑或景点，千万不能修旧（建旧）如新，成为不伦不类的“古迹”。建筑景点要经得起文史、文

伊犁哈萨克自治州伊宁市汉家公主纪念馆（2005年6月建成开馆）

物专家的推敲；即使是现代的纪念馆，也必须保持一些历史的本来面目。

要因地制宜，不宜削足适履。纪念性景观若有确址，则应在原址兴建；若无确址，亦可定位于某一合适地点，如汉家公主纪念馆即可选址在市区或伊犁河畔，不一定定位于乌孙山以南的草原上。

要保持特色，不宜因袭雷同。如汉家公主纪念馆一定要有汉代特色、游牧氛围、毡包环境、草原风光，以体现其特色。

要突出主题，不宜杂乱无章。一处历史人文景点，应体现一种主旋律，一种思想性。如汉家公主纪念馆，主题是爱国主义，是民族团结、国家统一，可反映河山壮丽、牛羊肥美、民风淳朴，烘托爱国主义的主旋律。

两位公主的家乡分别在今江苏省扬州、徐州二市。近年来，中央确定江苏省对口支援伊犁哈萨克自治州，先后有四批援疆干部来到伊犁，被誉为“两位公主家乡来的亲人”。看来，这种各民族和睦团结的渊源关系，两千多年来绵延不断，的确令人深思、给人启发，值得我们倍加珍惜、弘扬。

注释：

[1]《明实录·太祖洪武实录》(广方言馆旧藏钞本)，广陵书社，2017年版。

[2]吴楚材，吴调侯纂定，《古文观止·明文》，江苏广陵古籍刻印社，1991年版。张廷玉等，《明史·天文志》，《二十五史》，中华书局，1974—1995年版。

[3]朱元璋，《又阅江楼记》，《明实录·太祖洪武实录》(广方言馆旧藏钞本)，广陵书社，2017年版。

[4]司马光，《资治通鉴·汉纪》，中华书局，2011年版。

[5]袁枢，《通鉴纪事本末·汉通西域》，中华书局，1964年版。

[6]司马迁，《史记·西域传》，《二十五史》，中华书局，1974—1995年版。

[7]司马光，《资治通鉴·汉纪》，中华书局，2011年版。

[8]司马光，《资治通鉴·汉纪》，中华书局，2011年版。

本文原载《伊犁师范学院学报》
伊犁师范学院主办
2003年第3期

细君、解忧公主和亲述论

细君公主（约前122—前100）是汉武帝刘彻侄江都王刘建之女，元封六年（前105），受汉武帝之命远嫁乌孙国（今新疆维吾尔自治区伊犁哈萨克自治州伊犁河流域一带）国王。细君死后，汉武帝又命宗室楚王刘戊的孙女解忧公主（约前121—前49）远嫁乌孙王。解忧公主在乌孙国生活了半个世纪之久，与乌孙肥王翁归靡育有三子二女，后均成为西域各国国王或王室成员。本文就这一内容做一初步的归纳分析，以期引起有关方面的关注。

两位公主和亲的背景与结局

乌孙人原在敦煌、祁连一带游牧。西汉初年，大月氏人从敦煌、祁连一带迁往伊犁河流域，迫使原在伊犁河谷游牧的塞种人[1]南迁至帕米尔高原。汉文帝前元四年（前176），乌孙昆莫率部落进驻伊犁河流域，又将大月氏人赶逐到中亚一带。[2]昆莫在这里建立了乌孙国，立国500余年。

乌孙国起初立足于伊犁河南侧，河北为匈奴所属的伊列国。汉宣帝本始二年至三年（前72—前71），汉朝派大军联合乌孙夹击匈奴，大破匈奴右谷蠡王庭，伊犁河流域南北两翼全部成为乌孙国属地。

汉初，经过“文景之治”，国力逐步强大。汉文帝刘恒注重让人民休养生息，减轻赋税、劳役与刑狱，农业生产得到恢复和发展，中央集权制度也在削弱诸侯势力的同时得到了巩固。汉景帝刘启继续执行这一系列政策，改田赋十五税一为三十税一，并平定了吴楚七国诸侯之乱，收回地方官吏的任免权，使汉王朝国力空前强盛。

匈奴人在此之前趁着“汉兵与项羽相距中国，罢于兵革，以故冒顿[3]得自强，控弦之士三十余万”，对汉朝边民常加掠夺烧杀，有时竟侵犯到中原地区。

汉武帝登基后，凭借着“文景之治”带来的强盛国力，一改过去对匈奴以忍让为主的妥协政策，欲以武力驱逐匈奴。曾主动请命出使西域的太中大夫张骞建言曰：“诚以此时厚赂乌孙，招以东居故地，汉遣公主为夫人，结昆弟，其势宜听，则是断匈奴右臂也。”[4]“天子以为然，拜骞为中郎将，将三百人，马各二匹，牛羊以万数，赍金币帛直数千巨万，多持节副使，道可便，遣之他旁国。骞既至乌孙，昆莫见骞，礼节甚倨，骞谕指曰：‘乌孙能东居故地，则汉遣公主为夫人，结为兄弟，共距匈奴，匈奴不足破也。’”乌孙王不肯东迁到敦煌故地，然而迫于匈奴的压力与汉王朝的国威，后又“使使愿得尚汉公主，为昆弟。天子与群臣议，许之。乌孙以千匹马聘汉女，汉以江都王建女细君为公主，往妻乌孙，赠送甚盛，乌孙王昆莫以为右夫人”[5]。

在新疆昭苏细君墓前（墓碑系著名古建筑专家罗哲文所题）

细君公主到伊犁后，因“昆莫年老，言语不通，公主悲愁思归”[6]，写了一首《黄鹄歌》：

吾家嫁我兮天一方，远托异国兮乌孙王。
穹庐为室兮旃为墙，以肉为食兮酪为浆。
居常土思兮心内伤，愿为黄鹄兮归故乡。

“天子闻而怜之，间岁遣使者持帷帐锦绣给遗焉。”[7]

昆莫年老将死之前，根据当地风俗，将细君公主改嫁给昆莫之孙军须靡。

军须靡接替其祖父成为新的乌孙王，与细君公主生有一女名叫“少夫”。细君公主死于天汉元年（前100）左右。“公主死，汉复以楚王戊之孙解忧为公主，妻岑陬（即军须靡）。”[8]岑陬死后，解忧改嫁给肥王翁归靡，生有三男二女。后来乌孙狂王“复尚楚主解忧，生一男鸱靡”；甘露三年（前51），解忧70岁时“上书言年老土思，愿得归骸骨，葬汉地。天子悯而迎之。冬，至京师，待之一如公主之制。后二年卒”[9]。

两位汉家公主从元封六年（前105）细君初嫁，到解忧回京师去世（约前49），历时共计56年之久。

两位公主远嫁乌孙的意义

1.和亲政策从被动转为主动

和亲，特指中原王朝与少数民族首领，以及少数民族首领之间具有一定政治目的的联姻。和亲的理论早在春秋时期即已出现，《国语·鲁语上》提到“重之以婚姻”，就是根据当时发生的实例而加以肯定的。

在中国历史上以和亲手段取得政治成就的重要实例始于汉代。汉初，由于匈奴不断来犯，刘邦为“羁縻”匈奴，接受了刘敬的建议，以宗室女为公主，入嫁匈奴单于为妻。汉文帝后元二年（前162），又与匈奴缔结了和亲之约。

汉武帝之前的和亲，基本上是属于被动的、被迫的、妥协性的、防御性的。这是因为匈奴当时处于攻势，汉王朝处于守势。如“孝文皇帝复遣宗室女公主为单于阏氏，使宦者燕人中行说傅公主。说不欲行，汉强使之，说曰：‘必我行也，为汉患者。’中行说既至，因降单于”[10]。“老上稽粥单于死……孝文皇帝复与匈奴和亲。”到了汉武帝时期，由于国力大大增强，加上汉武帝有雄才大略，汉王朝与匈奴的关系发生了质的转变——从妥协、防御转为遏制、进攻，和亲也成为主动示好、笼络人心或巩固盟国关系的一种战略性措施了。包括元封六年（前105）细君和亲、太初年间（约前100）解忧和亲，汉元帝竟宁元年（前33）昭君出塞等即为明显三例。（至唐代又有文成公主进藏，已是相隔七百年后的事了。）

细君之和亲，既是张骞提出的建议，也是乌孙的迫切愿望。“乌孙使者见汉广大，归报其国，其国乃益重汉。匈奴闻乌孙与汉通，怒，欲击之；又其旁大宛、月氏之属皆事汉；乌孙于是恐，使使愿得尚汉公主，为昆弟。天子与君臣议，许之。乌孙以千匹马聘汉女。”[11]从《史记》《汉书》《资治通鉴》等史籍中皆可得知，汉武帝之所以让细君、解忧以公主之尊远嫁乌孙，其政治动机是十分明确的，即所谓“断匈奴右臂”；最终驱逐匈奴的目的得以实现，也完全体现了汉武帝时期和亲之举产生从被动转为主动、从消极转为积极这一重大转折，是符合汉王朝的根本利益的。

2.保证了汉王朝领土之完整、边境之安全

“昭帝时，（解忧）公主上书言：‘匈奴与车师共侵乌孙，唯天子幸救之。’汉养士马，议击匈奴，会昭帝崩。”后解忧公主再次上书继位者汉宣帝，宣帝派常惠及五将军兵发长安，“乌孙昆弥自将五万骑与校尉常惠从西方入，至右谷蠡王庭，获单于父行及嫂、居次、名王、犁污都尉、千长、骑将次下四万级，马、牛、羊、驴、橐佗七十余万头……于是匈奴遂衰耗，怨乌孙”“冬，匈奴单于自将数万骑击乌孙……会天大雨雪，一日深丈余，人民、畜产冻死，还者不能什一……匈奴大虚弱……而边境少事矣”。[12]

从上述史料记载中我们不难得出结论：匈奴的“衰耗”“大虚弱”，直接原因是解忧公主的两次上书争取到汉宣帝派常惠及五将军率军十六万[13]出兵征讨。因此，汉家公主在遏制匈奴的长期斗争中直接促使汉王朝与西域诸国获得最后胜利，这是有目共睹，功不可没的。

3.推动了中原文化与西域文化的交流，促进了中华民族文化的形成与发展

元鼎二年（前115），汉武帝接受了张骞使乌孙与汉“结昆弟，其势宜听，则是断匈奴右臂也”[14]的建议，再次派遣张骞出使西域。“是岁，骞还，到，拜为大行。后岁余，骞所遣使通大夏之属者，皆颇与其人俱来，于是西域始通于汉矣。”[15]

《汉书·张骞李广利传》记载：“于是西北国始通于汉矣。然骞凿空（苏林曰：‘凿，开也；空，通也，骞始开通西域道也。’师古曰：‘空，孔也，犹言始凿其孔穴也。’故此下言当空道而《西域传》为孔道也）……外国由是信之。”[16]

宋袁枢撰《通鉴纪事本末》卷三，即有《汉通西域》一章。从文中可以看出，汉通西域确实是与张骞出使、细君与解忧和亲有着直接的因果关系。

在“汉通西域”的过程中，中原文化与西域文化之间，乃至中原文化与更为遥远的今中亚、西亚地区和欧洲地区文化之间，是一种双向、互动式的传播、模仿与学习，这对中华民族文化的形成与发展是十分有利的，对形成多元的、融合的、具有多民族元素的中华民族文化产生了意义深远的影响。

据《文化博览》2000年第10期所载《细君和解忧》一文介绍：“在汉武帝的亲自安排下，以汉族最高礼仪，送细君远嫁西北草原乌孙国。送亲队伍浩浩荡荡数十里……当时跟随细君下嫁的有数百人，其中有能工巧匠、乐队、卫士、裁缝、侍从等，中原的文化及先进技术也随之带进西北大草原。”这也表明汉家公主西域和亲，与七百年后的唐代文成公主和亲一样，为西部地区带去了中原的文化、科学、技术，发挥了意义深远的作用。当然，“送亲队伍浩浩荡荡数十里”有点言过其实；其他一些内容，出自《史记》《汉书》《资治通鉴》等史籍，是可信的。如《汉书・西域传》卷六十六（下）即载：“遣江都王建女细君为公主以妻焉，赐乘舆服御物，为备官属宦官侍御数百人，赠送甚盛。”

4.促进了汉族与少数民族之间的团结融合，推动了我国统一的多民族国家的形成与稳定

细君、解忧和亲，是西汉王朝当时旨在遏制和打击匈奴这一宿敌，加强中原地区与西域关系的一项重要的政治活动。这一和亲之举，促成了神爵二年（前60）西域都护府建立，使西域纳入西汉王朝强有力的影响范围内，这是汉族与少数民族之间团结融合的得力措施，奠定了我国在推翻封建帝制以后成为一个统一的多民族国家的坚实基础。

关于这一方面的意义和影响，我们不仅可从两位公主的活动中得到印证，从汉王朝宗室与少数民族首领之间的血缘、亲缘关系中得到解释，甚至公主的侍女，也在我国民族关系的形成与稳定过程中产生过很大的影响。

据《汉书・西域传》载：“初，楚主侍者冯嫽，能史书，习事，尝持汉节为公主使，行赏赐于城郭诸国，敬信之，号曰冯夫人。为乌孙右大将妻。右大将与乌都屠相爱，都护郑吉使冯夫人说乌都屠，以汉兵方出，必见灭，不如降。乌都屠恐，曰：‘愿得小号。’宣帝征冯夫人，自问状。遣谒者竺次、期门甘延寿为副，送冯夫人。冯夫人锦车持节，诏乌都屠诣长罗侯赤谷城，立元贵靡为大昆弥，乌都屠为小昆弥，皆赐印绶。破羌将军不出塞还。”就是说解忧公主的侍女凭借解忧和自己在西域诸国中的声誉威望，不费汉王朝一兵一卒（“破羌将军不出塞还”），化解了乌孙国王室为争夺王位而几致内乱的危机，这在我国的历史上同样是一起经典的政治事件和外交举措。

两位汉家公主和亲西域，不但使西域重要的乌孙国与西汉中央王朝形成了稳固联盟，而且影响到整个西域。当时乌孙国“户十二万、口六十三万、胜兵十八万八千八百人”，是西域强国，影响很大，“史不绝书”，围绕乌孙国发生过许许多多、大大小小的事件，频频见诸各种史籍。细君长子元贵靡、孙星靡、重孙雌栗靡、孙伊秩靡四人先后出任乌孙国大昆弥，解忧次子万年成为莎车王，长女弟史成为龟兹王绛宾的妻子，莎车、龟兹是塔克拉玛干沙漠边缘最大的两个绿洲王国；而解忧的侍女冯嫽，也常“行赏赐于城郭诸国”，对西域地区诸国施加了不少的影响；解忧三子大乐为乌孙左大将，次女素光为乌孙大将军若呼翎侯妻。

据《汉书》卷九十六统计，当时西域诸国皆臣服西汉，“最凡国五十。自译长、城长、君、监、吏、大禄、百长、千长、都尉、且渠、当户、将、相至侯、王，皆佩汉印绶，凡三百七十六人”。当然，西汉对中亚以西各国，除向大宛换取一些军马外，主要是通过丝绸之路输出了更多的商品。“康居、大月氏、安息、罽宾、乌弋之属，皆以绝远不在数中，其来贡献则相与报，不督录总领也。”[17]

由此可见，西汉与西域各国凭借着和亲产生的血缘、亲缘关系，两千多年来最终使中国发展成一个统一的多民族国家，汉家公主的和亲，在一定程度上为这样一个国家的形成和稳定奠定了基础。

5.促进了国际交通干线的建立与沿线经济的发展

丝绸之路的出现是中国与中亚、西亚和欧洲在经济上建立联系，在交通上形成主干线的标志。[18]

丝绸之路的形成，在张骞“凿通”西域之前虽有雏形，但真正发展成形，应是在汉通西域之后。张骞与汉家公主所开展的一系列政治、经济、文化活动，直接或间接推动了丝绸之路的形成和发展。

汉代丝绸之路的出现，一方面是商品出口、易货贸易发展的必然趋势，同时也有政府行为的影响。如西汉连年征战，需要大量军马，西汉政权将西域大宛、乌孙等国视为军马的主要供给地。汉武帝本人十分爱马，称乌孙之马为“天马”；在得到了大宛的汗血马后，又将大宛马称为“天马”，将乌孙马称为“西极马”，并亲自创作了“西极天马之歌”[19]。为了对大宛、乌孙等国表示友好，中原政权长期以绢等丝织品作为交换马匹的主要货物，最高比例曾达到四十匹绢换一匹马（其中包含有中央政权对少数民族的优惠政策），西域人得到绢等丝织品后，除部分供自己使用以外，有相当大的部分被运往中亚、西亚与欧洲各国，换取那里的土特产品。这样，丝绸之路越来越兴旺发达起来，至盛唐达到顶点，客商往来不绝于途，骆驼成了最主要的运输工具。当时除了天山南北几条干道以外，张骞与细君、解忧经过的“乌孙道”也是丝绸之路的一条重要支线，即经龟兹（今库车、新和、沙雅、拜城）翻越天山到伊犁河流域这一条路。其史证之一是解忧之女弟史到长安学鼓琴归乌孙，途经龟兹，被龟兹王绛宾留下求婚，最终结为夫妇；史证之二是解忧的女侍冯嫽曾多次受命“行赏赐于城郭诸国”，这里的“城郭诸国”，主要指塔克拉玛干沙漠边缘的绿洲地区，包括龟兹、莎车等国。

丝绸之路的存在，大大促进了沿线经济的发展，包括我国今哈密、鄯善、吐鲁番、乌鲁木齐、库车、喀什等城市的发展，在历史上都与丝绸之路有着天然的联系。远至中亚、西亚和欧洲的一些城市，也与丝绸之路存在着一定的关联。直至今日，这一条经济交往主干线仍是我国与中亚、西亚及欧洲经欧亚大陆腹地开展全方位交往活动的必经之路，除了公路之外，后增加的亚欧铁路大陆桥和十余条航空运输线，使今天的亚欧经济交往更加便捷，在陆路与海路的效益、效率的比较与竞争中，陆运、空运仍保持极大的优势。

6.促进亚欧大陆东西文化与经济交流融合，在世界地缘政治关系的发展形成过程中存在着一定的影响

历史是人民创造的。当然，在人民创造历史的过程中，我们不能排除在某些关键的时刻，某些重要人物发挥的特殊作用。这些作用，主要来自历史发展的规律性和必然性，同时也不能完全排除某些偶然性事件的存在与影响。汉家公主和亲乌孙，对西域地缘政治的确产生了一定的影响，这一发展脉络，包括神爵二年（前60）西域都护府的成立，公元5—6世纪乌孙人之大部南迁，匈奴人在中原政权打击下一再西迁，最终定居西亚地区，再到后来突厥汗国的兴起和分裂，突厥人的西迁等，这种种变迁、发展与西汉时期中原政权所采取的一系列军事、政治策略存在着一定的关联，与西汉王朝所采取的“凿通西域”“和亲乌孙”的政策措施在客观上也存在着一定的关联。

汉家公主和亲史实应引起各方关注

细君、解忧和亲是我国古代历史上的重大事件，对我们国家自身的形成和发展，对我国与中亚、西亚乃至欧洲各国的联系与交往，都产生过一定影响。细君、解忧和昭君、文成一样，都是遵照帝王之命，身负家国重任，远嫁异族君王，而且细君、解忧生活的年代远在昭君、文成和亲之前。但我们翻阅各种书籍，对历史上的和亲之举，基本上只看到介绍昭君和文成的内容，除了《汉书》等几部早期史籍外，几乎没有关于细君和解忧的只字片语。这是什么原因呢？据我分析，主要原因有以下几点。

1.时空距离产生的影响

一种影响扩散、传播到何种程度，通常与时间的远近、距离的长短成反比。细君、解忧、昭君、文成之和亲，从时序上看，四者分别发生在公元前105年、公元前100年、公元前33年、公元641年，首尾相距700多年，昭君、文成和亲作为后发生的事件，其影响大于发生在前的细君、解忧，这是可以理解的，也是符合逻辑的。

再从空间距离看，细君和解忧、昭君、文成和亲的目的地分别是乌孙、匈奴、吐蕃三处政权所在地，距离中原王朝远近也各不相同，大致是乌孙“去长安八千九百里”[20]，吐蕃其次，都城逻些（今拉萨）距长安近六千里；而匈奴作为一个游牧民族，中原政权对其时征时抚，使匈奴人时退时进，比较而言，距中原政权更近。因此，与距离较近的民族通婚的昭君、文成影响大于远嫁西域的细君、解忧也就不足为怪了。

2.民族辐射程度的影响

不同的民族以及同一民族在不同时期都有着不同的辐射强度。这种辐射强度取决于民族产生形成的过程、民族发展壮大的程度、民族人口的多少、民族凝聚力的大小、民族在历史上活跃时间的长短、民族在某一生存区域的稳定程度等。也就是说产生过程明晰、发展成一强大民族、拥有较多人口、长期活跃于某一相对稳定地区的民族，其辐射力要强一些，这是不言而喻的。匈奴在历史上影响很大；吐蕃在松赞干布当政时期统一了整个西藏高原，发展成为一个强大的民族。因此，与这两大民族首领通婚的昭君、文成公主，在辐射力方面得助于两个强大民族的直接影响，这也是符合逻辑的。

而细君、解忧公主和亲，尽管有《史记》《汉书》《资治通鉴》等多部正史做了记载，但乌孙国本身国力较弱，而且不是一个完整意义的民族；五百多年后，到公元412年左右，乌孙大部又外迁到西南方向的葱岭一带，实力进一步削弱，在地缘政治版图上从一个相对独立的王国降格为一个部落，从中原王朝的姻亲盟国降格为一个流离失所的游牧群体，因此细君、解忧的历史影响也在无形中被弱化了。

3.若干特殊因素的潜在影响

一是细君之父刘建的行为较为丑恶。他荒淫无耻，杀人取乐，“专为淫虐，自知罪多”，而且有谋反之意；阴谋败露后，“当以谋反法诛，有诏宗正廷尉即问建，建自杀”，细君因年幼作为宗室女而被允许进宫。因此，细君的家庭背景是很多人不愿提起的，细君在这一方面不如王昭君的经历富有传奇性（如毛延寿故意把她画成相貌平常的嫔妃，因而未被皇帝宠幸），也不如文成公主家庭之光荣。文成之父为唐太宗族弟江夏王李道宗。李道宗战功卓著，位极尊隆。[21]唐太宗命李道宗护送文成公主和亲到吐谷浑和吐蕃的边界柏海（今青海扎陵湖）。[22]

二是细君英年早逝。和亲那年她年仅17岁，在乌孙国生活了五六个年头，生有一女后就去世了，所以关于细君的史料也比较少，只知道她“自治宫室居，岁时一再与昆莫会，置酒饮食。昆莫年老，言语不通，公主悲愁思归。天子闻而怜之，间岁遣使者以帷帐锦绣给遗焉”[23]，以及写有《黄鹄歌》等。史料记载较少，也是她们的影响小于昭君、文成的原因之一。

三是伦理方面的因素。中原文化与乌孙的异域文化存在着一定差异，因而在影响的扩大、传播过程中形成一些障碍。如乌孙昆莫在临逝世前要求细君改嫁给他的孙子，后细君与其孙岑陬生了一个女儿少夫。解忧也先后改嫁给辈分小于前夫的王室成员。其实，对于这一点，在当时即已得到裁决。细君起初不愿嫁给前夫的孙子。“昆莫曰：‘我老。’欲使其孙岑陬尚公主；公主不听，上书言状。天子报曰：‘从其国俗，欲与乌孙共灭胡。’”[24]

可能是由于上述种种原因的影响，历史上对于细君、解忧和亲之举未做更多的宣传，以至后人提及和亲之事往往只知有昭君、文成，而不知有细君、解忧。这对先于昭君、文成远嫁异族的两位汉家公主来说是一种遗憾。

为了弥补这一遗憾，特别是细君、解忧这两位公主分别来自江苏省的扬州、徐州两地，近年来江苏省又被中央确定为在援疆工作中对口支援伊犁哈萨克自治州的省份，已先后派出近二百名干部远赴伊犁开展工作，他们在伊犁得到了各族人民的热情欢迎，当地人民群众把江苏来的干部称为“两位公主家乡来的亲人”，这种称呼中的确蕴含了一种绵延两千多年的血缘亲情，两地不少人民群众和专家学者纷纷提出建议，要建立一处“汉家公主纪念馆”，出一部关于汉家公主的书籍，拍一部关于汉家公主的电视剧。这些建议得到各有关方面的热情支持。我们相信，在不久之后，细君、解忧这两位汉家公主的名字也将和昭君、文成一样，成为我们祖国大家庭中远近闻名的历史人物。

注释：

[1]塞种人，为印欧人种部落，使用青铜器，中国史籍起初称为“允戎”，即西方史籍中的“萨迦”人，古希腊称“斯基泰”人。

[2]昆莫：乌孙国国王的称谓，亦即后文之“昆弥”（“莫”“弥”系音转）。此处昆莫名猎骄靡。史籍中第一位称“昆弥”的是子侄中的翁归靡。（见《史记·匈奴列传》，《二十五史》，中华书局，1974—1995年版）大月氏人西迁到伊犁河，后又西迁妫水（今阿姆河）一带。

[3]匈奴国国王名。

[4]班固，《汉书·张骞李广利传》，中华书局，1998年版。

[5]司马迁，《史记·大宛传》，《二十五史》，中华书局，1974—1995年版。

[6]袁枢，《通鉴纪事本末·汉通西域》，中华书局，1964年版。

[7]司马迁，《史记·西域传》，《二十五史》，中华书局，1974—1995年版。

[8]司马光，《资治通鉴·汉纪》，中华书局，2011年版。

[9]司马光,《资治通鉴·汉纪》,中华书局,2011年版。

[10]司马迁,《史记·匈奴列传》,《二十五史》,中华书局,1974—1995年版。

[11]司马光,《资治通鉴·汉纪》,中华书局,2011年版。

[12]司马光,《资治通鉴·汉纪》,中华书局,2011年版。又见袁枢,《通鉴纪事本末·匈奴归汉》,中华书局,1964年版。"(匈奴)还者不能什一。于是丁零乘弱攻其北,乌桓入其东,乌孙击其西,凡三国所杀数万级,马数万匹,牛羊甚众。又重以饿死,人民死者什三,畜产什五,匈奴大虚弱。"

[13]司马光,《资治通鉴·汉纪》,中华书局,2011年版。"秋,大发兵,遣御史大夫田广明为祁连将军,四万余骑出河西;度辽将军范明友三万余骑出张掖;前将军韩增三万余骑出云中;后将军赵充国为蒲类将军,三万余骑出酒泉;云中太守田顺为虎牙将军,三万余骑出五原……以常惠为校尉,持节护乌孙兵共击匈奴……乌孙昆弥自将五万骑与校尉常惠从西方入……"故总兵力至少有二十万人以上。

[14][15]班固,《汉书·张骞李广利传》,中华书局,1998年版。

[16]班固,《汉书·西域传》中华书局,1998年版。

[17]班固,《汉书·西域传》中华书局,1998年版。

[18]这一主干线的发展,以丝绸之路为发端,至今已形成鹿特丹—连云港欧亚大陆桥铁路大动脉、312国道、国际航空线路等立体交通系统。

[19]袁枢,《通鉴纪事本末·汉通西域》,中华书局,1964年版。"天子得大宛汗血马,爱之;名曰天马。使者相望于道以求之。"又见《汉书·武帝纪》载"四年春,贰师将军李广利斩大宛王,首获汗血马,作西极天马之歌"。

[20]班固,《汉书·西域传》,中华书局,1998年版。

[21]白寿彝,《中国通史·中古时代·隋唐时期》,上海人民出版社,1995年版。

[22]白寿彝,《中国通史·中古时代·隋唐时期》,上海人民出版社,1995年版。

[23]袁枢,《通鉴纪事本末·汉通西域》,中华书局,1964年版。

[24]袁枢,《通鉴纪事本末·汉通西域》,中华书局,1964年版。

本文原载《江苏社会科学》(中国核心期刊)

江苏省哲学社会科学界联合会主办

2003年第5期

“润扬大桥”桥名的来历

润扬长江公路大桥是我国长江上的三大名桥之一。在这三大名桥中，武汉长江大桥之所以出名，是因为它是“万里长江第一桥”，早在1957年就已建成通车；南京长江大桥之所以出名，是因为它是中国人民自己设计并建造的“争气桥”，建成并通车已整整五十年了，是“万里长江第二桥”，进入了中小学课本；润扬长江公路大桥出名则是因它的桥名和被它刷新的多项造桥纪录。十多年来，关于润扬长江公路大桥桥名的演变过程，众说纷纭，莫衷一是。值此桥名问世二十周年之际，我详细说说桥名的来历。

润扬长江公路大桥

一

1996年9月，泰州从扬州的辖区分离出来，成立了省辖泰州市。这样一来，原先在江苏尤其是长江以北地区体量较大的扬州市，人口、面积和经济规模等方面在省内的排名一下子明显下降了好几位。如何建设和发展扬州这一历史文化名城——古代历史上的世界十大城市之一，成为中共扬州市委、市人民政府有关会议的重要议题。

"要想富，先修路。"当时，扬州发展对外交通最重要的任务就是要修建绕城公路和过江大桥。

时任市委书记吴冬华同志[1]，带领一班人做了认真调研，他说："江南的沪宁高速公路已经在建，东边的江阴长江大桥也已经在建。长江之隔是阻碍扬州对接上海、接轨苏南的'天堑'，必须首先得到突破。"

此前，扬州与镇江两市共同成立过一个联合的立项工作指挥部，但进展较慢。从这时开始，为了加快推进工作，扬州市政府成立了跑项目的班子，加大人力财力投入；联合工作指挥部也重新做出安排，加大力度联合申建。

在两市的共同努力下，1998年3月修建大桥的计划开始报国家计委进入立项研究阶段。1998年秋，国家计委副主任签发了《镇江扬州长江公路大桥预可行性报告》，消息传来，扬州、镇江两市的领导同志都情不自禁热烈鼓掌。[2]

消息传到南京，我也不禁为江苏又能增加一座过江大桥而高兴。看到有关文字报道后，我却为这个桥名沉思起来，回想起33年前和镇江、扬州，和桥名有关的一段经历。

20世纪60年代[3]初，我的姐姐是镇江一中的语文教师，姐夫是镇江师专教师。我上高中后连续几年在镇江度过暑假，并乘过江轮渡到同学窦玉谦[4]在扬州的老家小住。在我们过江时的议论中，我和窦玉谦曾经谈到过，这一带将来一定要建一座长江大桥。当时我们认为：

第一，南京长江大桥已经在建，下一步也会在镇江扬州之间建一座长江大桥，因为这座桥可以解决两个滨江大市的过江交通问题。下游的苏州、无锡、常州三市离太湖近，离长江远，离江对岸的泰州、南通等城市都远在百十里路以外，不像镇江到扬州只有一江之隔，便于架桥相连。

第二，南京的大桥，江南江北桥头桥尾都属南京市辖的区，只能以南京长江大桥命名（武汉大桥已有先例）。镇江和扬州是两个省辖大城市，桥名可能要兼顾两市。

第三，可以把桥名称为“润扬大桥”，不宜称为“镇扬”或“扬镇”大桥，更不能称“瓜洲”大桥或“六圩”大桥。

二

20世纪80年代初，我从南京大学毕业后通过报名参加考试，以总分第一名的成绩被录取进入南京市经济研究所，后又转入市政府经济研究中心工作。这期间因工作需要[5]，我对扬州和镇江两座古城的城名演变过程做过一些专门研究。

扬州是我国第一批明确公布的国家级历史文化名城（第一批共24个城市，包括江苏省的南京、苏州、扬州三市，1982年正式公布）。

扬州之名，古已有之。最早在《禹贡》中即称扬州为九州之一，而且范围极大；古籍《周礼》中称“东南为扬州”，含淮南以南、长江流域乃至岭南、越南，当然也包括如今的南京、镇江等市。这是大概念的扬州，春秋战国以后就淡出了。

至于小概念、小范围的扬州城，春秋时称邗，秦汉时称“广陵”“江都”。汉武帝时设“南徐州”，治所设于京口；隋开皇九年（589）设扬州，起初治所在丹阳（今南京），唐高祖武德八年（625）将扬州治所从丹阳移到江北，从此广陵享有“扬州”这一专有地名。此后尽管所辖县城有多有少，但基本上都在长江以北今扬州周围一带。

从上述过程可以知道，扬州之名古已有之，正式的名称相对固定于隋开皇九年，而镇江之地古名数改，改为润州是在此后的隋开皇时期（开皇十五年，595），前后相隔也仅仅六年。

镇江是国务院确认公布的第二批国家级历史文化名城（1986）。镇江历史上曾多次更名，西周时期称“宜”，有大港烟墩山出土的带有长篇铭文的青铜器“宜侯夨簋”为其物证。春秋时称为“朱方”，战国时更为“谷阳”，秦始皇时建为丹徒县，始为建县之初，县治在今丹徒镇。东吴时孙策派部将孙河在此地“屯京城”[6]（京城，即后人所称“铁瓮城”）。后孙权自吴（今苏州）移治“京口”。南朝宋永初二年（421）设南徐州，治所设于京口。历齐、梁、陈后，隋开皇十五年（595）始置润州。唐朝一度在润州设镇海军，节度使驻润州；宋开宝八年（975），改镇海军为镇江军。[7]宋政和三年（1113），始改润州为镇江府。这是镇江行政建置得名之由来。

三

基于多年来积累形成的这些想法，经过对润州、扬州两市地名的进一步研究考证，在镇江扬州长江公路大桥立项后，1998年12月，我撰写了一份书面建议，正式提出把“镇江扬州长江公路大桥”改名为“润扬长江公路大桥”。

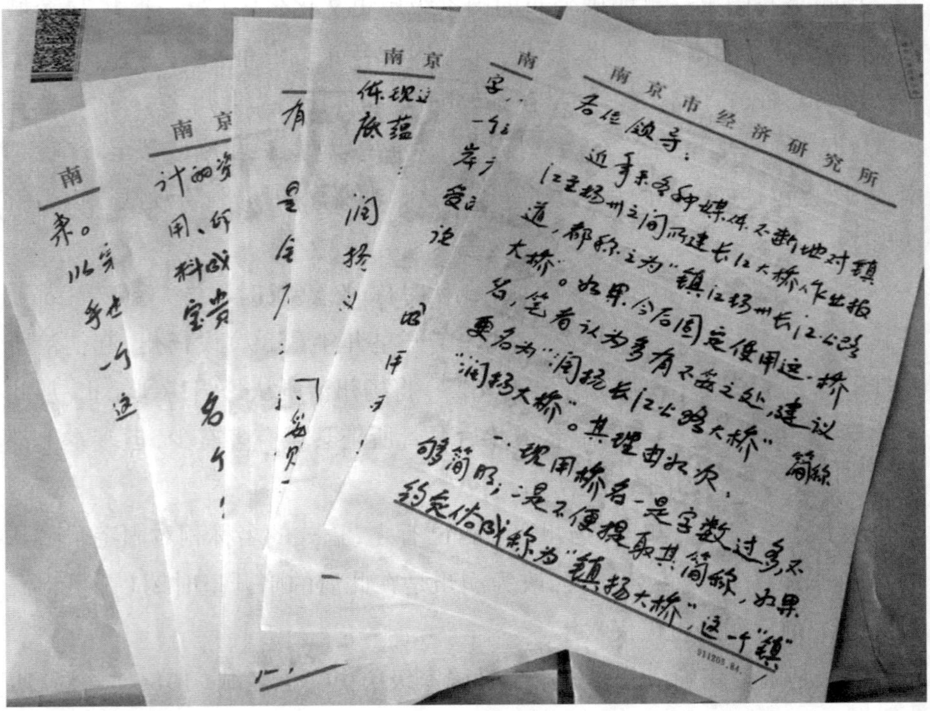
南京市经济研究所

各位领导：

近年来各种媒体不断地对镇江至扬州之间所建长江大桥作出报道，都称之为"镇江扬州长江公路大桥"。如果今后固定使用这一桥名，笔者认为多有不妥之处，建议更名为"润扬长江公路大桥"简称"润扬大桥"。其理由如次：

一、现用桥名一是字数过多，不够简明；二是不便提取其简称，如果约定俗成称为"镇扬大桥"，这个"镇

更改桥名建议信原稿

我在建议书中着重写了六条理由，要点是：

其一，镇江古名润州，扬州古名扬州，古名对古名，是比较合适的；

其二，润州对扬州，州名对州名，也较为合理，具有我国传统文化色彩（江苏省地名称州最多，如苏州、徐州、常州、扬州、泰州）；

其三，润扬，润在先，扬在后，符合桥名命名规则，而且朗朗上口，过目不忘，可以体现我国传统文化的特色；

其四，润是个褒义或中性的字，也可做动词用，“润扬”就可视同动宾结构，引申义较为生动，音韵平仄上也比较顺；

其五，原名十个字，不易浓缩，不便简称，如改名“润扬长江公路大桥”八个字，极易浓缩为“润扬大桥”四个字，今后在正式场合大量使用的是简称，聚沙成塔，可以节约很多制作和印刷成本费用；

其六，该桥在镇江段的起点即位于镇江市润州区，并有润州路这一路名，润州路就位于待建的南桥堍附近，镇江市建桥的有关机构也设在润州区润州路。

我很快将信件以挂号信形式寄给国务院办公厅和中共中央办公厅，希望引起主管部门的重视。

不久后，我的建议得到了国家有关方面的采纳。1999年初，省委办公厅秘书处就派专人和我做了有关桥名的沟通，中办有关负责同志也从北京打电话给我（我写的建议书上留有姓名、电话和工作单位），告诉我此建议已得到采纳。

1999年11月12日，江苏省成立了“镇江扬州大桥发展有限公司”，但当时因文件批转有较多环节，尚未采用我建议更改的桥名。

2000年10月13日，国家计委下发了计投资〔2000〕1647号文件，正式行文批准了这座大桥的开工报告，确定桥名改为“润扬长江公路大桥”，简称为“润扬大桥”。当时，国务院副总理为此事专程到江苏宣布了润扬大桥批准开工的消息。

第二天，国务院副总理在江苏省委书记、省长陪同下视察了大桥工地，慰问了大桥建设者。

2000年10月18日，党和国家领导人为大桥题写桥名。领导人同志参加了10月20日举办的开工典礼，为润扬大桥奠基石揭碑培土。开工典礼由中共江苏省委书记主持，省长和交通部部长两位领导讲了话。

经过四年半的艰苦施工，2005年4月28日，大桥建成并试行通车。

4月30日上午11时，举世闻名的全长35660米、双向六车道的润扬大桥正式通车，并举行了隆重的通车庆典仪式。

四

润扬大桥创造下了我国造桥史上八项全国第一，悬索单桥跨径最长（1490米）、锚碇最大（6万立方米）、基坑最深（挖土近17万立方米）、桥塔最高（215.58米）、钢缆最长（两条主缆各长2600米）、钢箱梁最重（3.4万吨）、钢桥面铺装面积最大（7.14万平方米），同时也是我国第一座“刚柔相济”的组合型桥梁，由悬索桥和斜拉桥结合而成，是当年“中国第一，世界第三”的特大跨径悬索桥。

润扬大桥建成通车，不但对扬州来说有着十分重大的意义，对早已融入苏南的镇江来说同样也有重大意义。

润扬大桥总投资57.8亿元，其中工程的主要部分在镇江境内，这个得天独厚的优势，与镇江历史文化名城的著名景观相结合，使镇江的旅游资源实现了质的飞跃，给镇江的旅游产业带来新的发展机遇。扬州也因此而进一步融入江南、融入苏南，加快了城市发展的进程。润扬大桥建成通车，结束了我省两座重要的历史文化名城隔江相望、舟楫以渡的历史，实现了“双城握手”、五分钟可以开车过江的愿望，同时也进一步提升了我国的建桥工程技术水平，加快了我国从桥梁大国向桥梁强国的进程。

注释：

[1]吴冬华同志与我熟识20多年，曾在杂志上发表文章回忆筹备和建桥的经过。

[2]上文引用了吴冬华同志有关回忆文章。

[3]1960—1963年，我在南京读初中；1963—1966年读高中；1966—1968年11月因“文革”滞留在学校，1968年11月上旬到农村插队。

[4]窦玉谦老师系我在南京市第二十七中学上学时的同班好友。他老家在扬州北门窦庄(今扬州市广陵区),我和他当年住在他哥哥家里。窦玉谦后来上了大学,先后在南京市雨花台中学、雨花台区教师进修学校工作,现已退休。1965年暑期,我曾独自一人步行15个小时,从南京步行到镇江,在大姐家住了一个多月。1966年暑期,考虑到白天又热又晒,我就约上窦玉谦,傍晚时分步出南京太平门,又一次向镇江走去。我们带了手电筒和棍子,半夜走到龙潭镇,在龙潭的镇口小店吃了两碗面,沿着靠近铁路的汽车路边走边聊,经高资街、桥头镇、六摆渡 ,于次日上午10时走到了镇江;后来坐轮船过江到了扬州,住了七八天,回到镇江、南京。

[5]我从南京大学毕业后,20世纪80年代初考入南京市经济研究所,后转入市政府经济研究中心,曾任发展战略处处长,1986年被委任为长江下游南京区域经济协调会联络负责人,专事研究宁镇扬三市以及和安徽省滁州、马鞍山等地市的跨区域联合发展事宜,为此写有较多研究宁镇扬等市的文章,这些成果中有一组论文曾获南京市首届哲学社会科学优秀成果一等奖。

[6]陈寿,《三国志·孙韶传》,巴蜀书社,2012年版。公元195年,孙策占据江东,派将军孙河“屯京城”。另:后人有孙权建安十三年(208)建铁瓮城一说。

[7]“镇海军”“镇江军”,作地名用。这里“军”字带有“军州”的意思,指的是唐宋时期城市内或市郊驻军为主的军州军城,不是指一般民城。如宋时从庐州析出有“无为军”建制等,即同此例。

2018年6月写成初稿
载《南京史志》
南京市地方志编纂委员会办公室主办
2018年第2期
《扬州学研究2018》
广陵书社2018年出版
《镇江年鉴》(2019年)
方志出版社2019年出版

一字更名的文化内涵

一

我在《“润扬大桥”桥名的来历》一文中提到“镇扬大桥”改名为“润扬大桥”，桥名简称仅仅更改一个字。但这一字之差，其内涵、外延是完全不同的，其中的文化意义，广大受众都可以直接了解，从中充分领会文字的意趣。

改桥名的四年之后，我在遥远的西北边陲伊宁市，又以一个字更改了公主纪念馆的馆名，也体现了同样的一种文化思维逻辑。

当时我们要建造的是“公主纪念馆”，要纪念的两位公主是汉朝人，当时泛称为“汉人”。于是就有同事们提出建议，有的提出命名为“汉朝公主纪念馆”，有的提出命名为“汉族公主纪念馆”，还有提“汉公主纪念馆”的。我作为提议并实施建馆工程的负责人，对这些建议做出了具体分析。我认为一字之差，关系重大，不可不经论证便做决定。

二

最早提议的是“汉朝公主纪念馆”。这个名称有点偏重“朝代”概念、时间概念，不涉及民族和地域的概念，更谈不上政治概念、人文概念，看来并不合适。

“汉族公主纪念馆”“汉公主纪念馆”这两个名称，也都有不合适之处。

“汉”这个字的本义是水名，又名漾水。其一是指“西汉水”。《说文解字·水部》“漾”条云：“出陇西相道，东至武都为汉。”此漾水（西汉水）流入嘉陵江，汇入长江。其二是指“东汉水”，据《尚书·禹贡》记载：“嶓冢导漾东流为汉。”“嶓冢”指嶓冢山，在今陕西省宁强县。这“东汉水”又称沔水，即今之汉水，流经今武汉市的汉口、汉阳汇入长江。

楚汉战争时期，刘邦被封为“汉中王”，他所率领的军队被称为“汉军”，驻扎在汉中。后来刘邦率汉军“明修栈道，暗度陈仓”，先是占据了关中，之后打败了楚军，一统天下，定国号为“汉”。

由此看来，“汉”这个字与朝代有关的概念是汉高祖刘邦建立汉王朝以后才形成的，初时与民族概念并没有直接的联系。后代人由于西汉、东汉绵延四百余年，习惯称中原居民为“汉人”，这一称呼才逐步固化的。此前对中原人的称呼颇多，如炎黄裔胄、华夏子孙，汉人后又有“龙的传人”等代称，种种不一，未曾明确。到了近代，“民族”的概念传入中国，“汉族”才成为汉人的正式称谓。

所以，纪念馆命名为“汉族公主纪念馆”“汉公主纪念馆”，也是不合适的。前者过于偏重民族，而且这个名词在汉朝时尚未出现。后者又偏于模糊，单音节字、双音节词交替出现，读出来也有“节奏感”方面的欠缺。

我们的国家“五十六个民族五十六朵花”，是一个多民族大团结的国家。汉族的相对稳定也不是在西汉东汉年间一蹴而就的，而是经历了夏、商、周、楚、越等从部落到国家的雏形，从“周人”“楚人”“越人”到民族的形成过程，从蛮、夷、戎、狄到华夏各族的民族融合过程，到北魏后期，才趋于稳定。“汉人”的数量，“汉人”的文化，在当时的世界上已处于领先的地位，这是一个十分漫长的过程。

经过充分的探讨论证，我逐步确定了命名为“汉家公主纪念馆”的概念。2003年9月，我在《伊犁师范学院学报》上发表了一篇文章，标题是《文史遗产和古为今用的创新》，文中首次提出了建造一座“汉家公主纪念馆”的设想（详见本书第26—33页）。此后经过向伊犁州、向新疆维吾尔自治区和江苏省人民政府申报得到批准，我们于2005年在伊宁市江苏路路口建成了“汉家公主纪念馆”。馆名是请江苏籍书法家、中国书法家协会原主席沈鹏先生题写的。

三

桥名、地名、馆名、书名，往往每一个字都很重要。我主编或撰写出版的几本书，都有一个“与”字，也是一种巧合。

1998年，中国社会科学出版社出版由我主编的《〈南京条约〉与香港百年》一书。1999年，方志出版社出版了我主编的《下关开埠与南京百年》一书。

这两本书虽是不同出版社在不同年份出版的，但从书名来看，有点如同上下册、姐妹篇的感觉，不仅中间一个“与”字相同，末尾还有两个“百年”也完全一样。偶然中也许有其必然性。2006年秋冬两季，我在北京的中央党校进修学习时，在党校图书大楼“偶然”发现了这两种书，各有若干本，排列在同一层书架，同一处位置。这其中的必然性，可能与图书的分类规律、图书的检索方法有关。这两本书属于同一类型（文史、历史）、同一地域（江苏南京）、同一主编、同一时期（20世纪90年代末），所以也就“必然”地排列到一起了。

也许我的写作习惯、思维习惯中有一个“由此及彼”的定式，2006年我出版了一本个人专著，书名是《名胜与文学》，又用了一个“与”字。

2019年秋，我将另一本书的书稿呈送王蒙先生求教，先生阅后居然为我的书确定了《文化与城市》这样一个书名，并用毛笔题写了书名。这又是用了一个“与”字，真有点不可思议。

这四本对我来说相当重要的书，以及一篇文章《妈祖文化与港口城市》都有一个“与”字。于是我为自己退休后写作阅读的书斋确定了一个名字：五与斋。

在这里补充一下，《下关开埠与南京百年》之所以称“百年”，是因为1899年清政府与有关国家签订了《修改长江通商章程》，规定南京作为通商口岸，下关为具体通商场所，并于当年5月1日正式开放。1999年5月，我们召开了有关研讨活动，讨论一百年前下关开埠以来的各方面情况。这其中又可分为两个“五十年”，即1949年4月23日人民解放军解放南京前的五十年与此后的五十年，因此正好是百年的历史。而香港的回归，为什么也有个“百年”的提法呢？从《南京条约》的签订到香港回归历时155年，但1898年6月9日，经过修改后的《展拓香港界址专条》在北京签订，确定“展拓”租借的“新界”租期为99年，自1898年7月1日开始实行。到香港回归的1997年正好99年，因此有了一个大数为“百年”的概念，以“百年”代指香港被割让。

另外补充一点，地名的雅化、俗化是并存的，“镇扬大桥”改为“润扬大桥”，有一点“雅化”的考虑，这在历史上并不罕见。如北京的中关村，历史上地名有“中官坟”，秀水街历史上称“臭水街”，珠市口历史上称“猪市口”，锣鼓巷历史上称“罗锅巷”，这都是地名在长时间演变过程中得到雅化的。俗化的如金银胡同改成了金鱼胡同，万寿街改成了苏州街，这也都是客观存在的。

城墙旧事

从拆城墙到修城墙

我自小熟悉南京城墙。

1956年底，我从外省来到南京上小学，每天沿着宁芜铁路步行几趟，对这一带的铁路印象很深。其中有一段铁路起自淮清桥东北的利涉桥（今已无存），经白鹭洲沿着城墙内侧可通到雨花门外。这一段铁路有两公里紧贴城墙平行，距城墙仅十几米远，每天有十来趟客货列车往来于下关到芜湖之间，对城墙的震动可想而知。

1956年，南京城墙已有几大段被拆。因院校建设需用城砖，太平门拆出了共长300多米的缺口。1958年，长乐路从一条小街巷拓宽成20多米的大街，武定门的缺口也拆开了30多米，城墙上的城垛从东水关一直拆到中华门（大约3.5公里多）。拆下的城砖一部分用于大炼钢铁砌高炉，一部分到处乱扔，铺地铺路。当时长乐路上（今中华中学南侧）建了几十座用黄泥砌的只有4尺（约1.3米）高的小高炉，被中小学生用来当“碉堡”“打游击”，这些“高炉”从未炼过一次铁。我上中学就在城墙边的南京市第二十七中学，又是住校生，青少年时期的不少趣事，都和城墙有关，爬城墙、捉蟋蟀、放风筝，到城墙外的护城河游泳等。在城墙下背英语单词，倒也幽静无人，成为日常功课。

30年后，我有幸参与城墙保护工作（时任市政府副秘书长），为了中华东门、中华西门的建造方案，我请文物局制作了一个木制城墙、城门模型，上面有一个斗形的门头，可以拆卸。国家文物局让我们去汇报，我和市文物局局长魏正瑾、规划局局长何惠仪带着这个椅子般大的模型上了北京，向国家文物局郭旃等领导和专家陈述了东门、西门连接与不连接两种方案的各自利弊。当时确定暂不封顶，暂不互通。城墙断面城砖保持锯齿状，显示“东门”“西门”原先并不存在，是因交通需要拆出来的两个缺口。这种状态延续了多年，直到2014年，因青奥会的缘故，政府确定将东水关至西水关城墙全线贯通，中华东门、西门才形成目前的状态。

20世纪90年代实施的维修工程

1993年10月到1994年9月，市政府筹集资金维修了太平门—解放门—台城这一段落内的城墙，得到国家和省文物部门的一致肯定。

1994年，南京城墙的维修和保护又迎来了一个重大机遇。全国第三届城市运动会将于次年10月在南京举行，组委会要求南京的城市面貌有较大变化。当时我在市政府分工承担了其中几项工作。在王宏民市长的大力推动下，五台山西北的破旧棚户被全部拆除，公园路和河西两大体育场馆拔地而起，古城墙的保护也成为一项重点工程。当时除了市政府自筹资金维修以

20世纪90年代与平山郁夫先生共同参与搬抬城砖修缮的南京城墙台城段

外，村山富市先生等日本的三位前首相和东京艺术大学校长平山郁夫先生也身体力行，积极参与。他们说，1937年日军侵入南京时，枪炮子弹打坏了南京很多段城墙，毁坏了城砖，他们要把损坏的地段修复起来，让人们永远铭记战争带来的创伤。平山郁夫多次来到南京，有一次向我们提出借用三块城砖到日本巡展，向民众募集善款，修葺城墙。我们同意了这一要求，选了三块城砖，上了保险，安全包装后运抵日本，在多个城市展出后募集了资金用于维修工程。在维修解放门北段斜坡城墙（今登城处）时，我和平山郁夫先生共同抬起一块城砖，砌到了这里标志性的地段，当时拍下的珍贵照片至今还被我保存在相册里。

1995年5月到1996年3月，市政府维修了解放门—玄武门段城墙共计1466米。自20世纪90年代以来，政府至今已投入50亿元，实施了30多项维修工程，这是南京建城以来史无前例的大事。

狮子山段城墙成为滨江新景

南京狮子山风景区目前呈现出的景观是：水包城，城包山，山包楼。U字形的护城河，衬托着山顶金碧辉煌的阅江楼，已成为南京的标志性景观。

狮子山段城墙每年接待国内外游客近百万人，已成为南京城墙游览的热点。

在中国的近代史上，狮子山一直是一处军事要塞，担负着江防重任。新中国成立后这里划归空军管辖，成为一处防空阵地。山上几十年来一直部署着一门门高射炮，山腰的营房里驻有防空队伍。

1996年起，下关区委、区政府在省、市政府支持下，制定了在山上建造阅江楼的具体计划。要说这“阅江楼”，那还真有点来历。元至正二十年（1360），朱元璋在这座山周围埋伏了自己仅有的数万精兵，打败了前来进攻自己的陈友谅的队伍。当时陈友谅拥兵40万顺江而下，朱元璋占领的应天府（今南京）全部兵力只有七八万人。狮子山伏击战使时局一下子发生逆转，朱元璋乘胜追击，全歼陈友谅部于江西鄱阳湖，在南京建立了大明王朝。洪武七年（1374），朱元璋亲笔撰文《阅江楼记》，决心要在狮子山顶建一座阅江楼，用来“壮京师以镇遐迩”，后又因“上天垂象”而停工，这一停就停了600多年。之后老皇帝去世，他儿子明成祖朱棣迁都北京，再后又改朝换代，不可能再兴建阅江楼。

600多年后，改革开放，国泰民安，财力充盈，盛世才可建楼。1995年起，我在下关区先后担任区长、区委书记，努力推动与军队的协商，于1998年和南京军区空军司令部签下协议，军方把狮子山这一处军事用地腾让给地方，历时三年建成了这座“有记无楼”的阅江楼。这里正处于南京明城墙的西北最险要处，恰似凤冠一般戴在城墙顶端，上下呼应，相得益彰，成为南京明城墙的一大胜景。当年李瑞环同志来到这里，风趣地对我说，这是六百年前“立项”，六百年后开工的文化名楼。

六十多年前幸免未拆

南京城墙，元至正二十六年（1366）由朱元璋在原元代集庆路旧城基础上加以扩建和新建，于洪武二十六年（1393）基本竣工，前后历时二十八年。城垣共分宫城、皇城、京城、外郭四重，其中京城城墙全长35.3公里，现存25.1公里，是世界上规模最大、保存最为完好的城墙。六十多年前，南京城墙有一位至关重要的保护者，是浙江海盐人朱偰（1907—1968）。他在20世纪50年代担任江苏省文化局副局长、江苏省文物管理委员会副主任。当时国内很多城市拆了城墙，连北京这样的世界级名城都未能幸免，连梁思成这样的人出面大声疾呼制止拆北京城墙都无力回天。但朱偰却做到了，他据理力争，反对拆南京的城墙，并为此在报纸上发表署名文章，为广播电台写广播稿保护城墙，终于制止了拆墙毁城的风潮。（《朱偰与南京》）所以，南京的“世界城墙之最”得以原物保存至今，朱偰先生功不可没。

城市文化的守护人
——记南京古都学会的几位老同志

在我国改革开放初期，社会各项事业全面振兴。在文化与文物保护方面，国家也做出了重要决策。南京市按国家要求完成了新中国成立以来的第一次文物大普查。在这一工作实施过程中，一大批学识渊博而且富有责任感、使命感的有识之士，提出成立一个文化学术团体，以便进一步保护城市文化遗存，弘扬传承城市文化，于是，酝酿成立了南京古都学会。

一

1984年10月，南京古都学会应运而生。与会人员经充分协商，推荐选举

南京古都学会部分理事2019年12月6日考察朝天宫

产生了第一届领导团队，中共南京市委宣传部老部长朱启銮同志担任了首届会长，此前在市委担任过书记职务的柳林、汪冰石同志担任了学会首届顾问。

朱启銮（1914—1990），安徽歙县人，北京“一二·九”运动的参与者和组织者之一。1932年，他就参加了“反帝大同盟”，加入了中国共青团，先后担任南开中学、北平大学团支部书记，1935年入党，在北京读书期间，成为“一二·九”运动的组织者之一，1939年秋到上海文化界工作。1940年起，他到南京担任地下党的领导成员，后来与陈修良、刘峰等同志一起推动南京地下党的各项工作，直到迎来渡江战役的胜利和南京的解放。

1949年以后，朱启銮同志长期在南京工作，担任过刘伯承领导下的军管会的有关工作，历任南京市政府副秘书长兼厅主任、南京航空学院院长、中共南京市委宣传部部长、教育局局长、市人大副主任、市政协副主席等职务。有他这样老一辈的领导担任南京古都学会会长，是深孚众望的。

我对朱启銮同志非常敬仰，20世纪80年代，我们都住在公教一村、兰园一带，经常能见到这样一位既威严而又慈祥的老同志，一边步行去市委大院，一边思考着改革开放以来遇到的各种新问题。后来我们又成为一个大院的邻居，同院还住有他的老战友刘峰同志，他们同在一个班子工作，从南京解放前到后来的改革开放时期都是同事。朱老的女儿朱小蔓大姐是我的母校南京师范大学的老师，后担任南师大副校长，2002年调北京担任中央教育科学研究所所长兼党委书记，后又担任联合国教科文组织国际农村教育研究与培训中心主任（2007—2010）。

在朱老之后担任南京古都学会第二任会长的是马昭宏同志。马老是山东南下干部，1924年出生，1944年参加革命工作并加入中国共产党，担任过鲁南第二军分区印刷厂厂长、鲁南军区《前进报》社印刷厂厂长，南京解放后担任过南京第一机床厂厂长、书记，六机部四七六厂厂长、书记。1968年我插队农村，生产队就位于四七六厂的围墙外面。我学会了生产队的各种农活，又会修拖拉机，因为缺少电焊条等修拖拉机的用品，我就只身一人到厂里找马主任（当时不称厂长，改称革委会主任），他很理解我们生产队的困难，马上就批准支援我们20公斤电焊条。我在农村插队八年（1968—1976），得到了该厂多方面的帮助，使我们对工人老大哥和马主任心怀感激。马老的孩子中有一位就是享誉文化影视界的著名演员马晓伟。这世界真是说大很大，说小也很小。我和马老他们一家相识于20世纪60年代，过了几十年又能在一起共事，在一起回顾往事，总觉得时间过得真快。2014年我们和马老一道再去黄山，晓伟老师还专门从剧组请了几天假，来陪伴他的老父亲。临别那天，我和晓伟老师都唱了好几首歌，向马老等老同志表示敬意。马老对南京的文化与文物保护工作做出了很大贡献，在我担任古都学会会长的十多年期间，马老作为名誉会长经常提醒我要扎扎实实做好南京文物保护的工作，给予我们多方面的支持。

南京古都学会的第三任会长是张连发同志，他此前担任过南京市教育局局长、南京市副市长，是全国知名的“马路市长”（因在南京努力管好大小街巷秩序和市容卫生而被赞誉为“马路市长”）。

张连发同志20世纪90年代初期就担任副市长，当时我是市政府办公厅副主任、市政府副秘书长，在他领导下联系科教文卫方面的工作。我们曾经多次与日本几位前首相以及他们的代表，东京艺术大学校长平山郁夫先生谈修缮南京城墙的事。我方还借出了三块城砖在日本巡回展出，几位前首相对侵华日军攻打南京损坏了南京城墙表示歉意，而且要尽力修缮，他们还带领一批日本友人捐款支持维修南京城墙。如今的解放门城墙一段，就是当年张市长、平山郁夫和我一起参加劳动，搬抬各处搜集来的明代城砖修葺而成的，如今已成为参观者最多的一段城墙，明代南京城墙也因是保管最为完好的世界最长都城城墙（全长近36公里，现存约25.1公里）而闻名于世。

二

南京古都学会的现任会长杨新华，也是个“年轻”的老同志了。他现在既是中国古都学会的副会长，又是江苏省文史馆馆员。三十多年来，他仅以政协委员的身份，就写下了大量的提案建议，得到了政府方面的采纳和重视。他撰写、主编出版的南京文化类学术著作已有三十多本，真可谓著作等身。有一次，为了一个考古遗址的发掘工作，杨新华当面对分管副市长提出批评意见，几乎争得面红耳赤。事后，副市长诚恳地接受了杨新华对他的批评，并说："老杨，你这种不怕得罪人的认真态度，值得我们每一个当领导的同志学习。"杨新华说："如果南京的历史文化得不到应有的保护，我们可要'得罪'全市人民，愧对子孙后代。"

南京古都学会的首席顾问蒋赞初教授，是南京大学历史学院的"泰斗"级专家，蒋老生于1927年，江苏宜兴人，享受国务院特殊津贴，曾任全国哲学社会科学学科组成员。他长期从事长江中下游地区的考古工作，著有论文一百余篇，曾获得"中国文物、博物馆事业杰出人物"与"江苏社科名家"称号。南京古都学会的一批资深成员，很多都是长期从事文化工作的老同志。如20世纪60年代就负责全市文管会工作的韩品峥同志，曾任南京市文化局领导的陈华光、张年安同志，曾任南京市宗教局局长的杨荣良同志，还有南京市地方志编纂委员会办公室原常务副主任王能伟同志等，虽已是"70后""80后"，仍在身体状况允许的前提下，积极参加古都学会的活动。古都学会的党支部工作也于2019年开始完善，2019年11月，党支部还组织大家到嘉兴南湖开展活动，牢记党组织"不忘初心、牢记使命"的宗旨，要在三十多年来不断取得成果的基础上，步入第八个"五年"，在南京的历史文化名城工作中做出更多的奉献。

三

南京古都学会成立以来，在南京的古都保护、文物保护、文化传承等方面做了大量工作，得到各界好评。

学会与北京、西安、杭州、安阳等城市先后分别成立了古都学会及相关社团，在全国范围内组建了中国古都学会，南京古都学会成为中国古都学会的团体会员，三十多年来在各有关城市召开了二十多次大型学术年会。中国古都学会已经成为在国内外有较大影响的全国性学术团体。通过长期的学术研究，学界依照三个标准形成了中国的古都概念，即建都的年代先后，都城涉及、影响到的地域范围，都城的历史影响，都城政权存续的年代时间长短等，由此形成了公认的古都概念。如：

四大古都，西安、洛阳、北京、南京；

六大古都，四大古都加上开封、杭州；

八大古都，六大古都加上安阳、郑州；

十大古都，八大古都加上大同、成都。

从都城政权存续积年来看，对已经明确的古代都城积年，学术界一致的看法是：西安1077年、北京903年、洛阳885年、南京450年、开封366年、郑州355年、安阳351年、杭州210年等。

在省内，南京古都学会参加了江苏省炎黄文化研究会，成为其团体会员并发挥了应有的作用。

江苏省炎黄文化研究会是中国炎黄文化研究会的团体会员。相比之下，中国炎黄文化研究会是一个比较松散的全国性社团组织，而江苏省炎黄文化研究会则相对的是一个紧密型的社团。这个社团在全省范围内都建有完整的组织体系，每个省辖市都有其团体会员单位，有的还下延一层，联系到县级市和县一级；同时，还有地方驻军老同志的大力支持，形成了军地合作的局面。研究会不但定期出版研究书刊，而且设有书画、历史文化名城保护等方面的组织机构，已连续多次被评为全省模范社团组织。本人曾担任过江苏省炎黄文化研究会副会长，并在其内属的历史文化名域保护委员会工作过。

南京古都学会一方面是这两个社团的团体会员单位，同时又以自身为主开展工作。成立以来，学会每年出版研究文集，有相当多的研究成果得到市委、市政府肯定，获得其具体批示，被批转给各有关政府机构作为工作参考。学会还具体指导了南京云锦申报国家级非物质文化遗产并获得成功。2016年，南京古都学会的研究成果《南京古都风貌主要特征及历史影响》被评为江苏省炎黄文化研究会的学术论文类一等奖；有关南京与“一带一路”、南京“四个城市”建设等论文被评为南京市社会科学界学术年会的特别奖。由杨新华、韩品峥撰写的《江苏历史文化概览·南京篇》出版，江苏省政协领导为该书作序。南京古都学会可以说是文章每年能获奖，刊物每期有精品。2019年，学会又受到南京社科系统的表彰奖励，成为全市的先进社团之一。

妈祖文化与港口城市

妈祖是沿海人民广为信仰崇拜的航海与和平女神。中国东部北起渤海，南至南海，以及许多江河沿岸，都建有妈祖庙、天妃宫、天后宫等纪念性建筑，我国香港、澳门、台湾及东南亚地区信仰妈祖之风尤盛，可谓“有码头处有妈祖”。

妈祖信仰逐步传播到欧、美、非各大洲后，引起世界各国学者的关注，在世界范围内引发持久不衰的“妈祖热”，人们尊妈祖为“世界和平女神”“航海女神”。妈祖作为我国，特别是东南沿海人民的精神信仰之一，鼓舞和护佑着勤劳勇敢的人们“涉海洋，经浩渺”，向海外拓展交往。近代以来，尽管海运发达逐渐弱化了其作为“航海保护神”的部分影响力，但妈祖仍以其本身所表现出来的勤劳、勇敢、和平、善良美德发挥着持久的影响。妈祖对于海外侨胞来说，已成为母亲和祖国的化身，成为他们生活上的一种重要精神寄托和文化上的一种重要表现形式。

妈祖信仰是中国沿江沿海人民的民间信仰之一，主要在东部沿海及东南亚地区传播。妈祖文化现象随着妈祖信仰的形成而产生，随着妈祖信仰广泛传播到世界各地，妈祖已成为具有世界影响的“航海女神”与“和平女神”，妈祖成为一种影响广泛的世界性文化现象。

妈祖生平

妈祖本名林默，福建莆田湄洲岛港里村人，生于宋建隆元年（960）农历三月二十三日，卒于雍熙四年（987）农历九月初九日。

林氏家族系福建望族。林默高祖林圉，五代时在闽为官；曾祖林保吉曾任后周的统军兵马使；祖父林孚官至福建总管，掌管兵马；父林原，一说名惟悫，任湄洲都巡视。母王氏，生一男六女，林默最小。

妈祖自出生起便伴随着一些美丽神奇的传说。

传说其母王氏“梦神生女”。有一天王氏曾梦见观音菩萨送给她一颗药丸（一说鲜花），叫她吞下去，醒来发觉自己怀孕了。就在她分娩前的晚上，有颗巨大的流星化作一道红光，从西北天空射来，照耀着全岛，山上的岩石也变成了红色。妈祖出生时，祥光异香充溢着整个房间。令人惊奇的是，这个女婴不哭不叫，直到满月仍一直未哭，故而父母为她取名“默”，又称林默娘。

林默娘生性聪明伶俐，刚周岁时，见到神像欲拜；5岁诵《观音经》；8岁拜师求学，能悉解文意、过目成诵；10岁喜诵读佛经；11岁便能“婆娑按节乐神”，15岁时曾渡海至湄洲救助海上遇难船舶；16岁“窥井得符”，曾几救父兄。长大后，她矢志不嫁而致力于研医济世等公益事业，专以行善助人为己任，竭力为乡邻排难解忧。林默娘通晓天文气象，能为人治病消灾，能预见海难等灾祸，并乐于扶弱济困，尤其热心拯救海难，颇有仙灵气质。

关于妈祖的去世，一说是死于救赴海难，但民间却美传她“飞升天界”了。相传雍熙四年九月初九那天，她向姊妹们道别说：“今欲远游，以畅素怀，恨不得同行。”然后便渡海登上湄峰山的最高处，只听到空中恍惚传来鼓乐之声，山上彩云布合，林默娘便在这鼓乐声中，驾乘彩云而去。此后不久，人们传说经常在海上见到一位红衣仙女四处救危解难，即为羽化升天、得道成仙之林默娘。

妈祖信仰的兴起

林默娘仙逝后，人们爱戴她拯危济困、扬善去恶的精神品德，在湄洲岛上为她建造了第一座庙堂，尊其为“通灵神女”，并像家人般亲切地称呼她“姑婆”“娘妈”“妈祖”，每逢出海打鱼或经商都要拜祭祷告，祈求妈祖保佑。庙堂里一年四季香火不断，而且，几乎家家户户的民船上，都供奉有妈祖神像。

从宋代起，由于海上交通和对外贸易的发展，以及水军的建立、海防的加强，种种有关妈祖显灵的传说得到广泛流传，妈祖也受到群众的广泛爱戴与尊重，成为涉波履险、救急解难的海上护航女神和惩恶扬善的正义化身。不但群众纪念她，海员纪念她，帝王也尊重她。自宋宣和五年（1123）到清末，历代王朝先后36次封妈祖褒奖封号，林家姑娘由“通灵神女”而渐次升格为“夫人”“妃”“圣妃”“天妃”“天后”，直至“天上圣母”。

据《圣墩祖庙重建顺济庙记》载，宣和五年（1123），给事中路允迪出使高丽，航行途中遇到狂风巨浪，所乘船只因祈祷妈祖而受到保佑，得以安全到达。此事奏到朝廷，皇上特赐庙号“顺济”。这是妈祖得到官方正式承认并受到褒扬的开始，妈祖作为海上保护神的地位也从此开始确立。

南宋朝廷偏安江南，国家战事频仍，内陆交通梗塞，贸易受阻，海上交通和互市贸易的重要性更为突出，但海道风险浪急，盗匪横行，时有不测之灾。伴随着海运业的发展，海神受到特别尊重，妈祖信仰得到很大发展。宋高宗绍兴二十六年（1156）十月，“有司以灵应闻于庙”，封妈祖为“灵惠夫人”。妈祖由“神女”升格为“夫人”，而且从民间私祠升格为地方官祠。绍熙元年（1190）十二月，妈祖因治病解旱被敕封为“灵惠妃”。妈祖已逐渐被皇家尊崇，晋封为“妃”“圣妃”了，受封次数达12次之多。

元朝定都燕京（今北京），官民粮食仰于江南。因运河淤塞，南粮北调主要依靠海上通道。为保海运安全，元朝十分重视妈祖崇拜，前后5次晋封妈祖，又赐庙额一次。至元十八年（1281），元世祖正式封妈祖为“护国明著天妃”，将管理人间海上祸福的神擢升为上天的尊神，统辖四海，进一步确立了妈祖至高无上的海神权威。天历二年（1329），元朝诏谕滨海州郡均应建天妃宫，每年春秋还派员自北而南前往各宫庙祭祀，这对推动妈祖信仰的进一步深入发展，自然是至为有力的。

明朝继续崇奉妈祖，主要影响到海外出使与对外交往，洪武五年（1372）加封妈祖“昭孝纯正孚济感应圣妃”，这是第一次封“圣妃”。郑和7次下西洋都有遇险而受到妈祖庇佑的记载，其他护佑使节出使的记载还有十多次。南京下关天妃宫即是郑和第一次下西洋归来奏准敕建的。明王朝对妈祖的褒封有3次，与出使有关的御祭达14次之多。

清代多有妈祖显灵之传说，清王朝对妈祖的褒封达15次之多。康熙十九年（1680）封妈祖为“天上圣母”。清代除在漕运、出使、解旱等方面继续推崇妈祖女神的“护佑”作用外，还十分重视借助妈祖“灵威”开展其海上的军事活动，特别是对台湾、澎湖地区的军事活动。康熙二十三年(1684)即因助战攻取台、澎，清廷加封妈祖为“护国庇民妙灵昭应仁慈天后”。妈祖的神格上升到了极限，此后各地的妈祖宫庙就多以“天后宫”命名。

妈祖信仰的产生，本是人们对妈祖生前扬善去恶、济世救人、舍身救难的崇高精神的敬仰和神化，后来妈祖信仰之所以能在各地广泛传播，且规格不断得到提升，主要是宋及其以后的历代朝廷，借助妈祖信仰来安抚民心、推行国策、维护政权，不断为妈祖“加封晋爵”的结果。

在民间和官方的相互促进下，妈祖信仰的传播不断扩展并深入到我国东部沿海各地以及内陆江河口岸，据统计，全国各省的地方志中有妈祖宫庙记载的，就达22个省、市，450个县。沈阳、青岛、连云港等地都建有会馆性质的天后宫，或在会馆中设天后殿，用来祭祀“天后”。上海商船会馆、泉漳会馆、潮州会馆、建汀会馆等也在馆中设祀。在中日甲午战争中英勇抗敌的“靖远”舰上，也供奉着精工雕刻的妈祖神位。妈祖已由普通意义上的海神兼而成为河神、贸易行会甚至海军的庇护神等，成为广赐福佑的多职能的“神人”。除了被尊奉为保护航海安全的“航海女神”之外，妈祖还具有治病去疫、抗旱防洪、御寇除魔、赈饥济困以及赐福孕嗣等多方面的“功能”。

经济、科技，特别是航海技术的发展，推动了中国与海外各地的政治、经济、文化等方面的交往。早在元代，妈祖已被供奉在“蕃舶”上。明初郑和七下西洋，更是每每求助妈祖保佑，在出航地南京、太仓和其所到之处也留下了不少妈祖信仰的文化遗址。随着中国海员和移民的足迹，妈祖信仰被带到日本、东南亚等地，近代还传播到欧、美、澳、非等世界各地。与此同时，还出现了妈祖“分灵”到世界各地的现象，中国台湾北港朝天宫妈祖即“分灵”到26个国家和地区。据统计，目前全世界共有妈祖宫庙5000多处，信奉妈祖文化的民众达2亿之多。

妈祖信仰在港、澳、台地区

香港是中国乃至世界最为优良的港口之一，在地形学上，这里属于典型的“华南型”海岸，有利于沿岸和远洋航行。随着大陆移民南下以及在香港地区的开发，这里已成为海舶集中、船民群聚之地，因此妈祖文化传入也很早。从史料记载看，福建以外最早出现妈祖信仰文化的地区即是香港。

据九龙蒲岗村林氏族谱记载，北宋年间闽商林长胜率家人从莆田移居彭蒲围（即今九龙黄大仙附近的大磡村）。大中祥符五年（1012），其孙林松坚、林柏坚兄弟因在海上遇飓风，获船上祀林氏大姑神像护佑而脱险，遂在今香港东龙岛建于宋真宗时代的石塔下面，以船篷为上盖，搭建草庙，崇祀林氏大姑。不久，林松坚经商致富，聚资建筑“林夫人庙”，此即后来南佛堂的天后庙。其后，林松坚之子林道义又在田下山另建新庙于北佛堂，祭祀妈祖。据说这是香港最早的妈祖庙。

随着历代朝廷屡次加封妈祖，香港的这两所妈祖庙也屡改庙额，从宋代的“林夫人庙”到元代的“天妃庙”，明代又改为“圣妃庙”，直到清康熙以后定名为“天后庙”。如今，南佛堂的天后庙早已废圮，唯独北佛堂的天后庙仍然香火历久不衰，俨然成为港九、新界各地五六十所天后庙分香的祖庙。

有资料显示，香港的得名也源于妈祖。妈祖因着红衣、提红灯，因此早年香港天妃庙里的香炉是红色的。传说以前从海上漂来一个红香炉，浮于香港的天妃庙前。百姓们认为是天妃“显灵”，便将红香炉供奉起来，庙所在的山因此称“红香炉山”，山下海港就叫“红香炉港”，简称“红港”。鸦片战争后，英国凭借坚船利炮，强迫清政府签订《南京条约》割让香港岛，在岛上扩建城市，仍以“红港”为名，音译成英文即是“HongKong”，再译过来又成为“香港”。

香港新界居民与渔民祭祀妈祖的活动较为平实，大庙进香、塔门“联乡打醮”、元朗会景巡游，形成了妈祖信仰的一项特色。大庙进香时，信徒除祭祀之外，还要涌入“寝宫”争摸龙床，若摸得莲子，那便“连生贵子”，若摸得铜钱，表示“天降横财”。在大庙里流行一种叫“菠萝鸡”的饰物，经商的人都乐于“请”回店铺悬挂，据说可令生意财源滚滚。塔门“联乡打醮”缘于1798年农历二月，传说当时有渔民摆设婚宴，突遇风雨，且有雷电，危及宾客生命，众人便祀求妈祖保佑，若能停雨，便实现十年一醮酬神的承诺。结果风雨停止，于是十年一醮的酬神活动维持至今。元朗十八乡的会景巡游也是多姿多彩，除了舞龙和舞狮外，飘色游行也很吸引人。

此外，流行于西贡粮船湾洲的“蛋家盆菜”和已有百年历史的坪洲盂兰节“阿嬷行乡”巡游活动也与妈祖信仰有着密切的关系。

澳门与香港一水之隔，地方虽小，但妈祖信仰比香港地区还要突出，不但庙宇壮观，许多地名也显露出妈祖信仰的痕迹。

来自福建，尤其是漳、泉二郡的商民，为妈祖信仰在澳门地区的传播做出了不少的贡献。当地诸多地名、碑刻、建筑和传说都证明福建商人自明中叶之后就已是澳门最活跃的商贾集团之一，澳门历史上最古老的弘仁阁、望厦村与观音堂（普济禅院）之建立即为明证。

澳门今天的妈祖阁，是澳门地区最早的天后庙，这里人们对供奉的神祇一直保存着福建人的称呼——“妈祖”或“娘妈”。该庙传说是由明代一福建船主所建，据史载：“福建漳州有富贾某，驾巨舰在该处洋面，突遇飓风。该船被风所袭，动荡不宁，全船把舵不定，摇摇欲坠，势甚危殆。船内人哀号求救，大洋之间，迄无应者，而风更厉；少顷，有神女立于山侧（即今妈祖阁所在地），旋即风平浪静，舟因而安，遂建庙而嗣天妃，名为‘娘妈庙’，闽语娘妈即天妃。并刻舟在上，以资纪念。”

澳门地名的起源与妈祖有密切关系。“澳门”的葡文“Macau”即由“妈阁”音译而来，明代称澳门为“濠镜”，属香山县。“东西五六里，南北半之，有南北二湾，规圆如镜，故称‘濠镜’。”明洪武年间千户陈豫在此建妈祖庙，传说颇为灵验。当时濠镜只是个小渔村，尚未开发为城镇。嘉靖三十二年（1553），葡萄牙人与广东地方官吏达成密约，获准进入濠镜地区。葡人不知地名，只见该地有一座巨大而壮丽的庙宇，就问当地居民这里是什么地方，当地居民告诉他们是“阿妈阁”，葡人以为就是地名。当时葡萄牙文拼作“Amacao”。嘉靖三十六年（1557），葡人在该地大规模建港，“高栋飞瓦，栉比相望”“筑室建成，雄踞海畔，若一国然”，而城市之名，依旧称为“妈阁”，只是去掉发音助词“阿”，拼成“Macao”或“Macau”，含意是“妈祖神圣之市”，再音译过来就是“澳门”。故当地俗语称：“先有妈阁，后有澳门。”

妈角即妈角山（今称妈阁山）。清代还有一座良妈寨建在山上，可知此处也是军事要地。一座庙的存在影响到今天整个澳门的名称和多处地名的形成，足以表明这里的妈祖信仰比香港更显突出。

500多年来，澳门妈祖阁虽然一再重修重建，香火却长盛不衰。每逢妈祖诞辰，这里香客如云，睹者无不感受至深。澳门地方虽不大，但居民长久以来受渔民影响，除平日到妈祖阁奉祀、祈愿外，每年春节及妈祖诞辰也到妈祖阁上香、燃放鞭炮。排队入庙进香的人通宵达旦；更有不少渔民整队前来，热闹场面有如赶墟。信徒除上香祈福许愿外，还会求签占卜等。莲峰庙也奉祀妈祖，因为妈祖与观音菩萨同被供奉庙中，因此入庙拜神者不一定都是妈祖的信徒，但这并不影响妈祖信仰在澳门的地位。

台湾的妈祖信仰更为盛行，几乎每个市、县、乡、村都有妈祖寺庙，登记在册的就有783座，约有1400万信徒，供奉妈祖的家庭达300多万户，其原因即在于台湾的发展史与妈祖信仰在台湾的传播史是紧密联系在一起的。

台湾与福建一衣带水，有着千丝万缕的联系。元朝设置澎湖巡检司加强澎、台一带的有效管辖后，大陆与台湾的交往更加频繁，福建人出渔或移居者激增。越过波浪滔天的澎湖海面，移居澎湖和台湾的福建人，奉载着航海守护神妈祖而来，供于各家的神案之上。特别是清军征台时，水师提督施琅似得神助而加封建庙，宣传妈祖信仰。康熙末年朱一贵之役、乾隆末年林爽文之役，妈祖显灵的传说进一步得到宣传，朝廷屡次加封赐额，妈祖祭祀很快普及全岛，受到社会各界的热烈崇敬，灵验显著的宫庙则成了祭典巡礼的对象。

台湾人民崇拜妈祖不单是祈福消灾，还有更深一层的寻根怀祖的意味，因为闽南话至今仍是台湾人民的共同语言，台湾人民称早期妈祖庙为“开基妈祖”“开台妈祖”。明天启四年（1624），颜思齐在笨港（今名新港）东南建寨，即在他的“开台王府”西侧建天妃祠，称“开基妈祖”，今已修葺一新，庙前建有“思齐阁”和“怀笨楼”以纪念此事。郑成功改建荷兰教堂而来的天妃宫，称“正统鹿耳门圣母庙”，内奉一尊由湄洲祖庙奉来的妈祖像，是台湾地区规模最大的妈祖庙。

清代统一台湾后，在鹿港建一妈祖庙，与1647年建在鹿港码头的鹿仔港天妃庙并立，并把曾由祖寺奉上舰船作“护军之神”的妈祖像供奉在此庙内，每年“圣母诞辰”有回湄洲谒祖风俗，称“新台湾妈”。仅清代在台湾建筑的妈祖庙就有220座，由于台湾移民按照原来籍贯聚居，各地妈祖寺又按移民的籍贯命名为“湄洲妈”“温陵妈”（泉州）、“银同妈”（同安）等。

台湾信徒奉祀妈祖，将妈祖信仰推至最高潮的莫过于台中市大甲镇澜宫妈祖往嘉义县新港奉天宫七夜八日的绕境进香活动了。绕境当日，镇澜宫敲钟击鼓，“请出”将要南下绕境进香的“正炉妈”“副炉妈”等三尊妈祖及千里眼、顺风耳、令旗等安置在神桌下，接着由诵经团诵“起马经”，全体董事持香跟拜。诵经团诵“起马经”及读“疏书”结束，诵经人员持符水点淋在跟拜的董事监事身上、三尊进香妈祖及神轿内外，完成“净轿”仪式。镇澜宫董事长掷筊请示妈祖何时入轿后，便择吉时为妈祖安座，由抬神轿的“大轿班”看守，严禁民众及信徒触摸神轿。如此仪式，可谓隆重庄严。

南京的妈祖祭祀

南京与闽、台、港、澳等地区有着多方面的历史渊源关系，妈祖文化即是其中重要的纽带之一。妈祖文化的流传时逾千年，地及四海，规格最高的代表性文物则在南京，就是御制弘仁普济天妃宫之碑。

南京地区纪念天妃、天后建筑遗存较多，以下关天妃宫规模最大、规格最高。现天妃宫已毁，仅有御制巨碑基本完好，陈列在静海寺《南京条约》史料陈列馆庭院内。天妃宫碑系明代郑和远航西洋归来，为纪念航海途中受到天妃护佑的事，奏请皇帝批准所立，明成祖朱棣亲自撰写了长达699字的碑文。它是自古以来全世界范围内妈祖文化最高规格的文化遗存，这一至为重要的国宝，正在受到澳门、台湾等地人士的关切与重视。1997年全国政协副主席马万祺先生亲临视察，对天妃宫碑极为重视，认为这是国宝，要妥为保护，同时也可在弘扬妈祖文化中的勤劳勇敢和平博爱精神、加强澳门与南京间的交流等方面发挥重要作用。

南京城依江而立，向来为长江下游的重要港口，明初在都城外长江边设立龙江宝船厂，郑和远航西洋的船队所乘大小船舰均在此地建造。

南京地区的妈祖祭祀至少在明代以前就初具规模，这里的妈祖建筑先后有六七处之多：江东门外上新河北岸天妃宫、安德门外大胜关天妃宫、仪凤门外狮子山下天妃宫（因地处下关地区，多称下关天妃宫）、龙江宝船厂天妃宫（俗称娘娘宫）、水西门外天后宫，还有位于今莫愁路东侧的天妃宫等。

康熙二十二年（1683）佟世燕等人编纂的《江宁县志》中记载："天妃宫，在郭城江东门外上新河北岸，洪武年建。成化二十三年重修。大胜关天妃庙，在郭城安德门外南城，明建，今募重修。"新河、上新河都是洪武初年开掘的，据《明一统志》记载："上新河……通大江。江中舟船皆尽泊此，以避风浪。"大胜关的天妃宫，其古老程度也许不亚于上新河的天妃宫。龙江宝船厂天妃宫是宝船厂所建，时间亦应在明初。水西门天后宫和莫愁路天妃宫年代较晚，可能是民间建筑，史籍记载不详。

唯有下关天妃宫，因是皇帝敕建，规格最高，记载最多，影响也最大。这座天妃宫是永乐五年（1407）郑和第一次远航西洋归来所建。

《皇明大政记》载："永乐五年戊午，建龙江天妃庙成，命太常寺少卿朱辉祭告。明太监郑和使古里、满剌加诸番国远，言神多感应，故有是命。"

《明实录》"永乐五年九月戊午"条载："新建龙江天妃庙咸成……""永乐七年正月乙酉"条记载弘仁普济的称号，赐庙额；"永乐十四年四月"条记载，仍在仪凤门外建庙，赐御制文。三条都是记述同一祠庙，同书卷七（方外）记道："天妃宫，在仪凤门外，永乐初建。"

《明会典》载："天妃宫在龙江关，永乐五年建。"

康熙初年陈关虞纂《江宁府志》记道："天妃宫，在狮子山下仪凤门外，明文帝遣使海外，飓风黑浪中，赖天妃显灵，永乐十四年敕建斯宫。今宫据山枕城，殿宇华峻。庙庑绘海中显灵。宫后有娑罗树。亭有御制弘仁普济天妃宫之碑。"这里一反《明一统志》和《应天府志》的永乐初建成说，而认为是永乐十四年（1416）敕建的。

对照天妃宫内《御制弘仁普济天妃宫之碑》碑文："其初使者，涉海洋，经浩渺……归日，以闻。朕嘉乃绩，特加封号曰'护国庇民妙灵昭应弘仁普济天妃'。建庙于都城之外，龙江之上，祀神报贶。自是以来，神益显休应，视前有加……其可无文，以著其迹？爰书其事，建碑于宫……"据此可以清楚地发现，天妃宫始建于永乐五年（1407），即郑和首次下西洋归来之际，永乐十四年应是遵敕旨扩建，并树立起御制碑，因此次扩建，殿宇更为豪华。

据《金陵玄观志》记载，天妃宫左至仪凤门（1931年改称兴中门，1969年拆除），前至官街（亦称仪凤门大街，现为建宁路），右至静海寺（该寺始建于1425年，毁于1937年，现已局部复建），后至凤城（狮子山西麓）。天妃宫占地约8万平方米，殿堂大山门3楹，二山门3楹，正殿3楹，两廊庑共20楹，穿堂3楹，后殿3楹，三清殿3楹，玉皇阁5楹，神馐馆5楹，碑亭1座。前后殿宇房屋、廊庑碑亭楼共79间，周围墙垣181丈余。"宫枕城，城半在山趾。当时龙江经其下，今为平陆。宫殿华峻，廊庑绘海中灵异，丹青满壁。玉皇阁高可见江，朱棂翠栋，与远近帆樯映色。宫后有娑罗树，亭亭干云，翠影如盖。岁遇天妃诞辰、升化之日，太常寺堂上官致祭。"

明代著名文学家汤显祖曾任南京太常寺博士，掌管天妃宫，虽距天妃宫始建年份已有180余年，但他仍看到了郑和献给天妃神像的金银饰物。他的《天妃宫玉皇阁夕眺》一诗描写了天妃宫及其周围的形势："宝盖珠幢青佩裙，拂云来谒斗中君……绣岭平分草树前，清淮半出人家后。还缘梯路俯东轩，睥睨飞翻仪凤门……"

南京的妈祖祭典多是官方的，民间则流行着"三月二十三，乌龟爬下关"的谚语，这里的"乌龟"实为天妃宫碑身下的"龟趺"——赑屃，因形似龟，民间都叫它为"龟"。据说这"乌龟"每年都会在农历三月二十三日妈祖诞辰这一天"显灵"。很多人家带着孩子来拜认"乌龟"做"干老子"，焚香叩头之后还要在"乌龟"头上系一根红绳，作为见面礼，这样"乌龟"便会保佑孩子健康平安地成长。这里香火越烧越旺，逐渐形成了庙会，俗称"乌龟会"。

妈祖文化从中国走向世界

妈祖信仰产生了世界性的影响，成为世界性的文化现象，引起各国民族学者和民俗学者的关注。随着妈祖信仰的传播与发展，妈祖文化内涵日益丰富绚烂。

妈祖文化是中国传统文化中一个相对独立的组成部分，是以妈祖信仰为载体而发生、衍生的各种文化因素经多方面融合、演变形成的一种特定文化现象，是一个多层次、多元化的复合体。妈祖文化涵盖甚广，妈祖宫庙建筑、祭祀礼服、僧侣制度、历代统治者对妈祖的褒封与利用、妈祖信仰与海上交通发展的相互促进、海外移民对于妈祖信仰的传播、妈祖信仰的社会功能、因妈祖崇拜而形成的风俗习惯、不同地域和民族间妈祖信仰的差异、记载妈祖传说和歌颂妈祖功德的诗词文章等，涉及宗教学、历史学、文学、政治学、社会学、民俗学、民族学、海洋学等领域。而属艺术范畴的建筑、雕塑、碑刻、书法、音乐、服饰等，在妈祖祭祀活动中也得到了鲜明的、独有特色的表现，成为妈祖文化乃至汉文化中一个绚丽多彩不可或缺的组成部分。

妈祖文化生成于“汉文化圈”，农耕社会的沿海边缘地带，以福建莆田为中心，随着中国移民尤其是福建人的足迹，南下广东、海南、香港、澳门，北上浙江、江苏、山东、河北、北京、天津、辽宁，东渡台湾；远达日本、菲律宾、新加坡、马来西亚、泰国、印度尼西亚、越南，乃至美国、加拿大、葡萄牙、法国等地，形成一个广大的妈祖文化圈。

妈祖文化作为一种世界性的文化现象，在推动航海事业发展、加强海内外文化交往、促进世界和平等方面发挥了重要作用。

妈祖最主要的“职能”是航海保护，她保佑着奔忙于浪里波间的舟商、渔民乃至海军等海上活动的安全与顺利。遍布我国沿海各地和东北亚、东南亚以及世界各地的妈祖宫庙，是中国古代海外活动无比活跃的历史见证，反映着中华民族祖先光辉的航海业绩。

妈祖宫庙是祭祀妈祖的地方，也是数百年来的祭海中心，在祭祀仪式上，有的地方要挂起天文图、星图、造船图，安放船舶的模型，挂起海螺壳，摆上海蚶壳。同时妈祖宫庙又成为船民海商聚集的场所，是航海者交流信息的活动地点，航海技术、外港动态、商贸行情等，都可以在这里得到及时的交流。有些宫庙陈列着各种各样的船舶模型，形成了别开生面的“船模博物馆”。有些富商巨贾将在航程中化险为夷、幸免于难的海船一个零件不少地按比例缩小，制作成模型，送到妈祖宫庙酬神供奉。庙岛天后宫就曾拥有1000多艘各种类型的船舶模型：平底沙船、尖底福船、广船、闽浙的“乌船”，还有邓世昌送的“致远”舰模型等。这些船模是造船者设计研究的宝贵资料，成为研究航海史和船舶发展史的珍贵文物，为造船技术的交流和提高提供了丰富的资料。

随着学术研究的不断深入，妈祖文化的基本架构渐次形成，以妈祖文化为联系纽带的文化交流日益频繁，在许多国家范围内掀起一股前所未有的“妈祖热”。

福建省就先后举办了几次较大型的妈祖文化学术会议，如妈祖逝世1000周年学术讨论会、纪念妈祖诞辰1030周年国际学术讨论会等。闽、台两地还共同举办了纪念妈祖集邮展览、“妈祖杯”龙舟竞渡，发行了《妈祖颂》录音带，天津歌舞剧院还于1994年在北京、天津、福建等地演出了《妈祖》大型歌舞剧，受到热烈欢迎。

1993年12月，福建省组织了妈祖信仰民俗文物赴台展，台湾各地妈祖信众、社会名流、工商巨子、政界显要、宫庙代表10万余人参加了开幕式，观展台胞达80余万人；1994年5月，福建莆田举办国际妈祖文化旅游节；1995年4月，妈祖信俗历史文化研讨会在澳门召开；1996年8月，海峡两岸妈祖文化研究者们又一次会聚一堂，在台湾北港朝天宫文化大楼举行妈祖信仰国际学术研讨会；1997年1至5月，福建莆田湄洲妈祖金身赴台巡游102天，途经18个县（市），在35个有较大影响的宫庙停留，前来朝拜的各界人士达1000多万人次。

近些年来，湄洲祖庙也已修建得愈发富丽堂皇，规模宏大，吸引了大批港澳台同胞特别是台湾同胞涌向湄洲朝圣。据统计，湄洲祖庙每年吸引着10多万境外香客和100多万内地游客、香客前来谒祖朝圣、旅游观光。

妈祖文化在加强海内外交流方面发挥了巨大作用。妈祖本是民间传说中的神灵，带有很强的乡土气息。妈祖随着福建人的足迹走向全国，随中国人的足迹走向世界；世界各地众多的天妃宫、天后宫、妈祖庙是福建人走向全国、中国人走向世界的路标和里程碑。妈祖文化是中华民族文化的瑰宝之一，尤其在我国港澳台同胞及海外华侨华人的心目中，它是根之所在，魂之所系。妈祖文化是超越社会制度、超越政治信仰、连接中华儿女的心灵纽带。在我国港澳台地区以及海外华侨华人的居住区，妈祖宫庙极为普遍，在美国纽约，甚至有“一条华人街、两个天妃宫”的说法。这些妈祖宫庙不仅仅是进香的寺庙，而且多数是华人聚首的会馆，客观上起着加强华人团结，激发他们热爱家乡、热爱祖国的情怀，增强中华民族的向心力、凝聚力，促进与国际友人的友好交往，促进世界和平的作用。

妈祖文化的内涵随着社会历史发展而不断变化丰富，从原先单一的“海上女神”保护航海安全发展成具有“祝福人类和谐、社会安宁、家庭太平、事业兴隆”等广泛内容的文化。法国民族学院谢鲍尔博士在巴黎创建了“真一堂”供奉妈祖，并在堂内设立妈祖史料文物研究中心，称妈祖为“世界和平女神”。妈祖信仰和妈祖文化得到进一步升华，成为维系世界和平的文化纽带之一。

结　语

伟大出于平凡。妈祖信仰以其传播广泛、影响深远，引起世界各国学术界的关注，成为世界性文化现象。妈祖被奉为“世界和平女神”“航海女神”，这位被神化了的福建女子，可以说是具有世界影响的“伟人”了。但她不是凭空想象出来的神祇，她的原型是一个实实在在的人，一个勇敢无畏的人，一个乐善好施的人，一个充满神奇色彩的人。

一种信仰，往往是广大群众用以作为自己行动的准则而共同遵守的道德规范或不成文约法。妈祖由一位普通女子逐渐成为人所共仰的航海与世界和平“女神”，正表明了人民大众虔心向善、渴望和平安乐的美好心愿。妈祖信仰的流行，与其有真人实事根据有着密切的关系。因为林默娘生时已是医巫，深为当地人民所敬仰，“乘席渡海”“梦救父兄”“预知福祸”“息争解讼”“洞察风云”等事迹盛传遐迩，加上妙龄升化，更使群众爱戴和怀念她了，故而出现了“与船同在”“船桅显灵”“飞行海上”“平妖救民”“呼之即应”等显灵传说。可以说，林默娘在世时异乎常人的表现引发了众人视之如神的联想，在她逝世后众人根据自己美好的愿望和理想，进一步将她塑造成为一位慈悲博爱、护国庇民、可敬可爱的女神。由于地区传播的差异和时代的推移，妈祖传说也进一步发生了变形，神化意味更加突出，如由“梦救父兄”转化为“神女救兄”；她的神祇职能有所扩大，如由“神女护航”发展到

“主福孕嗣”等，逐渐向“多职能”方向转化；妈祖宫庙的配祀也向多神方向发展，如有些庙宇增添了侍卫神等。

妈祖信仰尽管也包含迷信成分，但不可否认它在历史上的积极作用，其中最主要的是对海上交通和开发台湾的影响。妈祖短暂的一生从未留下什么著作，也谈不上有什么思想体系，但她热爱劳动、热爱人民、见义勇为、扶危济困、无私奉献的高尚情操，集中体现了中华民族的传统美德，并形成了一股巨大的精神力量，充溢到千千万万和千秋万代的中国人民和海外赤子心中，使其连心共蒂。直到今天，海外凡有华人的地方就有妈祖庙，人民虔诚祷告，祈求幸福和诸事顺意。可以说，这里蕴藏着一种民族凝聚力，一种无穷无尽的创造力。从20世纪70年代后期起，到湄洲祖庙朝拜、“寻根谒祖”、旅游考察的海外信徒络绎不绝，妈祖信仰已成为沟通海峡两岸甚至海内外炎黄子孙情感的一座精神桥梁。妈祖扶危济困、和平博爱的精神也得到了更广泛的弘扬，在热爱和平、追求和平的人们中间引起了共鸣，并被奉为“世界和平女神”。这也为妈祖信仰和妈祖文化在推进世界和平方面发挥更大作用奠定了坚实的基础。

我们相信，在新的世纪乃至未来更漫长的岁月中，代表中华文化之一脉的妈祖文化将更加绚丽多姿，妈祖精神将永世长存。

1999年5月8日

《南京条约》与静海寺

1842年夏,鸦片战争爆发已两年多。清军在广东和浙江沿海两次抵抗均遭失败,英军5月18日攻陷乍浦,6月16日攻陷吴淞、宝山,19日陷上海。英国入侵者的凶焰使道光帝由支持主战变为求和乞降。他任命耆英为钦差大臣,同时,派曾对英军妥协而被革职的前钦差大臣伊里布协助耆英议和。7月16日,道光帝给耆英、伊里布的密谕中同意"将香港一处,赏给尔国(英国)堆积货物",标志着他态度的转变。

7月21日,镇江沦陷,运河漕运中断,投降派迫不及待地多次向英军投书乞和。

8月4日,英舰12艘驶至南京下关草鞋峡江面。8月6日,英方代表璞鼎查照会两江总督牛鉴,开列英国向清朝的要求各条:"关于让地通商一端,大清必将香港地方让与大英永远据守。盖大英国体既被大清之凌辱,理当让地方以代其罪,而补所伤之威仪也。"在中英即将重开的南京谈判中,香港作为首要问题被提出。8月9日,英舰70多艘齐集。英军战斗人员约有4500名,完全控制了南京的江面,摆出进攻南京的态势。

南京形势危急。人们纷纷传说,皇上将重新起用林则徐为"荡寇将军",率大兵进剿英夷,但事实却令百姓失望。爱国士绅张澄斋主动捐出大批粮食,以解军民燃眉之急。"道光中,夷船入江,金陵戒严,兵民乏食。山阴人张澄斋为白下侨旧,慨然发藏粟三千石,倾家财七万有奇,悉以供军糈,赈民饥。"(《清朝野史大观》卷7)有的爱国士绅则商议用火攻之法炸毁英舰,但当政者拒不采纳。"时大帮夷船横截浦口。江浦、六合、全椒、来安诸邑接壤绅富倡议会议。巨富九人,(拟)集资七十万,购备大排,将燕子矶等处江口堵塞。然后用数千艘(小船)载芦苇、火药、硫磺等物,顺流而下,围烧逆

（敌）船。”江浦县令获悉此事，报告两江总督牛鉴，牛鉴急忙制止人民的抗英之举。英军亦出告示威胁民众：“如有擅将英人伤害者，必将该地方民房悉行烧毁。”

当时南京的防务兵力不足，措施不得力，两江总督牛鉴等害怕群众抗敌。驻防江宁的军队加上外地增援部队，共6000多人，湖北提督刘允孝、徐州总兵王志元领兵2700名防守仪凤门；江西总兵李绮带兵1000名防守汉西门、水西门一带；河南兵300多人守汉西门、太平门，500多人屯扎鼓楼、菜市两处。英军兵临城下，百姓处于危城之中。

8月4日，英军司令巴加、郭富照会牛鉴，进行恫吓，“缴（赎城费）银三百万元……则本军门等应准不攻进（南京）城内”，否则，“仍当力行争仗”。8月5日，牛鉴复函，请英军稍等待，耆英、伊里布不日即来南京议和，并同意交纳赎城费60万两银。英军派出小分队侦察南京地形及防御情况，制订了攻城的作战计划。

8月8日，伊里布到达南京。他和牛鉴商议后，派遣家丁张喜（赏五品军功顶戴）偕外委陈志刚、刘建勋等人携照会前往英舰递送并探询议和的基本条件。英方译员马儒翰（传教士马礼逊之子，又叫小马礼逊）十分傲慢，威胁说：“今日之事，非昔日可比。必须打破了南京，一路上去，打了安徽、江西、湖广，取了四川；一面分船由天津攻到北京，才好讲话。”他还说，皇帝要准了通商码头，赔了烟价，给了战费，还了“商欠”，统共给足三千万元方可了事。马儒翰代表英方初步提出议和的部分条件。张喜听后说，如果英军扩大战火，皇上震怒，下令全民皆兵，并乘天气干旱、江水消退之际，将长江下游航道堵塞，从上游施放火船，“则恐尔等一人不归，片板不返！”英人反唇相讥：“此计虽好，皇帝不能信用，又奈我何？”这时英方首席代表璞鼎查说：“有话慢慢商议，不必动气。”双方才恢复到商谈中来。

8月10日，按照约定，中方派信使去取英方对中方照会答复的回文。深夜三更时分，张攀龙、陈志刚从英舰赶回来禀报：“该夷闻得各处谣言甚多，议和之事，该夷不能深信。以至言语决裂，不给回文，定欲天明开炮攻城。”其实，是英方对中方照会的行文格式把清朝皇帝地位写得高于英国女王不满，照会中也没有明确耆英、伊里布是否能代表道光帝等，而对中方施加压力。伊里布等人大惊，连夜作书，派太仓知州徐家槐及张喜、陈志刚、张攀龙于8月11日天色未明时送达，并让徐口述同意交纳赎城费300万元，以解英军即刻攻城的燃眉之急。中方人员抵达江边，只见"夷船上俱扯红旗，满江俱是舢板，舢板之上，俱有铜炮，各船夷兵纷纷登岸"。他们递上的伊里布的照会中说："(所有各条款)均可酌商定议，写立合同……本大臣等若非奉有谕旨，可以作主办理，岂能以空言相欺？"英军见照会后，停止攻城准备，降下红旗，易以蓝旗。当天，营讯探报："有夷兵百余，登紫金山窥伺。"是日，耆英抵达南京。

8月12日，耆英、伊里布等派佐领塔芬布及张喜、陈志刚等人携照会前往英舰。英方以天气炎热、船舱狭窄为由，提出改到江边附近的下关静海寺会谈。自此，静海寺便成为中英交涉的谈判场所。当日，双方人员在静海寺开始首次会谈。英方人员有总管领事麻恭等四人。经过张喜与英人讨价还价后，英方把所求条件开列清单，交张喜带回征求大吏们的意见，并约定次日反馈英方。其主要内容有：(1)索赔款2100万元，当年先交纳600万元，其余分期付清；(2)索要香港，并准在广州、福州、厦门、宁波、上海通商；(3)中英官员以平行礼(即握手礼)相见。另外，英方要求验看道光帝授权这些官吏谈判的谕旨。双方约定次日再次会谈。中方人员回来向耆英等禀报并呈上清单。大吏们觉得英人不再威胁攻城，危机已过，不妨再拖延一下，"'三宪'(耆英、伊里布、牛鉴)并未观看清单，就命送与幕宾(一本作萧师爷)"。这位萧师爷接过来看了几行字，说了声，"窒碍难行"，便将清单"置之高阁"。

8月13日，中方人员按约前往静海寺，临行前向大吏面讨机宜，并要带昨日英人的清单，以及钦差大臣资格认定的"上谕"，耆英不发一言。由于保管清单的萧师爷拜客未回，他们只得空手赴约。英方见所求未遂，顿时翻脸。尽管张喜编造说"上谕"寄扬威将军阅看，尚未送回，也无济于事。马儒翰指责中方背约，并威胁道："要紧之件俱不带来，凭何议事？议和尽是缓兵之计。我们提督正在钟山架炮，如不和好，便开炮攻城。"英方决定中止谈判并发出最后通牒："我们候至天明为度，天明若无回信，即便开炮。"张喜等人回来后，"三宪"会商如何答复英人。此时，英军忽闻城中新到援军。其实是牛鉴之前所调河南兵900名增防太平门、汉西门等城门，并无新调援军。英军找到实施武力要挟的借口，遂于当晚升起红旗，在迈皋桥架炮，摆出翌日晨攻城的态势。这一来，城内人心惶惶。有人传播谣言说："(英军)于钟山、北土山、盘龙山等处架炮，示欲轰击太平门旗营一带。"于是全城震惊，"贼(英军)声言战或失利，即遣汉奸偷挖高堰，引水决灌(城)"。"三宪"闻讯后，立即找出英人所拟条件清单，连夜起草答复，表明彻底妥协态度，请求继续会谈。

8月14日，"三宪"派侍卫、前吉林副都统咸龄和江宁布政使黄恩彤等高级官员与英方代表在静海寺会晤，谈判进入正式磋商阶段。会谈前，双方出示外交资格证件，以示郑重。英方出示了女王所颁全权公使的敕令，中方皇帝"上谕"亦经马儒翰过目鉴定。会谈开始后，咸龄逐条批驳英方所提条件："烟价已由广东还银600万(指1841年5月27日，奕山与英人在广州达成协议，向英方交纳600万银圆赎城费)，岂得重索？商欠宜由行商清理，岂能由中国官方代为偿还？英国所耗战费，更不能取偿于中国。"英方狡辩："前给600万不足烟价半数，此乃补还；商欠一再延宕，如不限期追缴，仍须官为交保；战费用于犒赏、遣散军队，否则兵船退否不予过问。"咸龄又与对方商榷，香港尚可恩准；广州等五口开辟为商埠，未免过多。英方说，广州等五口为销货之所，如不答应开埠，英军在目前所占各城镇将驻扎下去，决不撤兵。英方又提出一个附加条件，中方交纳首批赔款600万元后，英舰才从长江撤退；定海、厦门的英军须待赔款付清后再撤。

8月17日，中方收到"该夷议覆和约草稿……于前议三大端之外，又增十数条，共载十三条"。这份约文草稿主要由英方译员、德国籍传教士郭士立起草。当天，江宁布政使黄恩彤与英方马儒翰一道拟定约文。此时，黄已不敢再与对方交锋，"拱手受盟，一词莫赞"。至此，中英《南京条约》正式条款形成。

8月18日，"三宪"接到"上谕"："耆英等奏《形势万分危急，恳允所请》一折，必当切实议定，永杜兵萌。等因，钦此。"皇帝基本同意英方所拟条款。

8月20日，"三宪"应英方邀请率一干人登上英军旗舰"康华丽号"。谈判进入了双方首席代表，即中国钦差大臣和英国全权公使会商的最高级阶段。双方相见用平行礼（即握手礼）。大吏们和英人会见约一小时，未谈及和约之事，只是空谈了兵争之害、通商之利的非实质性话语。英人为显示实力，请“三宪”观看了火轮机关（即船上的机器间）。

8月24日，璞鼎查乘轿，率英军将领及乐队卫队200人，到静海寺会谈。南京老百姓痛骂侵略者并向他们抛掷砖石。耆英等投降派官员怕惹怒英人，没有抓到掷伤英人的百姓，从狱中提出犯人冒充肇事者枷号示众，以平息英人怒气。“各大帅宴夷靖（静）海寺。夷目（指英军军官）数辈方过桥，百姓扶老携幼，男妇纷沓，环桥而观。少年气盛者指摘唾骂，竟以泥沙瓦砾掷之。其一人伤额及颧。夷目怒，诘大帅。大帅责江（宁）、上（元）二县令（捉拿肇事者）。则观者甚众，无可指名，乃出狱中轻罪囚，伪为掷瓦砾者，荷校于寺门以慰之。”（《清朝野史大观》卷4）由于当天接到不准福州通商，或易以泉州的“上谕”，中方提出易地，但遭英方断然拒绝。

8月26日，英方人员从汉西门进城，至上江考棚赴宴并最后敲定约文。

英人读过条约各项条款，中方大吏也阅过约文的汉文文本后，耆英等人除了对福州通商和舟山英军撤军的两个地点和时间上的问题略有异议，其余各条款完全接受。连英人都认为：“在欧洲，外交家们极为重视的条约中的字句与语法，中国的代表们并不细加审查，一览即了；很容易看出来，他们所焦虑的，只是一个问题，就是我们赶紧离开（指撤军）。”

8月29日上午11时许，耆英、伊里布、牛鉴率黄恩彤、鹿泽长、咸龄及张喜等人，登上了英军旗舰“康华丽号”。签字仪式席设在中舱，舱内摆一圆桌，璞鼎查和耆英、伊里布、牛鉴4人围坐。条约用洋纸缮写，前用汉文，后用英文，合订成册，并加火漆封，以防清朝官员为欺骗皇帝而不将全文呈上御览。该条约原文是英文，中文本系从英文本翻译。条约共13款，主要内容为：（1）中国赔款2100万银圆，4年内付清；（2）割让香港，“今大皇帝准将香港一岛给予大英君主暨嗣后世袭主位者，远据守主掌，任便立法治理”；（3）开放广州、福州、厦门、宁波、上海5个港口为通商口岸；（4）协定关税，打破了中国关税税则自主权的先例；（5）废除由清政府指定有进出口贸易权的“行商”制度；（6）释放被拘禁的英国人，宽免与英国人有来往的中国人；（7）规定了两国之间交往的礼节；（8）规定了英国侵略军从中国撤军的先决条件。耆英、伊里布和璞鼎查代表中英双方在条约上签名，并各盖官印。中国近代史上第一个丧权辱国的不平等条约就这样签订了，从此，中国开始从封建社会逐步沦为半殖民地半封建社会。

9月15日，清廷批准条约的谕旨到达南京（当时称江宁府），英国于12月28日批准。1843年6月23日，耆英从广州到香港，与璞鼎查总督商议条约正式换文和关税问题，双方达成协议后在香港举行了条约换文仪式。6月25日，璞鼎查宣誓就任香港总督，宣布香港岛已成为英国的殖民地。这个条约现在通常称《南京条约》，又称《中英南京条约》，实际上，订约时只称"和约"。后来有冠以年代的，如《道光二十二年和约》，也有冠地名的，如《江宁条约》《白门条约》。民国以后，一般称为《南京条约》。《南京条约》许多条款缺少实施细则，后来，中英双方又在广州和香港继续会谈，于1843年订立了《五口通商章程（附海关税则）》和《五口通商附粘善后条款》。

写下这段文字，沉思良久，深感我们这些当事者责任重大。

责任之一：静海寺是当年被迫议定城下之盟、割让香港之地，我们有责任在业已荡然无存的静海寺旧址建设好《南京条约》史料陈列馆，使之发挥重要的爱国主义教育基地的作用。

责任之二：自《南京条约》签订后，短短107年（1842—1949）中，中国与海外各国签订了1100多个条约，其中多为不平等条约，我们有责任搜集与这些条约有关的史料，深入开展对这些条约的研究，创建一个"条约博物馆"。

责任之三：静海寺、天妃宫皆因郑和下西洋而建，郑和当年在附近的龙江宝船厂营造的数十艘航海用艨艟巨舰，从这里入江进海，开始他的伟大航程；郑和晚年也曾在静海寺居住过，因此，我们有责任在静海寺设置一个"郑和史料陈列室"，用以证明中国历史上曾经是一个强大的国家，统一的中国应该是一个富强的中国，与"落后就会挨打"形成对照和反衬，引人深思，发人深省。

责任之四：静海寺是明代一座重要的寺庙，本身极富历史价值，东倚狮子山，仰望阅江楼，南邻绣球公园、小桃园，连接举世无双的南京城墙，院内有天然"假山"三宿岩，有天妃宫碑等一批重要文物，加上丰富的馆藏《南京条约》史料，今后应当发展成为既是爱国主义教育基地，又是旅游胜地的市民绝佳去处，受到广大人民群众的喜爱。

静海寺是一本丰厚的教科书，这里可以让我们真正读懂中国近代、现代史；静海寺又是一面光洁可鉴的镜子，“以铜为鉴，可正衣冠；以史为鉴，可知兴替；以人为鉴，可明得失”。唐太宗的这一名言，不也正是静海寺的写照吗？静海寺还是一座警钟，为使警钟长鸣，我们发动在南京的大中小学师生、各界人士捐款，铸造了一座真正的警世钟，中共江苏省委书记题写了钟名，著名书法家武中奇题写了“前事不忘，后事之师”八个字，我作为区政府在任的区长，不揣冒昧撰写了《警世钟铭》，铸于警世钟上。

本文原载《御制弘仁普济天妃宫之碑帖》
南京出版社1997年出版

下关开埠对南京城市发展的影响

南京下关是中国近代史上一个有着特殊地位和影响的“窗口”地区。

下关是中国近代史起点的象征。在下关议定并且签署的《南京条约》，是中国近代史上第一个不平等条约，也是第一次鸦片战争结束的标志。鸦片战争的硝烟，使中国大地从此笼罩在半殖民地半封建的阴影之中长达百年之久。

下关又是中国近代史——也是中国屈辱历史终点的象征。整整50年前，1949年4月23日，中国人民解放军百万雄师横渡长江，以下关电厂“京电号”轮船为前导，在下关码头登陆，冲进挹江门，占领总统府，解放了南京城，宣告了旧政权的灭亡、旧时代的结束，半殖民地半封建的中国从此进入了一个完全崭新的时代。[1]

在长达百年的中国近代屈辱历史篇章中，中国政府与海外各国签署了1100多个条约，其中多数是不平等条约。清朝政权被迫签署的《五口通商条约》，以及涉及下关开埠的中法《天津条约》、中丹《天津条约》《修改长江通商章程》等，都是典型的不平等条约。

一

1899年4月1日，《修改长江通商章程》签订，宣布了南京即将开埠；后因准备工作滞后，延期至同年5月1日正式开埠。中国近代史上这一重要事件，从其来龙去脉、前提背景、性质特征上来看，确实是被迫的、屈辱的、不平等的，是海外列强强权政治、炮舰政策的产物。

南京开埠的地点在哪里？具体范围应该是下关。

尽管在几个条约文本中出现过“江南之江宁”“南京”等名称，但同时也有“开港”“开放城口”“画定界址”的提法。这说明开埠只是开了“江宁”的局部地区。清政府有的官员从一开始就坚持：一是开埠地点不是指整个城市；二是开埠必须在城墙以外，集中在下关地区；三是具体“画定界址”为仪凤门外，惠民河西，沿长江“计长五里余、宽约一里”（清末一里约576米）的范围内。清政府在江边（即今之江边路）设置了正式的海关——金陵关。由于当时这里还没有正规街道，各国领事才以“无屋可租”为理由在城内设置了领事馆。（少数外商也以此为借口住入城内）

为了把各国商贾稳住在下关，开埠后清朝政府批准由两任两江总督拨银十多万两，在下关大兴土木。于是，这里渐渐形成了“商埠街”“大马路”等繁华街道。因此，人们习惯把南京的开埠称为“下关开埠”，习惯把数十年间下关的繁荣发展称为“商埠经济”。

二

下关开埠，给南京乃至长江中下游一带腹地带来了什么呢？应该说，既有其破坏性，也有其建设性。

在破坏性方面，下关开埠破坏了这里“闭关锁城”的封建式经济与地理状况，破坏了这里的社会结构与人们的心理防线，使社会发生了深刻的变化。与此同时，开埠也带来了国家资源与国民财富的流失。下关的开埠，实质就是港口对外国商船敞开了大门。这些商船以炮舰为后盾，运来了鸦片，运来了廉价的工业品，掠走的是初级矿产品、瓷器、丝绸、白银等，利用的是南京廉价的劳动力（下关一带20世纪上半叶居民多为码头工人、铁路工人、穷苦船民）。随着铁路运输的发展，长江航运、运河等内河航运日益繁忙，海外列强通过下关商埠掠夺财富的手越伸越长，已不仅仅是南京地区，不仅仅是长江下游地区，而是已延伸到津浦铁路沿线、长江中上游沿岸了。

下关开埠，一度也给民族工业带来了灾难。南京是较早孕育和发展民族工业的城市之一，自开埠以来，洋货逐渐渗入我国市场，冲击了本已脆弱的民族工业，使南京逐步沦为一座臃肿的、庞大的、畸形的消费城市。到1949年，在开埠整整50年后，南京以电力为动力的工厂只有36家，手工作坊式小厂只有880多家，年工业产值只有1亿元左右。从这里也可看出，殖民地、半殖民地资本主义生产方式的引进，目的并不是为了造福南京的民众，而是为了更有效、更直接地掠夺长江中下游的资源与财富，追求殖民主义者自身的利润与财富的最大化；是为了打开中国的市场，榨取最大的利益。这也是下关开埠给海外列强带来的机会，绝不是殖民主义者对我国施以善心和恩惠。

下关开埠，还带来了对南京及其周围地区各阶层人士精神上的奴役。洋买办逐步形成了一个特殊的政治、经济群体，“假洋鬼子”招摇过市，成为海外列强利益的代言者、代理人。少数人群也逐渐滋生出一种崇洋媚外的心理，进入“月亮都是外国的圆”的思想误区，有的人成了鲁迅先生笔下那一类甘心当奴隶、甘愿被奴役的精神残废者，有的学来了资本主义经营方式中尔虞我诈、唯利是图的那一套野拳怪招，用来作为在经济（乃至政治）舞台上参与竞争格斗的主打武艺。这也与20世纪上半叶那一段开埠以来的历史文化政治经济演变发展有着某种联系。

三

马克思在1853年所写的《不列颠在印度统治的未来结果》一文中对殖民主义的“双重使命”有深刻的阐述，其中提道：“英国在印度要完成双重的使命，一个是破坏的使命，即消灭旧的亚洲式的社会；另一个是重建的使命，即在亚洲为西方式的社会奠定长期物质基础。”[2]印度150多年来（特别是独立前）的发展过程与现状，从实证角度体现了马克思这一唯物史观的精辟与正确。

同样，下关开埠，也可从实证角度验证马克思这一观点。开埠的结果，也体现了殖民主义破坏与建设的“双重使命”。

下关开埠，从总体上看，对整个政治经济格局，对社会的发展，带来了不少负面影响，有其破坏性的一面；但同时也带来了一些中性的和积极的影响，这就是体现其建设性的一面。当然，这些方面的影响不一定有明显的因果关系，而是多种因素共同作用的结果。下关的开埠，应该是其中最根本的影响因素之一。

例如，从经济地理格局来看，下关开埠以后，南京逐步成为江海航运的枢纽、内河最大的港口。20世纪初叶，我国两条最重要的铁路线——也是我国最早建成、至今仍负担着最大运量的沪宁线、津浦线在下关及长江北岸的浦口交汇，使下关成了当时全国最大的三个铁路始发站之一和最大的铁路运输中转站。这些经济地理格局的重大变化、重大发展，很难证明与下关的开埠毫无关联。

再如，下关的开埠，与南京近代工业的发展也有一定的内在联系。南京如今的现代大工业，有一部分就孕育于新中国成立前的下关电厂的动能输出；南京的电子工业、化学工业在全国率先形成规模，达到国内领先，甚至世界领先水平（如永利铔化工厂，如侯德榜发明化工合成技术），在某种程度上也得益于下关的开埠与交通运输的发展，得益于南京城市的崛起与人才的聚集。我国第一次商品博览会——1910年的南洋劝业会在南京举办，也与南京的开埠及此后带来的运输业、工商业的发展密切相关。

从政治格局上来看，孙中山先生之所以选择南京为临时政府所在地，使南京在此后30多年中一度成为中国的政治中心，其内在因素固然错综复杂，但也不能排除与在此之前下关的开埠、江海航运的发展、铁路的畅通、近代工业的孕育有关。20世纪初期以来南京经济与政治格局所发生的综合性变化，与19世纪末的下关开埠或多或少都有着内在的联系。

一个特大城市的形成与发展，一定是与其历史上的发展过程密切相关的。如南京在历史上就是十多个朝代或政权[3]的行政中心，是历史文化名城，这在总体上是南京特有的地理位置所带来的。但南京近代的发展，特别是20世纪初所展现的发展过程，应该说与开埠、建厂、建铁路、建公路、建都城都有一定的联系。

下关开埠，一度使下关畸形繁荣。当时人称，“南有夫子庙，北有商埠街”“南有秦淮河，北有大马路”。下关商埠街、大马路一带商贾云集，洋楼林立，颇有一种商埠景象。今天我们漫步到大马路一带，当年的农业银行等一些西式建筑，还依稀折射出一种昔日的繁华景象。我们不妨将这一种繁华归之于中性的与积极的影响之类，不一定要从中讨论出什么非此即彼的利弊得失。

所以，下关开埠这一事件及其影响，主要的一面可以说是负面的、屈辱的、有破坏性的，但也并存着、共生着中性的或某种积极的、有建设性的影响。这是需要用马克思主义辩证的、历史的眼光来考察的一个相当复杂的问题。

实际上，实现“双重使命”的殖民主义者主观上怀着侵略、掠夺的目的，客观上其社会行为却对东方社会起着一定的改造作用，使之受到结构性的破坏，促进了这里城乡商品经济的发展。

四

下关开埠的负面影响是人们常说的、耳熟能详的，而中性的以及积极的、建设性的影响则是隐约模糊的、间接发生的，是人们研究考察这一事件时较少涉及的一项内容。但是，不涉及不等于不存在，我们不必回避这一问题。当然，这并不意味着开埠有功、开埠有益，而是“坏的事情”局部地引出了“好的结果”。

要用辩证唯物主义、历史唯物主义的观点来分析下关开埠及其后期影响，我们从道德标准、感情角度和政治立场来考虑，往往简单地归之于“掠夺”二字。有一种倾向，仿佛什么事都大骂一通海外列强，就是爱国主义；讲一点别人的长处，讲一点开埠的好处，似乎就是卖国主义，这是不可取的。把自己说成一切都好，一切都对，倒可能是有点夜郎自大、沙文意识。马克思的殖民主义“双重使命”观则体现出一种冷静的、学术性的历史研究态度。

下关开埠，从某种意义上说，已具有一定的“对外开放”的性质，当然，这种开放是被迫的、受欺侮的、被掠夺的，是“破坏性的”开放。回顾下关的历史，至少这里在明代就已经“对外开放”过。明代大航海家郑和，就是中国对外开放的先驱。郑和受朝廷之命在南京下关三汊河、中保一带建造了数十艘艨艟巨舰，部分船只经惠民河（原外秦淮河故道）出江，在太仓浏河集结并装载辎重后出海，他率两万余众七下西洋，与沿途数十个国家建立了政治、经济、文化方面的联系，这在五百多年前应该说是全世界范围内最大的盛事壮举。明朝政权因此在下关敕建静海寺、天妃宫，以褒扬郑和和航海女神妈祖。“静海”之意就是“四海平静、天下太平”。（可惜自明代嘉靖年间起，中国又实行闭关锁国政策，带来无穷后患）

四百多年后，下关又经历了一次“开放”——开埠，与前者对比，有荣辱之分，有主动被动之异，有得益与受损在程度上的差别，我们可以从这两起重大历史事件的对比与分析中汲取一些重要的经验教训，拓宽思路，以史为鉴，得到启发，引起思考。

邓小平同志总结过中国长期停滞落后的一个重要原因，就是对外开放得太迟，他说："现在任何国家要发达起来，闭关自守都不可能，我们吃过这个苦头，我们的老祖宗吃过这个苦头。"从明代嘉靖年间开始的三百多年的闭关锁国，在一百年前终于有了一点点变化。

从这个角度来看，开埠也是一种历史性的契机。但新中国成立以后，一方面是敌对势力封锁我们，力图把我们孤立于世界的发展之外，另一方面在某种程度上我们也还是闭关自守，这给我们带来了一些困难。所以邓小平在《组成一个实行改革的有希望的领导集体》这一篇作为政治交代的文献中谆谆嘱咐："关门可不行啊，中国不可能再回到过去那种封闭时代。"按照邓小平同志对外开放的理论，联系下关一百年前的开埠，我们至少还能引申出以下几点启发和思考。

一是既要破除崇洋媚外、盲目"西化"的思想，又要纠正夜郎自大、唯我独尊的观念。西方列强强行拉开中国的大门，绝不是有功劳、有贡献。南京的发展，甚至推而广之包括上海的发展，香港、澳门的发展，并不是殖民者带来的，归根结底是这几个城市特有的优越的开放型地理位置带来的，是千百万中国人的勤劳智慧带来的，是其腹地的支撑与哺育带来的。不能把这些城市的发展史与海外列强"侵略有功"联系起来。同时，我们也要善于学习世界上一切民族和国家的长处，不夜郎自大，不唯我独尊，要洋为中用，古为今用，在扬弃和借鉴中加快自己的发展速度。中国的发展离不开世界。开放才能发展，学习别人的长处才能加快发展。

二是既要警惕在对外开放过程中出现的某些负面现象，又要坚持对外开放，不因噎废食、闭关自守。对外开放二十年以来，国内固然出现了一些负面现象，如"黄、赌、毒"现象在相当大程度上与海外"精神鸦片"的渗透有密切的联系，国内中小工商企业也在受到国际大企业的冲击。但今天的世界是一个越来越开放的世界，相对变小了的"地球村"正在改变人们的交往方式、生存范围与活动距离。因噎废食，怕苍蝇飞进来而不愿开门开窗，是不可取的，我们要通过增强免疫力，提高人的素质来使对外开放获得越来越多的成就，同时有效遏制其负面的危害。

三是既要重视城市中心地带的建设，又要重视南京特有的沿江近海地理优势，加快沿江开发，争取更大的变化与发展。下关之所以开埠，是与这里特有的地理优势分不开的。沿江地区不加快建设，南京就很难成为现代化滨江城市，现在省、市都很重视沿江开发，今后三年又会面临一个“突出滨江特色”“突出环境建设”的大好局面[4]，关心沿江建设的各界人士一定要统一认识，解放思想，大胆创新，精心运作，抓好狮子山、幕府山、惠民大道、滨江大道建设，依靠市场兴区，改善沿江环境，发展旅游事业，把下关这一历史上的重要的开埠之地，建设成环境优美、繁荣兴旺的现代化滨江城区。

注释：

[1]我关于“中国近代史起点、终点的象征”的观点，系1995年提出的。1997年6月20日《人民日报》载有我所撰《警世钟铭》全文，其中“起点终点，遥隔百年，浓缩于此，咫尺相连”等三处提及“起点终点”，均为此意。1997年8月，中央党校常务副校长龚育之听我谈到这一观点后，在静海寺《南京条约》史料陈列馆题字：“中国近代史从这里开始，在这里结束；伟人孙中山在这里开国，在这里长眠。如同到西安想起秦汉，到南京就想起近代的屈辱和人民的抗争。”

[2]《马克思恩格斯选集》（第一卷），人民出版社，1995年版。

[3]除东吴、东晋、宋、齐、梁、陈、南唐、明、太平天国、中华民国政权外，据考证在南京建都的还有四五个朝代（政权），有的历史虽短，但也不能忽略不计（如桓玄·楚、侯景·汉、辅公祏·宋、福王朱由崧·南明弘光朝）。

[4]中共江苏省委第122、166、205次常委会已连续三次在专题听取南京市工作汇报时强调，要加快下关沿江地区开发，三次都写入了常委会会议纪要。第166、205次常委会会议纪要还以专门一个部分、五六百字的篇幅做了深入阐述，提出了明确要求；中共南京市委、南京市人民政府已采取有力措施，建立专门班子，制定具体政策，加快沿江开发，提出了“突出滨江特色”“突出环境建设”等四个“突出”的正确方针。

本文原载《下关开埠与南京百年》

方志出版社1999年出版

渡江胜利纪念馆迁建纪实

南京，作为一个世界上著名的历史文化名城，再过8年，将迎来建城2500周年的盛大庆典。因为，根据史料记载，位于中华门外、秦淮河南的“越城”，是越国大夫范蠡在公元前472年建成的。在这之后2400多年以来，南京的历史文化遗存数量众多，数不胜数。

红色文化遗存，同样是南京文化中一个不可或缺、意义非凡的客观存在，而且正越来越引起各界人士的关注。

南京最重要的红色文化、革命文化、爱国主义教育基地，耳熟能详的就有雨花台烈士陵园、梅园周恩来纪念馆、侵华日军南京大屠杀遇难同胞纪念馆、中山陵、静海寺《南京条约》史料陈列馆等。

这些场馆，对广大人民群众，特别是对青少年来说，是开展爱国主义教育、接受传统教育的绝佳场所，影响很大，意义深远。

与此同时，少数值得各级政府重视的红色文化场所，存在着内容单薄、保护不力、重视不够等问题，需引起我们宣传、文化、教育部门的高度重视。由于爱国主义教育基地、红色文化纪念地往往都是公益性质，免费参观，如何重视这些场所，加以建设、维护、管理、拓展，也需要抓住机遇，不放过每隔数年才能出现的一些契机。

就如南京建城2500周年一样，逢五逢十，这一类场馆建设就会被提上议事日程，就会带来一些小变化，积累下来，就是大的变化、大的突破。

例如渡江胜利纪念馆。过去是没有纪念馆的，1979年，正逢改革开放最初几年，曾经指挥渡江战役的总前委书记邓小平同志又一次成为党和国家领导人，这一年正逢南京解放30周年，天时地利人和，下关区的同志们以此为契机，报市里批准在下关热河路和热河南路十字路口中心建起了渡江胜利纪念碑。碑的西侧镌刻有毛泽东同志的《七律·人民解放军占领南京》一诗。当时仅有碑没有馆，党史办征集来的实物和资料没有存放和展示的地点。过了5年，到了1984年，为了纪念渡江胜利35周年，下关区的同志们又抓住时机，立项建起了挹江门城墙上的渡江胜利纪念馆，并请邓小平同志为碑和馆题字。这样一来，碑和馆就相互呼应，可以供大家参观和举行纪念仪式了。

但建在城墙上的纪念馆面积受到敌楼（又称镝楼）大小的限制，展厅面积只有436平方米。此时陆续征集来的文物资料已逾千件，城楼上根本放不下。令人痛心的是，由于场地限制，下关电厂的渡江先锋小火轮“京电号”也因无处存放而“流落”四方，被当作一般的旧船对待，已很难查找到这艘船的下落了。

我于1995年到2002年曾在下关区工作了7年，对这一情况较为熟悉。为了解决文史资料征集、保管、研究、陈列、使用等方面的问题，2008年我与区政协的林连宝等同志多次商量，打算趁2009年渡江战役胜利60周年的契机，换一个地方改建扩建渡江胜利纪念馆。

我们在政协会议上正式提出建议提案后，提案交到了市宣传、文化、城建等部门会商。政协的委员们经过现场视察、听取意见，共预选了新馆建设的三处馆址，一是狮子山南、绣球公园北的空地上，二是中山码头沿江一线，三是秦淮河与长江交汇处。也有人提出就地就近扩建，但我们到现场视察后，发现就地扩建场地过于局促；若迁到中山码头江边，又与码头和沿江的功能有新的冲突；建在建宁路南，则不但与渡江的地点没有实际关联，也与建宁路一线已有的文化内容不够协调。于是，在深入调研的基础上，我们共同确定了在秦淮河与长江汇合处建设新馆，这一办理意见也得到了提出建议的政协委员绝大多数人的赞同。

经过紧张而有序的施工建设，2009年4月，一座全新的渡江胜利纪念馆在长江南岸的渡江路一号竣工落成。新馆面积比原来挹江门城墙上的老馆面积扩大了20多倍，占地面积6582平方米，建筑面积9000平方米。2009年4月23日，省市和驻军部队共同在这里举行了新馆开馆仪式，正式对公众开放。连多年来下落不明的“京电号”小火轮也被区里从北方某地查找“回家”，成为新渡江胜利纪念馆的重要实物展示“明星”，吸引来一批批参观者与之合影留念。

新馆如期建成，不但使“小馆”变成了“大馆”，旧馆变成了新馆，还从“区管”变成了“市管”，实现了质的飞跃，新馆有了正规的讲解人员、管理人员，还新增了研究人员，使这一方面的革命历史文物的征集、筛选、保管、研究、陈列、保护做到了科学化、现代化、电子化、信息化，为南京地区增加了一处重要的红色文化教育基地。

另一个例子是胜利广场的修建与刘伯承同志铜像的塑造过程。

1949年南京解放后，第一任军管会主任、第一任南京市长是刘伯承同志。1998年，南京人民为了准备庆祝南京解放50周年，考虑了一些方案。其中，雕塑家提出的为南京第一任市长立一尊塑像的方案，引起了我们的关注。我想，上海市能为第一任市长陈毅同志立一尊雕像，南京市也可以考虑这一方案。塑像立在哪里呢？还是立在最先迎来人民解放军渡长江的下关一带为好。

我约来了雕塑家李广玉老师，他是一位很有天分的专业人员，为人也很憨厚、实在，捐献作品不要任何报酬。我到南京艺术学院去看了他所塑造的

刘伯承同志铜像

刘伯承立像泥稿，提出了一些建议。我们又以区委、区政府的名义向刘帅亲属发出邀请，请他们到南京来，对刘帅塑像提提意见。

在我们与雕塑家的共同努力下，刘帅夫人汪荣华汪老来了，刘帅的子女刘太行、刘雁翎和张弛等亲属也来了，他们都对塑像表示满意，同时也对塑像的比例等细节方面提出了一些微调意见。李广玉老师根据他们的意见做出了一些调整。经过一番努力之后，泥稿复制为玻璃钢材料作为过渡稿，最后交付铸造，一尊栩栩如生的青铜立像终于铸造成功。

区委、区政府报请市委、市政府批准，决定在下关离南京长江大桥不远处建一座“胜利广场”，以此纪念50年前渡江战役的伟大胜利。胜利广场中心，矗立着刘伯承同志的全身铜像。1999年4月，党和国家领导人为铜像题字。4月23日，省委、省政府、南京军区领导共同在胜利广场隆重举行纪念渡江战役胜利和南京解放50周年暨刘伯承同志铜像揭幕仪式。

刘伯承同志铜像高5米，底座高4.23米，分别象征渡江胜利暨南京解放50周年，以及南京解放的日子4月23日。南京军区、江苏省党政领导、南京各界人士的代表，还有渡江战斗英雄、渡江老船工、少年儿童的代表5000多人参加了这一隆重的纪念活动。

从渡江胜利纪念馆的扩建和刘伯承铜像的矗立，我们不难看到，南京的红色文化、革命文化内容很多，涉及面很广，爱国主义教育基地建设在城市文化中很有特色。这是城市文化中不可或缺的一抹亮色，和谐而丰富地构成了南京这一历史文化名城的底色。

城市建设中的文化观

——访南京市下关区委书记俞明

近年来，南京市下关区城建面貌和人文景观都发生了突破性的变化，区域经济迅猛发展，特别是静海寺、阅江楼等一批名胜古迹的保护与开发，使下关区蜚声海内外。《人民日报》记者尹智伯就此采访了在下关区任职7年的南京市下关区委书记俞明。

问：一个区域的领导一般更注重经济建设，以取得经济收益，而在经济建设中如何注重文化建设？

俞明：城市的历史是有限的，城市的文化是永恒的。城市的个性是文化，城市的建筑是文化的载体。为此，我们要通过各种载体的合理布局去营造文化氛围，这是经济可持续发展的基石，也是经济中的文化内涵。昨天的文化，可以带动今天的经济；今天的经济，又可以推动明天的文化。城市，就要让人体会到传统文化的韵味和当代文化的节拍。

我到任时，正处在香港回归的前两年，我的第一项工作是调研地方的历史和现状。因为我在南京市政府工作期间曾参与修复过玄武湖台城的城墙。南京是六朝古都，十代都会，有着丰厚的历史文化遗存。当你走进南京，就会看到上下几千年的文化变迁。出于这样的考虑，我对下关区14个省、市文物保护单位逐一进行了调研，重点研究了中英《南京条约》签订前后的历史，用研究的成果整理出版了《〈南京条约〉与香港百年》《下关开埠与南京百年》等书。

静海寺在香港回归之前已经破落，未予整修。此处不仅是明代郑和下西洋时建造的寺庙，郑和晚年也在这里居住过，更重要的，这是当年中国被迫割让香港的《南京条约》的议定之地。作为一个地方政府的领导，我们有责任整修并向省、市政府报告，要求扩建静海寺《南京条约》史料馆，铸一个“警世钟”。《警世钟铭》是我撰写的，共500多字。1997年7月1日0点敲响警世钟，由中央电视台向全世界直播，影响确实很大。现在的静海寺已与新建的狮子山阅江楼、修复的古城墙连成一体，既是爱国主义教育基地，又是旅游胜地。

我曾提出过，下关区具有标志中国近代史起点和终点的宝贵的历史遗迹，即静海寺和渡江胜利纪念碑。至于起点和终点论的提出，在史学理论方面虽不算什么贡献，但却无形中提升了下关的区域地位。当然，这首先是提高了静海寺、渡江胜利纪念碑等历史遗迹的价值，两处史迹空间相距仅百余米之遥，时间有100多年的历史跨度，形成了一种特有的历史文化氛围。

问：过去，多数人只知道黄鹤楼、滕王阁、岳阳楼；如今，吴楚大地上又有了第四楼“阅江楼”。你为什么要把600多年前的“空中楼阁”变为现实？如何评估它的历史文化价值？

俞明：我从朱元璋《阅江楼记》中得到启发。在中国文学史、文化史上有两组同名文章，一组是朱自清和俞平伯写的《桨声灯影里的秦淮河》，另一组就是明太祖朱元璋和大学士宋濂所写的《阅江楼记》。南京是我国历史文化资源丰厚的十代古都，上述两组同名文章都毫无例外是写南京的，这是绝妙的中国文化奇葩。

1360年，朱元璋率兵8万，在卢龙山上设伏，打垮了率40万众来攻应天府的劲敌陈友谅，一举奠定了在应天（后改名南京）建都立国、一统天下的基础。为了纪念这一重大胜利，洪武七年（1374），他将卢龙山改名狮子山，下诏在山顶建阅江楼，并亲撰1198字的《阅江楼记》，又令诸大臣各写一篇同名文章，其中以大学士宋濂所写文章最佳，被清代《古文观止》收录。明代初年国库拮据，加上有许多要政大事必须处理，朱元璋后来停建了阅江楼，以致“有记无楼”600多年。

我们从1998年起投资7800万元，按朱元璋、宋濂的“设计蓝图”开始建设高50多米的大型古典建筑——阅江楼，现在已建成开放。

南京的历史文化，闻名中外的是墓葬，中山陵、雨花台、南唐二陵、侵华日军南京大屠杀遇难同胞纪念馆等，观者心情比较沉重。看了朱元璋、宋濂写的《阅江楼记》，使人振奋，确有治国平天下的王者气魄，更有许多关于造楼的历史悬念。就其历史文化价值而言，因楼建在山上，“价值连城”，已经形成水包城、城包山、山包楼的独特景观，改善了周边环境，提高了区域价值，改变了精神面貌。

问：文化建设需要很大的投入，这是否会影响经济建设的发展？

俞明：我认为，一个城区的领导不能满足于修几条马路、盖几幢高楼。1995年全区年财政收入8000万元，今年已超过3个亿。我们建设了区内30公里的主干道，投巨资修建了5.3公里长的长江防洪墙，在确保区内百姓安全、安定的情况下，建造了明代就打算建的阅江楼，成为南京市1949年以来首次开发的历史文化工程。

这说明，抓经济建设与抓文化建设两者并不矛盾。整体经济实力增强了，就有资金进行文化建设开发。另外，我们进行的这些文化建设，又是与城市建设融为一体的，与旧城改造、河道疏浚、环境绿化统一规划设计建设。因此，文化建设也带动了城市建设，提高了城市品位。同时，这些项目也能带来较好的经济收益。

本文原载《人民日报》

2002年8月1日

历史名胜文学与城市景观相映生辉

1982年2月，国务院公布了北京、南京、杭州、长沙、广州、成都、西安、昆明、拉萨、苏州、扬州等24个城市为国家第一批历史文化名城；1986年12月，又公布了天津、上海、重庆、镇江、徐州、淮安等38个城市为第二批历史文化名城。这样，我省就已有6个国务院认定的历史文化名城，加上之后增补的无锡、南通、泰州、常州，全省共有10个省辖市被列为国家历史文化名城，是全国各省（自治区、直辖市）中历史文化名城数量最多的省份。

国家历史文化名城的重要内涵之一，是有一大批名胜古迹。与这些名胜古迹相得益彰的是有许多的诗词、楹联、题刻、文章、歌曲、戏剧作品为名胜古迹增色添彩。我们可将这些文学作品称之为“历史名胜文学”。（详见我2006年出版的专著《名胜与文学》）

一

明代钟惺在《蜀中名胜记·序》中提出：“山水者，有诗而名胜者，曰事、曰诗、曰文，之三者，山水之眼也。”

宋代滕宗谅（子京）在《与范经略（仲淹）求记书》中也提出：“窃以为天下郡国，非有山水环异者不为胜，山水非有楼观登览者不为显，楼观非有文字称记者不为久，文字非出于雄才巨卿者不成著。”

这些都在强调说明城市中的历史文化名胜往往与相关联文学作品具有相辅相成、相得益彰的关系。这种先有名胜古迹景点，后有各类文学作品的例子比比皆是。如岳阳楼与范仲淹的《岳阳楼记》，黄鹤楼与崔颢、李白有关黄鹤楼的诗，滕王阁与王勃的《滕王阁序》等，成百上千，不胜枚举。

当然也有与之“相反”的特例，就是先有文学作品，后有名胜景点。其中比较有名的是湖南长沙的爱晚亭。在我们的小学语文课本上，载有一首唐诗《山行》，这是大诗人杜牧（803—约852）所写的一首名诗：

远上寒山石径斜，白云生处有人家。
停车坐爱枫林晚，霜叶红于二月花。

这首七言绝句写于何年何地，目前存有争议。杜牧，陕西西安人。他的活动轨迹，大抵是到过江西，曾在宣州幕中任职；到过扬州（十年一觉扬州梦，赢得青楼薄幸名），也到过南京，写下了《泊秦淮》等名诗；还到过黄州、池阳、桐庐、睦州、吴兴、淮南等地，有没有到过长沙？至今尚无确证。

据说杜牧32岁（大和九年，835）时，由扬州赴长安就任监察御史，路过一座山时，看到秋山红叶、石径农家，写下了这样一首清新生动的小诗，流传千年，深得读者喜爱。但从扬州到长安（今西安），一般来说不会舍近求远，绕道长沙。所以这首诗究竟写的哪一座“寒山”？可作为讨论内容，暂且不做定论。

但是，长沙岳麓山的“爱晚亭”得名，却是与杜牧的诗密切相关的。在杜牧的《山行》一诗流传近千年之后，清乾隆年间（1736—1795），有一位名叫罗典的文化人，在岳麓书院执教，对书院周边的山林很有感情。乾隆五十七年（1792），他选择在离书院不远的清风峡，建造了一座亭子，供朋友们赏景谈学。亭子建成后几易其名。起初曾称之为“红叶亭”“爱枫亭”。后有湖广总督毕沅，联想杜牧诗意，更名为“爱晚亭”。抗日战争期间，爱晚亭被毁。1949年以后，先后多次修复、改建，1952年，时任湖南大学校长的李达专门函请毛泽东主席题写了“爱晚亭”三个字。由此看来，爱晚亭是清代乾隆年间或在确定改名后才成为长沙胜迹的。

这种先有文学作品，后有文化景点的事例，属于文化与名胜之间关系的另一个种类，产生了颇大的影响。南京阅江楼，也是先有朱元璋和宋濂写的同名文章《阅江楼记》，六百多年来从未建成，直到20世纪末方被批准建设，所以有“立项最早，开工最迟”的说法，有“一江奔海万千里，两记呼楼六百秋”的楹联，传为一段城市与文化的佳话。这也可以从中国韵文学会会长钟振振先生的诗作中得到印证："华夏五千年，封域百万里。江河奔海急，诸岳拔地起。山川饶胜迹，苞括兼文史。史诗争壮烈，文采幻旖旎。周秦逮汉唐，风霆鼓且吹。洎宋元明清，云霞蒸复蔚。文学视名胜，关系殊谲诡。后先无常态，交替为父子。多自胜览出，终古或并美。景观容坏灭，活之于湮晦。譬如醉翁亭，故构一再毁。何缘更新生？欧记功甚伟。偶亦文先著，咸叹谓观止。后昆惊羡余，辟胜概相配。譬如阅江楼，洪武即经始。有记六百祀，竟无片石垒。乃今感斯文，一夕成宏丽。巍然狮峰上，虎眈东逝水……"

二

城市，必须有其物化的存在，也必然有其文化的存在；前者为形，后者为魂。以南京为例，其物质化的存在，早在公元前472年，就已有了秦淮河南侧的"越城"。这是一座军用为主的城垒，但周围也有"市"，包括民居、市场、里巷、井渠、石阶、河埠等。与这个城市相联系的，就有关于越国大夫范蠡筑城，后来与西施泛舟江湖，终成巨商富贾的文化内容。

在如今朝天宫东侧的冶城、冶山也是如此。早在春秋时期，这里就已住有工匠等居民，有不少人以冶炼青铜兵器为业，这里生产的吴钩越棘声名远播。直到今天，这里还用冶山作为地名。

东吴时期，孙权在长江边清凉山下建起了著名的石头城，又有刘禹锡（772—842）等人的诗文使石头城名垂千古：

石头城

刘禹锡

山围故国周遭在，潮打空城寂寞回。
淮水东边旧时月，夜深还过女墙来。

与南京有关的大量诗词的流传，使南京的精神内涵、文化内涵更显丰富，这里不再重复赘述。

六朝宫苑、六朝市井，也都是富含文化内容的。如南朝宋时刘义庆组织文友编写的《世说新语》、南宋张敦颐撰写的《六朝事迹编类》等，都已成为反映六朝时期灿烂文化的代表性著作。

六朝时期昌盛的文化，还催生出大量的成语。虽说个别成语的胚胎在《诗经》中已露端倪（如《小雅·巧言》中的“颜之厚矣”后来引申出“厚颜无耻”）。春秋战国时期已有“多难兴邦”“光怪陆离”等一批早期成语的出现，但成语真正大量涌现，是在六朝以及盛唐时期。

六朝时期南京成为成语和谚语繁盛的高地。例如，与梁武帝有关的“天花乱坠”“衣锦还乡”，与萧道成有关的“量体裁衣”，与萧纲有关的“一目十行”，与诸葛亮有关的“龙蟠虎踞”，与顾恺之有关的“危言耸听”“咄咄逼人”“渐入佳境”，与殷仲堪有关的“盲人骑瞎马，夜半临深池”，与桓温有关的“流芳百世”“遗臭万年”，与庾亮、温峤有关的“不敢越雷池一步”，与谢安有关的“一往情深”，与僧繇有关的“画龙点睛”，与王羲之有关的“入木三分”，与阮籍有关的“得意忘形”，与王珣有关的“大笔如椽”，以及“琳琅满目”“破镜重圆”“江郎才尽”“寄人篱下”“步步莲花”“凤毛麟角”等，都是因六朝典故而出现的常用成语和谚语。唐诗也曾孕育出一些成语，如李白在南京写的《长干行》就催生出“青梅竹马”“两小无猜”两个成语。

再如楹联，作为最具中国文化特色的语言艺术，作为汉语诗词、骈文的浓缩精品，作为与哲学有深层联系的一种文学形式，也是因南京而兴盛起来的。

楹联的起源可以追溯到秦汉以前。最初是人们在门上挂“桃符”，将降鬼门神“神荼”“郁垒”的名字（后来出现名字加画像）分写于两块桃木板上，置于门上左右各一，以驱鬼压邪。到了五代时期，桃木板上开始题写联语。以五代蜀主孟昶题写的“新年纳余庆，佳节号长春”为标志，这是我国最早出现的春联。但春联（以及更广义的楹联）真正兴盛起来，是明太祖朱元璋在南京下令，公卿士庶除夕前家门要有春联。朱元璋还曾微服出巡观赏。他自己也写有一联：佳山佳水佳风佳月、千秋佳地，痴声痴色痴情痴梦、几辈痴人。因明代皇帝在都城的推动，明清六百多年来楹联长盛不衰。南京可称是文学之都、楹联之都。特别是南京的夫子庙、总统府等名胜景点，处处都有古今名联；南京的十几处城门，如今年年元旦春节，都挂上书法名家书写的巨幅春联，使文学作品、书法艺术和城市景观相映生辉，带来了一种城市文化的新的特色。

实至名归　南京获“文学之都”称号

历数南京已获得的国家级荣誉，有“文明城市”“卫生城市”“双拥共建模范城市”“园林城市”“科技进步先进城市”“历史文化名城”等十多项；国际上的称号还有“国际和平城市”“全球最佳旅游目的地”等。2019年10月31日，联合国教科文组织宣布南京成为“文学之都”，这是我国唯一获此称号的城市，是实至名归的。

诗国南京，诗河秦淮

文学，主要有诗歌、散文、小说、戏剧四大分类，而诗歌则是最古老的文学样式。南京因其古老美丽，历经沧桑，而成为诗人们乐于描述的城市。两千多年来，截止到1949年10月，有据可查的与南京相关的诗词作品约有二十多万首。在这方面南京超越了我国其他古都。西安作为汉唐都城，汉唐时期诗词较多；北京作为元明清都城，以元明清时期诗词为最；杭州则以南宋以后的诗词著名。而南京从六朝孙吴时期以来，一直到晚清乃至民国时期，诗词创作长期繁茂，大家、名作、佳句数不胜数。如“江南佳丽地，金陵帝王州”（谢朓）、“旧时王谢堂前燕，飞入寻常百姓家”（刘禹锡）、“三山半落青天外，二水中分白鹭洲”（李白）乃至“虎踞龙盘今胜昔，天翻地覆慨而慷”（毛泽东）等名句，比比皆是，美不胜收。

国学大师、文学家、史学家胡小石（1888—1962）著文称，“合而观之，则南京在文学史上可谓诗国”。秦淮河，则是中国第一历史文化名河，被世人称为“诗河”。这“诗国”“诗河”之名，不胫而走，成为南京在文学领域的美名。

天下名篇——南京的两组同名散文

从散文这一领域来看，南京也同样硕果累累。特别有趣的是，南京有两组四篇有名的文章，两两同名，传为佳话，一组是朱自清和俞平伯的同名散文《桨声灯影里的秦淮河》，写出了秦淮河的前世今生、万种风情，成为散文名篇，甚至还进入了学生的课本。另一组是明太祖朱元璋与大学士宋濂先后撰写的《阅江楼记》，前者被当时的史官写入国史，后者被清代学者选入代表我国古往今来写作领域最高水平作品合集的《古文观止》一书。

秦淮河至今吸引着国内外大量游人，阅江楼则从“有文”到“有楼”，在朱元璋和宋濂两篇文章问世六百多年后建成，成为南京的地标性建筑。这都是南京必然成为“文学之都”的生动注脚。

精彩纷呈——南京的戏剧与小说

南京在戏剧这一文学样式中的代表人物有白朴、汤显祖等戏剧大家。

元曲四大家之一的白朴（1226—约1306），经历多年颠沛流离后寓居南京，他与关汉卿、马致远、郑光祖并列为“元曲四大家”，代表作主要有《唐明皇秋夜梧桐雨》《裴少俊墙头马上》等。

汤显祖（1550—1616），35岁到南京任职太常寺博士，和戏曲家徐霖、姚大声等人研究戏剧创作。他本人的作品有“临川四梦”等，其中最为著名的是《牡丹亭》。他被后人称为“绝代奇才”“千秋词匠”，与莎士比亚是同时代人，两人在1616年同年逝世，而且两人是同居戏剧创作最高地位的古代戏剧大师。

清初，南京又出现了著名剧作《桃花扇》。之后又有昆曲、话剧、越剧等剧种的曲目、名作，如《柳毅传书》《虎踞钟山》等，可见戏剧之于南京，也早已结下不解之缘。

在小说方面，古代有写《儒林外史》的吴敬梓，写《红楼梦》的曹雪芹，都与南京直接相关。近代有张恨水、张爱玲，张天翼，当代有叶兆言、苏童、毕飞宇、周梅森、黄蓓佳、朱苏进等重要作家。可见南京的文学创作，长期以来都是欣欣向荣的。

南京在中国文学史上有其特殊地位

文学，指以语言文字为工具，形象化地反映客观现实，表现作者心灵世界的艺术；文学是文化的重要表现形式，以不同的形式（体裁）表现内心情感，再现一定时期和一定地域的社会生活。胡小石先生曾著有《中国文学史》等重要著作，他曾做出如下论断。

> 中国文学及其有关诸方面，（从古代）真正在南京本地创成者，以次数之，可有下列诸事：
>
> 山水文学；
>
> 文学教育，即文学之得列入大学分科；
>
> 文学批评之独立；
>
> 声律及宫体文学。

宋文帝元嘉十五年（438），鸡笼山（南京）国学馆开有四馆教学：儒学、玄学、史学、文学。“吾人于此不得不言，对于文学脱尽西汉以来传统观之，真能明了其价值者，实从南京起也。”

在文学批评方面，在南京诞生有《文心雕龙》《诗品》等划时代的巨著。胡小石认为，文章之有声律，无疑的亦以南京为中心，五代“作家林立”“而以江南称最”。

秦淮河畔，夫子庙前，早自明代万历年间就建起了“天下文枢”牌坊。枢者，中心点、交汇点也，亦可引申为冠也，都也。明万历年间，国家首都在北京，文枢则在南京，这是明代官方就已认可的。南京是我国汉文化的文脉所在，从时间、空间两方面都具有充分的代表性。时间上，溯元朝、历南唐、到明清、及民国，长盛不衰。地域上，南京是长江以南的文脉之源、文化中心。科举盛行的年代，南京有最负盛名的“江南贡院”“上江考棚”“下江考棚”，在历代考中状元、榜眼、探花、进士的文化名人中，长江流域，特别是江南地区的名人，占有半数以上。可以说“天下文枢”是名不虚传的，“文学之都”是实至名归的，而且是含金量最足的一块国际“金牌”。文学，就是南京这个历史文化名城的根和魂。

援疆纪事

从20世纪90年代起，按中央部署，江苏省先后接受了重点援助西藏（简称“援藏”）和新疆（简称“援疆”）等地的任务。江苏省对口支援的新疆维吾尔自治区伊犁哈萨克自治州，土地面积有35万平方公里，下辖塔城、阿勒泰、州直（原伊犁）三个地区，人口有400多万。到2002年，江苏已先后选派三批援疆干部到伊犁州任职。

2002年7月，我奉调作为江苏省第四批援疆干部总领队，和56名援疆干部一道来到伊犁，我任职伊犁州党委副书记。从这一批干部入疆开始，援疆工作有了一些重大变化：一是对口支援范围收缩到州直属（即原伊犁地区）十个市县，塔城、阿勒泰两个地区改为由中央直属机关对口支援；二是从单纯派干部、医生援疆扩大到经济领域的支持，资金援疆、项目援疆成为新的重要任务；三是中组部选定了伊犁州霍城县、哈密地区哈密市作为两个试点县市，分别由江苏省、广东省选派干部担任县（市）委书记等一些正职职务。这些调整引起了各有关方面的高度重视。

按照中央新的要求，以发展经济为重要抓手，深入开展援疆工作，是一个全新的题目。到新疆后，为了解伊犁州经济和社会发展情况，我和来自省委办公厅的刘劲松（时任州党委副秘书长）、省政府办公厅的周庆祝（时任州政府副秘书长）一行，用一个多月时间开展了调查研究。

我们调研所到的十个县（市），土地总面积比江苏省全省还要大，但经济发展水平不高。我们写出了一组调研报告，分别呈报伊犁州和江苏省委、省政府有关方面，得到了他们的充分肯定。我们确定了工作方针，一是抓项目和资金的引进，抓实体经济，二是抓霍尔果斯口岸的全面开放，三是抓交通和旅游的发展。按照这一思路，经过三年的努力，工作取得了一定的成效。

发展经济　建设大美伊犁

伊犁州牧区的农牧民，主要还是依靠土地等自然资源生存，一般牧民家中普遍饲养一群羊、几头牛、几匹马，商品化养殖的水平不高。农作物主要以小麦、土豆、西红柿为主，棉花等经济作物数量不多，就连远近闻名的苹果、葡萄等产品也因销路不畅、成本较高、收入有限而趋于衰退。农牧民的人均年收入平均不到5000元。地方工业的基础薄弱，只有一些初级农副产品加工企业。

我们坚持了江苏农村发展"无工不富"的理念，努力牵线搭桥，引进内地和海外投资项目，先后邀请了中国香港、台湾等地区以及哈萨克斯坦、印度尼西亚等国家的公司和江苏省万邦公司、长城公司等一批有实力的客商到伊犁考察、洽谈，促成了7个项目落地。来自省发改委的张党良同志促成了投资1.5亿元的60万吨煤矿建设和投资6000万元的锰矿建设，还有南京的客商投

在新疆抗震救灾第一线考察

资5000万元进行皮草加工等一批项目，涉及总投资数亿元。

此外，我们还先后引进了高活性干酵母项目，在伊宁市建起了苏洋食品工业园，在奎屯市引进了天基钢铁工业项目和地毯工厂、锦程箱包等项目，在伊宁县引进了木业制品和蓝天中纤厂等较大企业，三年间，共引进投资项目300多个，协议资金26亿元，为伊犁经济的发展注入了强劲活力。

2003年12月1日，伊犁昭苏县突然发生强烈地震。灾情牵动着全体援疆干部的心，我和柯赛江州长在第一时间赶往300公里外的灾区。汽车在雪野上行驶，我在颠簸的车上用手机不停地向江苏省委、省政府多位领导汇报反映地震灾情，请求给予援助。省委、省政府主要领导高度关注，立即协调救灾。当天下午，我和柯赛江州长到达灾区时，江苏省援助的300万元救灾款已经汇到，为处在严寒中的灾区人民送来了温暖。我们深入到受灾的学校教室和居民区房屋，开展救灾指挥工作，调拨了一批帐篷给当晚没有住房的灾民过夜。第二天，救灾工作就井然有序地全面开展了。

伊犁是新疆的旅游热点地区，人们说："不到新疆不知祖国之大，不到伊犁不知新疆之美。"但当时内地每年来的人还不够多，主要是交通不便捷，从南京到伊犁要坐七小时飞机，中间还得换乘、经停两次。景点与景点之间往往相距100—300公里，真是"坐车几个小时，下车几十分钟"，旅游成了"长途奔袭"式的颠簸之旅。为改善这一局面，我们全体援疆干部做出了很大努力。

首先是努力推动铁路建设。伊犁河谷绿洲面积相当于一个江苏省，但一直没有铁路，2003年铁路建设被提交到铁道部调查研究。部长傅志寰20世纪90年代曾到南京检查卫生城市创建工作，那时我们就很熟悉了。2003年我们找到他时，他说："伊犁铁路建成之日，就是这一区段经营亏损之时。"我反复向他汇报，我说："您说过，铁路建设不但要算经济账，还得算政治账，尤其是这一铁路直通霍尔果斯，是古丝绸之路的复兴之路，意义更不一般。"经过反复磋商，铁道部终于批准兴建全长286.212公里的精河—伊宁—霍尔果斯铁路（简称"精伊霍铁路"）。2004年，我陪同铁道部副部长陆东福参加了开工仪式。历经几年的艰苦努力，铁路终于建成，如今精伊霍铁路已成为新疆客运货运的一条热线，成为中欧班列的主要通道，完全契合习近平总书记有关“一带一路”倡议的要求，为伊犁河谷的旅游事业带来了发展机遇。

其次是打造那拉提草原旅游精品景点。那拉提草原是伊犁旅游的明珠，距伊宁市300多公里，是全国范围内罕见的大面积原生态草原。那拉提的名字来自成吉思汗西征，那一年，他的一支军队顶着狂风大雪翻越天山，因为天山山脉在此处南北宽100多公里，所以必须攀越三四个大坂（即巨型山体）。军士们一路上忍受严寒、疲劳、伤痛，到达那里时已是筋疲力尽。由于那里地处伊犁河谷的最东端，是天山“丫”形分岔交汇处，气候四季分明，此时正值日出时分，一轮红日冉冉升起，给山间的草原带来了温暖，这支濒临困境的军队顿时士气大振，齐声欢呼“那拉提！”意思就是太阳出来了，光明和温暖来到了。这一大片“空中草原”由此得名。

我见过内蒙古呼伦贝尔、新疆巴音布鲁克等著名的草原，比较之下，那拉提的草原未经雕琢，浑然天成。两山间的“空中草原”更是一块长60—70公里，宽1—2公里的宝地，这里牧草的种类繁多，初夏时节到处山花烂漫，真的是“风吹草低”才能见到牛羊。为了打造这一旅游精品景点，在国家民航局的支持下，那拉提机场于2005年建成，人们乘飞机可以直飞草原了。

短短数年间，伊犁建起了两个旅游机场（另一个是邻近喀纳斯湖的机场），建起了近千公里的高速公路，加上精伊霍铁路的开通，为伊犁的旅游发展打下了坚实的基础，这里面也有援疆干部做出的贡献。无锡等市发起组织的“万人游伊犁”旅游活动也收到了明显的成效。

发展文化　巩固民族团结

自20世纪以来，新疆的“三股势力”就没有中止过他们分裂祖国、制造民族矛盾的罪恶活动。我到伊犁那几年，应该说是遇上了相对稳定的一段时期，但我们依然保持高度警惕，并在干部中开展了汉族和各少数民族同属中华民族大家庭、汉族离不开各少数民族、各少数民族也离不开汉族的宣传教育工作。

我到伊犁后，围绕历史上内地与新疆的政治、军事关系开展了调查研究，其中西汉时期从江苏一带来到伊犁（当时属乌孙国）的两位公主——刘细君和刘解忧的经历，引起了我的特别关注。

公元前115年，汉武帝刘彻派张骞第二次出使西域，到达中亚诸国（包括乌孙国）。张骞回到长安后，向汉武帝提出建议：派公主和亲，联合乌孙，“断匈奴右臂”，共同打击匈奴。汉武帝接受了这一建议，于公元前105年派江都（今江苏扬州市江都一带）王刘建之女刘细君远嫁乌孙国王。两年后国王年老去世，细君改嫁新国王岑陬，并生有一女名为“少夫”。细君公主因病去世后，汉武帝又派楚（今江苏徐州）王刘戊的孙女刘解忧和亲。刘解忧在乌孙国生活了50多年，其子分别成为乌孙等国的国王，女儿则嫁给了周边国家（当时西域有36国）的国王或大将。所以，新疆地区当时有不少少数民族后裔与汉族人通婚，从汉代起，就有当时汉朝王室刘氏家族的遗传基因。在乌孙生活了20多年以后，因匈奴又一度猖獗起来，解忧公主就两次上书给当时的皇帝汉昭帝和后来继位的汉宣帝，终于得到朝廷的批准，汉宣帝派大将常惠率兵16万西进，会合乌孙国精骑5万余人，一举击溃了匈奴军队。从此以后，匈奴一蹶不振，远迁西亚、欧洲。公元前60年，汉朝在西域建立了“西域

2005年8月伊犁哈萨克自治州江苏路通车仪式

都护府”，丝绸之路因此而日益兴旺起来。两位公主不仅促成了民族的融合，也推动了西汉与中亚、西亚、欧洲大陆的交流。（上述史实原载于《史记》《汉书》等历史文献）

围绕两位公主对历史上民族融合所做贡献的史实，我在国内核心期刊上发表了《细君、解忧公主和亲述论》《文史遗产与古为今用的创新》等文章，并将我的文章和有关资料带回南京向省领导做了汇报，还带了由国家文物局古建筑专家罗哲文先生题字的“细君公主之墓”的墓碑照。省委书记听了我的汇报，十分高兴地说，两位公主可算是江苏省最早的援疆干部了。大家一听都笑了，说，是啊，公主是吃皇粮的，谁说公主不是干部啊？省长亲自召开会议，批准追加3000万元援助资金在伊宁市中心建一条“江苏路”，路口修建了一座“汉家公主纪念馆”。

“汉家”两个字，是我提出并得到自治区、自治州政府批准的，这一个“汉”字既是“汉代”的“汉”，又是“汉族”的“汉”，一字双关，很有意义。经过一年多的努力，这两个项目以及在霍城县援建的七个项目陆续竣工，省主要领导率江苏省党政代表团赴伊犁参加了江苏路通车仪式。矗立在路口的汉家公主纪念馆馆名由江苏著名书法家、时任中国书法家协会主席沈鹏所题，大门上的楹联系中国韵文学会会长钟振振所撰，内容是：

北戍边烽休赤子

西通远域护乌孙

后世对和亲有贡献的王昭君生于公元前52年，比两位公主要晚70—80年，而两位汉武帝时期的公主不愧是民族融合的先行者，丝绸之路的开拓者。

我也为两位公主写了“公主塑像赞”：

细君公主

琵琶相伴车绝尘，江都公主嫁乌孙。

民汉融合万里路，八百年后有文成。

解忧公主

红颜骏马续春秋，百年战乱此时休。

万民爱戴汉家女，公主慈容可解忧。

此诗现刻于公主塑像一侧，落款是“唐阿提汗”，这是我在伊犁时用过的笔名，是伊犁州州长柯赛江同志亲自为我选定的一个名字。江苏省领导同志到纪念馆时，少数民族姑娘小伙子们亲切地称他们为“公主娘家来的舅舅”。汉家公主纪念馆如今已成为伊犁重要的爱国主义教育基地，是中宣部、国家民委和新疆维吾尔自治区领导机关高度重视给予资助的重点项目，对于维护民族团结发挥着重要作用。当地少数民族老百姓都知道——两千年前他们和汉族就是一家人，搞“疆独”、闹分裂是不得人心的。

建设霍尔果斯口岸

霍尔果斯是蒙语音译而来，意为“水草丰美的地方”。那里原是霍城县的一个镇，312国道从上海穿越南京（即今南京玄武大道一段），一直到霍尔果斯才是终点，全长4967公里。离口岸不远的地方名叫可克达拉，就是曾居南京北固山干休所的田歌先生（作曲）和张加毅先生（作词），在50多年前共同创作著名歌曲《草原之夜》的地方。我于2004年专程邀请田老重返当年的军营，并在那里建起了刻有《草原之夜》词、曲的一座巨碑。如今，这里已建成了可克达拉市。

历史上，霍尔果斯也曾是一个军事要塞，位于伊犁最西端的突出处，和哈萨克斯坦接壤，地理位置十分重要。公元1218年，成吉思汗率20多万军士沿天山北坡西进，行至赛里木湖一带，被群山所阻，他派次子察合台率队探路横穿天山山脉（约40公里宽度）。为了使军马、辎重顺利越过天山，他们沿着从雪山上融化流下的溪水一侧，修桥40余座，建路30多公里，直到第二年春天，20多万大军就从这条被称为“果子沟”的通道穿越而过，经过天山南坡重要关隘霍尔果斯远征亚欧大陆，一去数年。成吉思汗的儿子在十公里远的阿力麻里古城建都，成为史存一百多年（1227—1369）的察合台汗国，造就了中亚地区的一座名城。霍尔果斯附近的这一古都传承共有七世，后该都城毁于泥石流，现已几乎无存，遗有成吉思汗七世孙的陵墓。

察合台所建的庞然大国，在历史上有很多记载。霍尔果斯就成为联系这些欧亚大国的重要通道与贸易重地。

新中国成立后，霍尔果斯一直是我国与苏联的贸易口岸，苏联在离口岸90多公里远的伊宁市还设有领事馆（即现伊犁州宾馆所在地）。苏联解体后，霍尔果斯成为我国与哈萨克斯坦的重要贸易口岸。20世纪90年代初，这里一度人满为患，每天来往数百名哈国客商，中国制造的大小商品成了抢手货，但都是现金交易或以货易货。胡锦涛同志到该口岸视察后，与哈国达成重要协议，要将这里建成中哈之间的自由贸易港。

我到任第二年，州党委经研究正式发文，由我负责主抓霍尔果斯口岸建设。我带领援疆干部与霍尔果斯口岸管委会的有关领导专程到海关总署和商务部，拜访了在这两个机构任职的盛光祖和于广洲（时任商务部常务副部长）两位领导，得到了他们的大力支持。一个加快霍尔果斯口岸建设的计划和蓝图逐步形成。江苏、浙江的客商了解到这一发展前景，纷纷携资金前来投资建设项目。仅2003年到2005年，就有18家企业来到霍尔果斯立足，投入资金5.4亿元。经过10多年的建设与发展，如今霍尔果斯已成为我国西部最大口岸，2014年6月，国务院正式批准设立了霍尔果斯县级市建制，目前年贸易额已超过40亿美元。2005年，我通过口岸协调，使南京依维柯汽车由这里出口哈萨克斯坦200多辆整车，实现了南京出口汽车“零的突破”。

中组部的试点县——霍城县

霍城县位于伊犁州的最西端，紧邻哈萨克斯坦，当时全县面积5460平方公里，人口35万，是边疆特有的人口大县、民族大县、农牧业大县。全县农牧民由29个民族组成，人口最多的是维吾尔族和哈萨克族。经济发展也相对较为滞后，农牧业人均年收入只有4000多元。

2002年，中组部确定以霍城县作为试点县，由江苏省安排一位援疆干部担任县委书记。项雪龙同志被选拔出来，带领6名无锡市的援疆干部来到了霍城县，其中周中平担任县委副书记，袁秋中担任常务副县长，其他几位分别任计委主任、财政局局长、经贸委主任、开发区管委会主任等重要职务。

项雪龙同志经过调查研究，确定了工业强县的目标，将招商引资作为全县的"一号工程"，实行目标考核制、定期评比制。短短两年时间，霍城县就引来资金7亿多元。2004年，全县GDP总量17.6亿元，增长13.5%，比2002年净增4.4亿元。其中第一产业8.3亿元，增长7%；第二产业4.5亿元，增长23.8%；第三产业4.9亿元，增长14.9%。农牧民人均增收438元，在全州直属10个县市中名列前茅，得到广大农牧民的一致赞扬。

他们还积极争取上级的支持，两年中争取到国债及中央预算内资金1.2亿元，江苏省投资7500万元，在霍城建起了一所高标准的江苏中学，还建有医院、110报警指挥中心、老干部活动中心等一批基础项目。在民生方面，他们解决了1998—2000年238名教师、38名人武干部、189名原国有农牧场干部进编统发工资等遗留的老大难问题，为当地群众办了很多实事。

为了改变农业大县第一产业GDP超过第二、三产业的局面，援疆干部在312国道和218国道的交汇点清水河镇办起了江苏产业园，并大力引进和培育了一批带动能力强的龙头企业，如投资5300万元的懋盛棉业轧花厂，投资4600万元的中密度纤维板厂，投资1200万元的杰宇番茄酱厂，投资2000万元的食品加工厂，投资5000万元的PVC、PDR工程塑料厂等，均在短时间内即已投产。清水河开发区已成为初具规模的经济增长热点。

这七位同志在霍城县做了大量工作，得到了中组部的高度肯定。项雪龙同志在这一期援疆结束时被评为优秀援疆干部，他们七位援疆干部荣立自治区集体二等功。

南京医生在伊犁

来自南京妇幼医院的陈良玉医生，家有两个孩子，小女儿才12岁，她把女儿托给妹妹照看，来到伊犁州友谊医院妇产科，成为该科的医术骨干。她经常一天给几位病人动手术，一次远赴特克斯县给一位病人手术，摘除了体内1.6公斤重的肿瘤，使这位每天靠打杜冷丁止痛的重症患者三天后就能下床行走，逢人就说是江苏来的陈医生救了自己一条命。三年中，陈良玉完成大小手术六百多台，从未发生一次医疗差错，一次次拒收红包、礼品和请吃等，得到广大群众的一致好评。她还撰写了多篇医术论文，获得州政府颁发的科技进步奖，被评为州直属机关优秀共产党员。她通过手把手的培养，为友谊医院带出了两名宫腔镜专业技术骨干，妇产科也成了医院的重点科室。

来自南京鼓楼医院的内分泌科副主任医师周鹏医生也在友谊医院建起了这里第一个糖尿病专科，成功地抢救了数十名糖尿病危重患者，完成院内外会诊150多人次，撰写了几十万字的糖尿病讲座专题讲稿，在院内外举办20多次讲座并获得好评。他主持的《控制高甘油三酯血症对胰岛素D细胞分泌功能和糖代谢影响的临床研究》，被确定为新疆维吾尔自治区科技攻关和重点科研项目。他连续三年被评为"优秀"和州直优秀共产党员，成为江苏和伊犁人民友谊的使者。

来自南京的医生还有省人民医院的陈椿，省中医院的梁建宁（女）、冯松杰，南京市第一医院的高岩，南医大二附院的崔进，中西医结合医院的孙加洪等几位主任医师，他们都在各自岗位上努力工作，广受好评，并带动当地医院在肾科、心胸外科、呼吸内科、中医外科等领域取得长足的进步，为当地培养一批医疗人才。

立足长远　培养人才

为了实现新疆的社会持续稳定和经济持续发展，有一项立足长远的工作，就是必须为当地培养一批又一批的干部和人才。为此，我们多次向党委、政府和组织人事部门做出汇报，得到了江苏省有关方面的大力支持。

2005年，省委组织部和省人事厅在南京大学和苏州农干院为伊犁州建立了两处培训基地，又在江苏的五个省辖市为伊犁州的干部提供了挂职学习的机会，每年无偿为伊犁州挂职培训100多名干部。为了确保这项工作见到实效，我和省委组织部的刘中同志（在伊犁任州党委组织部副部长）制定具体日程、落实名单、排出学习内容、搞好生活安排，使每一期培训任务都能顺利完成。

南通、无锡、常州、连云港、徐州5个市也做了大量工作，做出无私奉献，三年中到这些地方挂职、培训、进修的各类干部和技术人才超过1500人次，带来明显实效。在支援伊犁州的教育事业方面，江苏发挥高校多、师资多、招生多的特有优势，推进伊犁的教育事业发展。从2002年下半年开始，伊犁州教育局先后选派了三批40多名教育管理干部到江苏省教育系统挂职锻炼，选派了15名骨干教师到南通、苏州这两处新课程改革试验基地培训。伊犁州的高校先后派出40多名教师和教育管理干部到南京师范大学、扬州大学进修，州直市县的中小学、幼儿园也和江苏同行建立了70多对对口支援的合作交流友好学校组合。南京的四所大学每年都选派教师和研究生到伊犁支教，三年中共有200多人次来到伊犁完成了支教任务。

在南京高校对伊犁州的定向招生方面，我和来自江苏省教育厅的蒲开达同志也做出了一些尝试。2003年、2004年，江苏省先后面向伊犁州定向招生105名，2005年再次扩招100名。伊犁州教育系统的教学设施相对较为陈旧，蒲开达同志动员江苏省的学校和教育主管部门捐赠资金数百万元、电脑一百多台。金陵科技职业学院与伊犁州职业技术学院开展了全方位的合作，为伊犁州培养职教人才。南京职业技术学院老院长翟惟昌同志刚从领导岗位上退下来，就得到了伊犁州的真诚聘请，担任伊犁州职业技术学院院长这一把手实职。翟院长不负众望，走马上任，一干就是两年多，得到了伊犁州和全校师生的高度评价。

南京对接的两个城市各有文化特色

在2010年之前，南京市对外支援的任务主要是援藏（西藏拉萨）、援陕（陕西商洛）、援川（四川绵竹）等，在援疆方面未确定具体县市。自2010年起，国家有关方面进一步明确了有关省市对口援疆的地域划分，江苏省除了对口支援伊犁州和新疆生产建设兵团农四师等地外，还增加了对口支援克孜勒苏柯尔克孜自治州的阿图什市和阿合奇县、乌恰县一市两县的新任务。对口支援的资金量参照地方财政一般预算收入（扣除部分有专门用途的收入项目）的0.3%—0.6%测算，并且逐年按一定比例增长。所以，这新的一轮援疆办法，在资金上有了切实的保障，与过去相比有了根本的不同。

南京市过去援疆没有安排具体对口市县，这次也明确了伊宁市和特克斯县两个市县作为对口援建市县。这是伊犁州两个各有文化特色的城市。

伊宁市是伊犁哈萨克自治州的首府，是一座历史悠久、文化底蕴厚重、自然风景优美、人文内涵丰富的古城，是近代新疆最早出现的三个重要城市——迪化（乌鲁木齐）、伊宁、喀什中的一个。伊宁市地处伊犁河中游（伊犁河是我国一条从东向西流的国际河流，20世纪50年代我国曾一度在河上与苏联通航）。全市总面积约700平方公里，平均海拔620米，年均降雨量267毫米（这已经是新疆雨量相当大的城市了）。伊宁市总人口40多万，居住着维吾尔、汉、哈萨克、回、锡伯、蒙古等32个民族的人民，其中世居此地的民族有13个。伊宁市虽然离边境有90多公里，但交通较为便利，是每天有飞机往返的重要航空港（夏季每天起降多达三四十个班次），并有航班可直达南京禄口机场。伊宁也是铁路客货运的枢纽之一，是218国道的重要节点。从这里经果子沟高速、奎屯—乌鲁木齐高速公路，700多公里即可达乌鲁木齐市，312国道的终点就是中哈边境口岸霍尔果斯市。

在历史上自汉唐以来，伊宁一带长期处于我国中央政权在军事、政治上的管理之中（如西汉时期属西域都护府范围）。1840年鸦片战争之后，海外列强蚕食鲸吞我国领土，英、俄势力乘机侵入我国西北地区。1878年，清廷派左宗棠率军收复天山南北失地，1881年收复伊犁，1884年新疆建省，取名“新疆”意为“故土新归的疆域”。此后一个多世纪以来，由于国际上各种力量的博弈影响，伊宁也发生过一些乱象，大部分时期伊宁还是相对较为稳定的。

南京市对口支援伊宁市，任务艰巨而且重要。因为伊宁曾是丝绸之路的门户之一，是当今时代对外开放的窗口。尤其是在我国倡导发展“一带一路”经济这种战略大格局中，伊宁市的地位尤显重要，尤为突出。伊宁的稳定和发展，必然会关系到整个伊犁州乃至我国西北边境的稳定和发展，带动古丝绸之路经济走廊的振兴和发展，其影响远达中亚诸国乃至欧洲、非洲一带。近年来，精伊霍铁路接通哈萨克斯坦，公路、铁路货运物流通达中亚、西亚和欧洲，足以彰显伊宁在这一政治、经济、文化大格局中的突出地位，彰显南京市对口支援伊宁市的重要意义。

南京除了由市一级全面对口支援伊宁市以外，在伊犁州直属的两市八县中，还对口支援特克斯县，具体由江宁区承担这一任务。

特克斯县位于伊宁市东南部，与伊宁隔有巩留、察布察尔两个县。县域面积8352平方公里，境内北有乌孙山（主峰海拔3500米），南临天山山脉西段（中脊海拔4900米）北麓，县城南面有奔腾不息的特克斯河东流而过，再向北与伊犁河汇合后，流入邻国哈萨克斯坦。特克斯县人口仅17.4万，是多民族混合居住的牧业大县、山区大县。这里93%的面积是丘陵地带，年平均降水量300多毫米，这在新疆已是雨量丰沛的“湿地”气候了。特克斯县的工业发展较为滞后，全县没有污染，也几乎没有蚊子，空气洁净，负离子含量很高，是新疆境内不可多见的一块绿洲。尤有特色的是县城的街道建于1937年，完全是按照八卦图的形状规划建设的，道路四通八达，布局匀称舒展。全城不设红绿灯，而行人车辆秩序井然。这里的周易文化要素和城市规划特点，每年吸引二三十万游客远道而来旅游观光，带来上亿元的旅游收入。

南京市江宁区高度重视对特克斯县的对口支援，除了按规划建设一批援建项目外，江宁区各个有关部门也开展了对口支援。区教育系统与特克斯县三所中小学开展了支教活动，提升县里双语教育的水平。区广播电视系统也派出人才、捐赠设备，为边疆办实事。在援疆项目中，江宁区突出安排民生项目，高起点地建成了一批安居富民、安居兴牧项目和保障性住房、学校、医院等项目，为特克斯县引进了一批企业，增强了经济发展的“造血”功能。

谈谈“一带一路”倡议与江苏南京

南京在“一带一路”倡议中地位如何?这是很多人关注的问题。2015年3月28日国家发改委、外交部、商务部联合发布的《推动共建丝绸之路经济带和21世纪海上丝绸之路的愿景和行动》(以下简称《愿景和行动》)中,未提及南京,未提及江苏。

有关方面公布的《愿景和行动》明确提及18个省(区、市),因提及一些城市而间接提及的省(区、市)也有9个,有4个省既未点到省名也未涉及省内城市,这4个省就是:江苏、河北、山西、贵州。

一

在《愿景和行动》中被列为“核心区域”的,与“一带”有关的是新疆,与“一路”有关的是福建。这两个地方是第一层次的战略要地,定位十分清晰。

第二层次应是被列为“节点城市”和“港口城市”的25个城市。节点城市主要涉及“一带”——陆上丝绸之路经济带,有西宁、兰州、西安、郑州、成都、重庆、武汉、合肥、长沙、南昌10市。港口城市主要涉及“一路”——海上丝绸之路,有天津、大连、烟台、青岛、上海、宁波、福州、泉州、厦门、汕头、广州、深圳、湛江、海口、三亚15市。

第三层次涉及的省(区、市)有14个,如西北6省(区、市),新疆、青海、甘肃、宁夏、陕西、内蒙古;东南5省(区、市),上海、浙江、福建、广东、海南;西南3省(区、市),西藏、云南、广西。

第四层次涉及《愿景和行动》中已提到城市的所在省,有山东、河南、安徽、湖北、湖南、江西、四川7省,以及因独特的地理位置和海运、贸易地位而一再提及的港、澳、台三地。

第五层次涉及东北三省：黑龙江、吉林、辽宁。从表面看来，陆上丝绸之路不经过这里，海上丝绸之路似乎也无关联（大连港是近代所建），但三个省都“入围”了。

从江苏邻近地区来看，“长三角”中的浙江、上海两省市均已“入围”，城市“入围”的有武汉、合肥、宁波、青岛、长沙，唯有江苏“名落孙山”。

二

有必要指出，江苏是“一带一路”不可或缺的重要省份。

从陆上丝绸之路的历史来看：此路之兴，与四位汉代人物有关，其中三人是江苏人。

据《史记》《汉书》《资治通鉴》等正史记载，元鼎二年（前115）汉武帝刘彻接受了张骞出使西域13年回来后的建议，使乌孙与汉“结昆弟，其势宜听。听则是断匈奴右臂也”。张骞再次出使西域。“是岁，骞还。到，拜为大行。后岁余，骞所遣使通大夏之属者，皆颇与其人俱来，于是西域始通矣。”这是张骞“凿通”西域之始，经过很多年慢慢发展形成了丝绸之路。汉武帝后期，主要的贸易项目是用丝织品换取西域大宛、乌孙等国的马匹，史载最高比率达到四十匹绢换一匹马。丝织品西域人自用一部分，另一部分运往中亚、西亚和欧洲等地，换取那里的土特产品。发展到唐代，丝绸之路盛极一时，商品种类日益丰富。

公元前105年（元封中），汉武帝选派江都（今江苏扬州）王的女儿江都公主刘细君和亲乌孙。刘细君在乌孙育有一女，名为“少夫”。细君公主去世后，汉武帝又派楚（今江苏徐州）公主刘解忧和亲乌孙。解忧公主在乌孙生活了50多年，子女分别成为当地的昆莫（国王）或周边国家的王后、大将夫人。远嫁乌孙20多年后，解忧公主两次上书后任皇帝汉昭帝、汉宣帝，请求汉廷出兵攻打匈奴，终于得到朝廷的批准。汉宣帝派大将常惠率兵16万西征，乌孙国也派5万精骑自西向东夹击匈奴，一举击溃匈奴主力。据《资治通鉴》及《通鉴纪事本末》载，“至右谷蠡王庭，获单于父行及嫂、居次、名王、犁污都尉、千长、骑将次下四万级，马、牛、羊、驴、橐佗七十万余头……于是匈奴遂衰耗，怨乌孙”“冬，匈奴单于自将数万骑击乌孙……会天下雨雪，一日深丈余，人民、畜产冻死，还者不能什一……匈奴大虚弱……而边境事少矣”。此后匈奴逐渐西迁，汉廷于公元前60年在这里建立了“西域都护府”，丝绸之路因此而日渐兴旺起来。

还有一位重要的历史人物，是解忧公主的侍女冯嫽。据《汉书·西域传》记载：“初，楚主侍者冯嫽，能史书、习事，尝持汉节为公主使，行赏赐于城郭诸国，敬信之，号曰冯夫人。为乌孙右大将妻。右大将与乌都屠相爱，都护郑吉使冯夫人说乌都屠，以汉兵方出，必见灭，不如降。乌都屠恐，曰：‘愿得小号。’宣帝征冯夫人自问状，遣谒者竺次、期门甘延寿为副，送冯夫人。诏夫人锦车持节，诏乌都屠诣长罗侯赤谷城，立元贵靡为大昆弥，乌都屠为小昆弥，皆赐印绶。破羌将军不出塞还。”这就是正史记载的冯嫽凭借解忧公主和自己在西域诸国中的声誉威望，不用汉王朝出一兵一卒（“破羌将军不出塞还”），解决了乌孙这一个大国王室为争夺王位而几致内乱的政治危机。这在历史上同样是一起经典性的政治、军事、外交事件，与陆上丝绸之路的形成和发展同样有着直接的关联。

两位汉代公主和亲西域，不但使西域乌孙国与西汉中央王朝形成了稳固联盟，而且影响到整个西域。当时乌孙国“户十二万，口六十三万，胜兵十八万八千八百人”，是西域强国，影响很大，“史不绝书”。围绕乌孙国发生过许许多多、大大小小的事件，频频见诸各种史籍。公主的长子元贵靡，孙星靡、伊秩靡，重孙雌栗靡，四人都出任过乌孙国大昆弥，解忧次子万年成为莎车王，长女弟史成为龟兹王绛宾的妻子，莎车、龟兹是塔克拉玛干沙漠周边最大的两个绿洲王国，而解忧的侍女冯嫽也常常“行赏赐于城郭诸国”，对西域地区诸国施加了重要的影响。解忧三子大乐为乌孙左大将，次女素光为乌孙大将军若呼翎侯妻，这些都是不可更改的史实。

由此可见，西汉与西域各国凭借着和亲产生的血缘、亲缘关系，影响着两千多年来中国历史发展的进程，最终使中国成为一个统一的多民族的伟大国家，这其中来自江苏一带的三位历史人物做出了重大的贡献。他们行走过的“乌孙道”是丝绸之路的重要支线。其中一条路径即经龟兹（今库车、新和、沙雅、拜城）翻越天山到伊犁河流域。其史证之一是《汉书·西域传》解忧之女弟史到长安学鼓琴回归乌孙，途经龟兹，被龟兹王绛宾留下求婚，最终结为夫妇。史证之二是解忧的女侍冯嫽曾多次受命“行赏赐于城郭诸国”，这里的“城郭诸国”，主要指塔克拉玛干沙漠周边的绿洲城邦，包括龟兹、莎车等（当时西域有36国）。细君、解忧两位公主是汉朝、汉族公主的典型代表。刘细君、刘解忧、冯嫽三位来自江苏的历史人物，是丝绸之路与江苏密不可分的铁证。

三

再看看海上丝绸之路，标志性的事件应是明代郑和七下西洋。郑和当时就居住在今江苏省南京市马府街，并在南京江边建造数百艘巨型海船，率两万七千人从南京龙江关启航，先到苏州太仓浏河港，再到福建泉州港，并招募了大批福建的船员水手，完成了人类历史上最早，也是规模最大的航海伟业。郑和下西洋返回后，向明成祖朱棣奏报一路平安，明成祖大喜而敕建天妃宫、静海寺于南京龙江关，并亲自撰写了699字的御制弘仁普济天妃宫之碑碑文。天妃宫碑是至今保存完好的海上丝绸之路最高规格的文物，不但形体最高大，材质最贵重，而且皇帝亲自撰文，洋洋洒洒699字，实为世所罕见。这难道能说海上丝绸之路与江苏、与南京没有渊源吗？

四

由上述史料可见，曾经生活在江苏大地上的刘细君、刘解忧、冯嫽、郑和等历史人物，是“一带一路”的开创性人物。南京、扬州、徐州、连云港（亚欧“大陆桥”东端“桥头堡”）、太仓等江苏城市，都与“一带一路”密切相关。南京有“戏”，江苏有责。我们决不能因一时“无名”而产生“失落感”，决不应妄自菲薄、无所作为，而必须自觉地服从于、服务于“一带一路”的总体倡议，有些事情要主动担当，决不能误认为“一带一路”与己无关，而是要清醒意识到自身责任重大，要自加压力，自定目标。南京乃至江苏范围内的制造业、物流业、服务业，原来就已与“一带一路”密切相关，今后需要做更大努力、有更大作为，特别是要在扩大出口、输出劳务、承建项目方面加强与各方的合作。机会是等不来的，是要争取的。

五

在我写完本文上半部分之后，2015年5月16日得到了一则消息：据澎湃新闻记者报道，他们已从江苏省发改委了解到，江苏省对接“一带一路”建设的实施方案，已经基本征求了省内有关方面的意见，并已于4月底上报国务院，待国务院审定批准后就可以实施。这一消息令江苏各市备受鼓舞。

现在江苏省上报了自己积极呼应“一带一路”的方案，这是好事。我们不妨了解一下江苏上报方案的部分内容，看看与哪些城市密切相关，看看南京能做些什么。

经了解，在这份方案中，连云港、徐州将定为新亚欧大陆桥经济走廊的主要节点城市。连云港推出了105个项目，加快建设东方大港，建设连（云港）—霍（尔果斯）—鹿（特丹）亚欧大陆桥的东部起点，开工建设30万吨级航道二期工程，加快盐连铁路支线建设，开行连新亚（经新疆到中亚）、连新欧（经新疆到欧洲）铁路班列，开建中哈物流基地二期工程，拓展与中亚各国合作内容，促成上合组织国家在连设立办事机构，推进国际物流园、连云港国际农业示范区、中捷水晶文化产业合作园建设，与欧亚资源集团、巴西淡水河谷公司等跨国企业共建国际矿产交易中心。

徐州市作为亚欧大陆桥的枢纽城市之一，也正在打算与周边城市一起打造淮海经济区，成为这一区域唯一的特大城市、中心城市。

南京、苏州、南通、盐城等市也积极参与。省内正在筹划开建三条高铁，推进连云港—淮安—扬州—镇江铁路客运专线建设，开工建设徐州—宿迁—淮安—盐城高铁、连云港—南通沿海高铁，徐州兰州客运专线江苏段也争取年内开工。南京—启东铁路电气化复线将在改造完成后开通动车组。

南通的定位是重要区域性综合交通枢纽，苏州则以“走出去”带动产业转型升级，盐城在加强与连云港的合作基础上，争设“苏东新区”，争创淮河生态经济带的“龙头”，早日打通“水上陇海线”。

南京也是枢纽城市。南京积极推进“一区一带三枢纽”建设，即申批江北的国家级新区，构建东南科技创新示范带，打造航空港、江海港、高铁港三个交通枢纽。南京在600年前就孕育了中国的航海梦，郑和从这里造船出海七下西洋，他首次启航的日子被定为“7·11中国航海日”。

由此看来，连云港、徐州等市与“一带”关联较多，而沿江城市则与“一路”的关联较为密切。而在对外贸易、承接境外工程方面，江苏各市在“一带一路”涉及的范围内都有一定优势。南京目前有对外承包工程企业93家，业绩连续多年居全省第一，每年签订合同额都有30多亿美元，在“一带一路”合作区域中与25个国家与地区有合作项目160多个。

由此看来，“一带一路”倡议给南京的确是带来了新机遇，形成了新优势，必将得到国内外的关注。南京是国家实施“一带一路”倡议的当然成员，必须自觉融入实施步骤，争取发挥更大作用。

本文原载《古都南京》
南京古都学会主办
2015年第5期
获南京市社会科学界第十届学术年会特别奖

市场兴区

城市城市，有城必有市

南京下关地区濒江依城，水陆交通便利，从南宋、明清至民国，街市、商市、集市就十分繁荣。改革开放以来，两区合并前，当年在下关工作的同志们，把握历史机遇，充分发挥区位优势，积极推行“市场兴区”战略，至21世纪初，形成了以农副产品、日用工业品、生产资料为龙头的三大市场群带。其中，南京生产资料中心批发市场和金桥市场分别跻身全国市场百强行列，白云亭农副产品批发市场、惠民桥农副产品市场虽然随着下关地区新一轮改造不复存在，但作为当年南京人最大的“菜篮子”，分别进入“全国蔬菜批发行业十强市场”“全国十大农副产品市场”行列，在市民心中留下深刻的印象。

从“马路市场”到批发大市场

党的十一届三中全会以后，国家逐步放宽了对农村自留地、家庭副业和集市贸易的限制，有效地调动了农民的生产积极性，农民有了较多的剩余农副产品，迫切需要到一定场所进行买卖交易。下关地处城郊接合部，水陆交通便利，许多农民将农副产品运到下关，紧靠路边席地而坐，进行买卖交易活动；一些下放返城人员和知识青年也沿街摆摊设点，解决生计。“马路市场”应运而生，但问题随之而来，这种现象不但妨碍了交通，也影响了市容环境卫生。面对这一问题，当时在这里工作的同志们，在充分调查研究的基础上，因势利导开辟了惠民桥农贸市场和新民路家禽市场（1984年改称大桥南路家禽批发市场)，引导农民、市民到市场里进行交易。1980年，惠民桥农贸市场经营户发展到100多户。1982年，区工商部门又在马路两侧修建遮雨棚1000余平方米，扩大了惠民桥农贸市场的经营面积。1983年10月，区里又投资180万元，在新民门开辟新民家禽批发市场，市场占地面积2000平方米，营业面积800平方米，周围还设置了饮食摊点、简易旅社等配套服务设施。市场主要经营活鸡、活鸭、活鹅，每天24小时服务。进场交易的有山东、安徽、河南和淮阴、洪泽、泗阳、高邮、句容等省、市、县的近百户运销经营户。1986年，全区再次投资100多万元扩建惠民桥农贸市场，新建3000平方米大棚，增加固定摊位200余个。

1989年，下关区多渠道筹措资金1850万元，易地扩建了南京惠民桥农副产品市场，经营面积增加到1.6万平方米，门前设置电子大屏幕，场内经营实行电视监控，引导经营户扩大经营品种，提高经营档次。1995年10月，建宁路西延工程开工，为落实市政府集贸市场进棚入室、还道路于交通，区副食品公司、中山桥街道办事处、康迪实业总公司和区防洪工程管理处在惠民河上建箱涵，易地新建惠民桥农副产品批发市场。新建后的惠民桥农副产品批发市场，以专业批发水产品为特色，占地面积2万平方米，营业面积1.5万平方米，内有门面房280间，零售摊位560个。市场建成后，经营品种范围不断扩大，禽类从一般家禽发展到火鸡、野鸡、野鸭、鹌鹑等；水产类从普通鱼虾发展到鳗鱼、斑鱼、竹节虾、对虾、基围虾、大龙虾等特种水产品。1998年，特种水产品占市场总成交额60%以上，成为南京宾馆、酒店的货源供应基地。市场辐射面达到内蒙古、黑龙江、吉林、辽宁、北京、天津等十多个省、自治区、直辖市，200多个县、市地区。1999年，市场成交量达34万吨，成交额4.2亿元。

惠民桥农副产品市场的形成与发展，启迪了在这里工作的同志们发展、建设大市场的思路，也坚定了下关市场的大规模建设之路。1984年，南京市委、市政府经过调研、论证，决定在下关晏公庙附近开办一个农副土特产品批发交易市场。当年5月，市供销社所属郊县基层供销社及市土产公司、农资公司、棉麻公司、物资回收公司等单位抽调人力、财力，在热河南路晏公庙动工建设南京市农副土特产品贸易中心，6月20日建成开业。

为了丰富市民的粮袋子、菜篮子和农副产品供应，1986年6月，当时在这里工作的同志们又决定易地扩建白云亭农副产品批发市场。该农副产品批发市场原坐落于商埠街北段，20世纪70年代末自发形成，与居民区混杂，不利于发展。1988年，惠民河东岸原区建筑公司仓库和街道涂料厂等单位2.5万平方米场地被划为市场建设用地。为稳定货源，1987年市场与安徽省和县建立协作关系，随即又和山东省寿光县、苍山县，黑龙江省嫩江地区，安徽省来安县、金寨县，浙江省德清地区，海南省，内蒙古自治区等地签订了产销协议，构建了比较稳定的供货渠道，交易量不断扩大。1989年4月22日，总投资450万元的一期工程竣工，建成2340平方米交易大棚及停车场、办公楼等配套实施，内部经营设施和外部条件大大改善。

1989年，区委提出了大力发展商埠经济的总体思路，要求全区上下树立“大流通、大市场、大商业”的观念，继续抓好市场的培育、建设和管理，并提出“进一步发展横向联系，拓宽流通渠道，扩大批发业务经营范围，开辟新的市场，使下关真正成为引得进、留得住、销得出的商品集散地”，进一步加大了对市场建设的投入，加快了市场的改造和建设步伐。1992年2月，白云亭市场二期工程动工，投资3000万元，1993年12月28日竣工；此后还建成15层白云亭大厦、800千伏安双回路配电房等；1993年，市场以800万元兼并了市场北侧的鸡鸭加工厂养殖场，交易场地扩大1万平方米；1996年起，白云亭市场再次进行扩建，新增场地7000平方米，市场占地面积达4.5万平方米，交易场地3.7万平方米，其中室内交易场地1.6万平方米。经营品种由建场初期以地方菜为主，新增大量时鲜菜、反季节菜，以及从国外引进的西芹、日本西红柿、美国蛇瓜、太空椒、西兰花、紫包菜、观音菜等新品种蔬菜。市场年成交额达1984万元，成为南京最大的“菜篮子”。

1998年3月，南京农副土特产品贸易中心被批准为国家级市场，改名为“南京果品中心批发市场”。1999年，市场成交额从1992年的6800万元发展到5亿元，成为南京最大的“果盘子”。白云亭农副产品批发市场跻身全国蔬菜批发行业十强市场。2004年10月，白云亭农副产品批发市场以2003年度实现成交量11.42亿公斤、成交额25.97亿元的业绩，获得全国城市农贸中心联合会授予的“全国蔬菜批发行业十强市场”称号。2006年9月，南京白云亭农副产品批发市场被中国商业联合会授予“2005年中国商业名牌企业”称号。惠民桥农副产品市场跻身“全国十大农副产品市场”；2006年9月，被全国城市农贸中心联合会授予“2005年度全国水产品二十强市场”称号；2007年元月，在海南省三亚市召开的“中国商品交易市场2006年度工作会议”上，南京惠民桥农副产品市场获“2006年度全国十大农副产品市场”称号，并被授予奖牌及荣誉证书。

实施“市场兴区”

1992年，中共中央、国务院《关于加快发展第三产业的决定》下发以后，区委立即组织学习贯彻，迅速制定了实施方案，并将第三产业作为全区经济发展的主导产业，广泛动员沿街单位破墙开店，采取多种措施鼓励企业、民间个人投资，兴办商贸流通和服务业网点。为了促进大市场建设的繁荣和发展，多渠道出资、多形式联合建市场，区委、区政府制定了谁投资、谁受益的政策，积极为驻区单位“退二进三”（退出第二产业，兴办第三产业）牵线搭桥，主动协调解决有关立项、建设规划、市容管理、市政交通、执照领取等手

建宁路金桥广场

续办理中的各项问题，做好服务工作。

1992年5月，南京金桥实业总公司（前身为南京市商业储运公司）投资600万元，将位于建宁路12号的两幢1.5万平方米仓库，改建为金桥市场。1994年8月，该公司投资300多万元，将建宁路38号的两幢楼房仓库，改建为以经营装饰材料为主的金桥装饰城。两个市场的建立，不仅吸纳了大量的下岗职工，而且极大地促进了消费，丰富了城北市场。1995年起，金桥市场实施二期改、扩建工程，经营商品包括小百货、箱包皮件、服装、针纺织品、小家电、小五金、鞋类、食品以及墙面装饰材料、五金水暖器材、灯具电器、厨房用具、工艺玻璃、家具等18个大类、6万多个品种。市场配有大型仓库、铁路专用线及货运车队，为客户代储、代送货物，办理铁路、公路整车或零担接收、发送业务，每晚都有发往杭州等商品采购点的班车，方便经营者的购销活动。区工商、税务、公安等部门驻场为经营者提供一条龙服务，金融机构也在市场设代办处，为客户提供账务结算、资金储存使用等服务。

不久，南京生产资料交易市场成立。1993年初，中国物资储运南京公司利用位于中央门外河路道的储运仓库，与南京市工商行政管理局共同投资开办前店后库式的南京生产资料交易市场（1996年更名为南京生产资料中心批发市场），先期投入127万元，将两幢900平方米的仓库改建成交易厅，建成开业当年进场40户。1994年和1995年，按照"以场养场、以场建场、滚动发展"的方针，市场又新改建营业楼两幢。市场主要经营钢材（生产类用材交易占60%，建筑类用材占40%），兼营少量有色金属、煤炭、水泥等。钢材交易以批发为主，兼营零售。货源主要来自进场单位。

继金桥市场开业之后，江苏物资交易市场、南京红龙汽车自选市场、南京外滩大市场、南京华东鞋类批发市场、南京灯饰市场也相继建成开业。江苏物资交易市场于1993年9月，由江苏省工商行政管理局和电子工业部中国电子物资苏浙公司联合创办，1994年9月开业，主要经营金属材料、建筑材料、交通运输设备、五金工具、交电器材、农用物资机械、电子产品及通讯设备、仪器仪表、化工产品、化工原料、木材、能源、矿产品等。南京红龙汽车自选市场于1994年12月开业，由私营企业红龙集团有限公司与南京市市场协会联合筹建，市场占地面积一万多平方米，经营各类轿车、货车、农用车等。至此，下关区域内初步呈现出以农副产品、日用工业品、生产资料为龙头的三类市场鼎立的局面。

1997年底，在这里工作的同志们认真分析了市场建设状况及其发展、竞争态势，正式确立了“市场兴区”的发展战略，提出要充分利用区域优势，积极兴办上规模、上档次、有特色的市场，形成大市场、大流通的格局。

1998年，南京物资集团将其所属的储煤场迁出，筹建南京玉桥市场，6月8日开工建设，当年8月31日竣工，建成占地8000平方米、建筑面积33000平方米的5层营业主楼一幢，市场周围有占地3200平方米的大型广场及饮食网点、停车场、仓储等配套设施。市场共设摊位1126个，经营服装、针织、鞋类、箱包、家电共14大类万余个品种，开业三个多月营业额即近一亿元。

1999年底，下关区域内共有日用工业品市场七个（均分布在建宁路沿线），其中国家级市场一个，全区日用工业品市场成交额共计39.56亿元。

1997年1月，由江苏省机电设备总公司投资建设的江苏省“4+1”汽车代理中心建成开业。这是一个集汽车销售、汽车配件供应、汽车维修、信息服务和汽贸休闲五位一体的汽车经营市场，由江苏省联合汽车交易市场、南京天联汽车配件市场、江苏省联合汽车维修公司、南京轩辕楼大酒店和信息服务中心组成，实行汽车展示、洽谈、销售、商务、通讯、银行结算、代理上牌等一条龙服务。中心主营汽车销售、代理及汽车配件供应和汽车维修；兼营拍卖、租赁、集装箱运输、国外进口机电产品代理等，业务辐射江苏全省及上海、安徽、山东、北京、新疆、广东、东北等地区。1997年，代理中心还相继在江苏及安徽等地建立16个代理连锁网点，当年销售各类汽车5000多辆，销售额逾5亿元。

1997年下半年，南京钢材专业批发市场和南京化工商城相继开业。南京钢材专业批发市场由南京金属材料总公司（1998年改制为南京黑色材料有限公司）筹建，坐落于水关桥46号（今幕府西路130号）象山钢材仓库，于当年7月和12月改建完成，营业面积近3000平方米，为前店后库式钢材专业批发市场，当年成交量7.6万吨，交易额2.2亿元。南京化工商城由南京化工轻工总公司筹建，利用位于建宁路的迎街仓库改建，占地8000平方米，拥有交易大厅2760平方米，设有摊位142个及洽谈室、商务中心，配套仓储面积4000平方米，1998年4月正式开业，主要经营日用化工、精细化工、橡胶制品、油漆、涂料、染料、颜料等各类化工原料及制成品。

1999年底，区域内共有生产资料市场11个，营业面积共计60164平方米，形成了以物资企业为主体、以生产企业为依托的生产资料市场群。1999年，市场成交额共计73.86亿元，有力地促进了区域内多种经济成分的相互渗透和相互融合，加快了产业结构和所有制结构的调整，并带动了服务业、运输业和个体私营经济的发展，提供了更多的就业门路。

打造“南京第三商圈”

进入21世纪以后，在市委、市政府的支持下，下关区在实施“市场兴区”的同时，提出了将建宁路市场群带打造成继新街口和湖南路商贸中心区之后的“南京第三商圈”设想，专门成立了“建宁路市场一条街建设管理办公室”，先后出台实施《建宁路市场群控制性详细规划》《建宁路东段景观设计方案》和《建宁路市场一条街建设方案》。

2003年3月，投资两亿元的玉桥市场二期改造扩容工程完工，经营面积由原来的3万平方米扩展为6万平方米，安装了16部自动扶梯、2部观光电梯及中央空调、安全监控系统、电子显示屏、自动喷淋系统等中高档配套设施，新建了地下大型停车场，每个楼层都开辟了近200平方米的休闲区等。2004年新建、扩建了大方国际家居广场（一期）、红桥市场、华东国际鞋革城等7个项目，新增营业面积16.4万平方米。2005年，金桥市场扩建。2006年，华东家具城、苏浙公司商务综合楼、莫泰168经济型酒店等5个项目相继建成并投入运营。当年8月，在国家统计局和中国商业联合会举办的全国市场百强排行榜中，金桥市场名列第74位；2004年6月，金桥市场以52亿多元的交易额，名列全国百强市场第56位，并跻身全国工业品综合市场排名第13位。南京生产资料中心批发市场（又称中储公司）、南京钢材市场（又称金帆公司）、银通物资交易市场（又称宁华公司）三大金属交易市场，占据南京地区钢材交易量的97%。2003年8月，国家统计局和中国商业联合会进行全国市场百强评选，南京生产资料中心批发市场名列第42位。2007年4月，总投资1.5亿元、建筑面积32万平方米的南京钢铁交易数码港奠基仪式在幕燕金属物流中心举行，从而奠定了幕燕金属物流中心作为“华东最大的钢铁物流CBD（中央商务区）”的地位。

2007年底，全区有各类市场近80个，经营面积突破100万平方米，全年各类市场成交额492亿元，其中消费品市场成交额190亿元，生产资料市场成交额302亿元，其规模和成就前所未有。“十二五”期间，这里将继续重点打造建宁路“南京第三商圈”，使商圈总规模达到50万平方米以上；继续建设“中央北路至上元门生产资料市场物流圈”，将通过交易手段的信息化，提升经营档次和规模，形成符合现代物流发展方向的区域生产资料集散中心。

2012年9月，白云亭和惠民桥两大著名市场全部迁往江宁众彩批发市场，原址将改造成为区文化艺术中心和高档写字楼。白云亭农副产品批发市场不再车水马龙、人声鼎沸，为南京市民服务了20多年的白云亭市场正式完成了它的历史使命。2013年3月，在新的历史起点上迎来了区划调整，原下关区与鼓楼区合并成立新的鼓楼区。新一届鼓楼区委、区政府面对区划调整和融合发展的双重任务，立足新起点、抢抓新机遇、承担新使命，紧紧围绕新区成立后召开的第一次党代表大会所提出的总体要求，统一思想、凝聚共识，抓整合、谋思路、求突破、促提升。

2014年9月，白云亭农副产品批发市场华丽转身，成为功能齐全、环境舒适的区文化艺术中心。

2016年，东至中央路、中央北路，南起城北护城河，西沿金川河，北至沪宁铁路，面积1.6平方公里的中央门商贸区内有金桥广场、玉桥商业广场、金盛国际家居广场、金盛百货中央门店、鑫桥市场、金桥装饰城、金海灯饰城、华东美博城8家大中型市场，有各类经营户6500余家，营业面积近50万平方米；全年实现公共收入1.68亿元，同比增长6%，新增注册资金1000万元以上企业15家，全年限额以上社会消费品零售总额增长18.6%；标准以上服务业增加值增加10%，标准以上服务业单位新增九家；规模楼宇税收增长70%，软件和信息服务业收入完成7.1亿元，引进健康服务业企业15家。其中，玉桥商业集团有限公司投资建筑的6.8万平方米商业楼和1.5万平方米综合楼组建完成，全年实现税收1033万元，同比增长22%。南京金桥市场管理有限公司2004年改制成为金鹰国际集团下属公司，旗下有金桥广场、金桥装饰城，市场总经营面积137万平方米，经营业主3000多户，从业人员10000多人，年交易额60亿元，税收超过5000万元，名列全国亿元以上工业品综合市场第13位，当年实现税收1198万元，同比增长27%，并通过南京工商行政管理局2015年度“守合同重信用”企业再认定复查，获省、市著名商标认证。中储南京智慧物流科技有限公司组建研发团队开发物流“互联网+”和中储智运物流电商平台，通过保证金、实名认证、物流保险等多项机制，确保每笔业务的真实性与安全性，所有业务通过平台进行交易和结算，实现信息流、业务流、资金流统一运作与管理，帮助货主企业降低物流运输成本，增加车主运力资源利用效率与生产效益。当年平台交易金额达20.98亿元。

本文原载《砥砺奋进新时代》

中国文联出版社2018年出版

建宁路的故事

我在南京已工作、生活了50多年，从改革开放之初，我就参与了南京一些重大项目的论证立项，对建宁路的变迁也是历历在目。借庆祝改革开放40周年的机会，讲几段与建宁路有关的往事。

改革开放之初的"建宁精神"

建宁路过去只是一条紧邻铁路的小路，因长江大桥通车、火车站东移，1968年进行了初步拓建，仍不适应城北交通的需求。1984年，为了解决南京长江大桥南口至玄武湖新火车站的交通阻塞困难，市政府决定采取"人民城市人民建"的方针，下关以区政府为主，组成了建宁路工程建设指挥部，实行"包拆迁安置、包工程质量、包建设工期、包工程投资"的承包责任制，从1984年3月开工，仅用9个多月时间就全线建成通车，共完成沥青路面铺设65900平方米。路基采用了厚30厘米—40厘米的石灰土，路面采用了厚15厘米的黑色混合料，总厚度45厘米—55厘米，人行道面积达到了22450平方米，路幅拓宽达到40米，地下管线6120米，筑路质量有了大的提升。这种当年拆迁、当年开工、当年建成通车，"开出一条路来"，并建成当时最大的立体交通枢纽——中央门立交桥的空前速度和改造举措，被誉为"建宁精神"，被广大人民群众久久传颂。

20世纪90年代的"抗洪精神"

从1991年到1998年，长江流域多次发生洪涝灾害，金川河、城河路直至沿江地区，年年成为防汛重点。为了彻底解决汛期险情，1997年2月，我和林连宝副区长率队赴京，多次到铁道部求助。在商谈过程中，我方一再说明建宁路沿线多系铁路系统的单位和宿舍区，铁道部给予资金支持，在武汉等市也有先例，得到了时任铁道部领导韩杼滨、傅志寰、盛光祖、王昭成等同志的支持。铁道部拨付资金2400多万元，加上省、市、区三级财政拨付的资金共计4300多万元。下关区用一年半的时间，建成了金川河防洪墙（长江下关段防洪墙），成功抵御了1998年的特大洪水。温家宝、邹家华、周小川等中央和省市领导多次来视察防汛工程，1998年9月24日《人民日报》刊发了通讯《铜墙铁壁锁龙王》，高度评价南京的防洪工程，称之为“新时代的抗洪精神”，我也被省委、省政府评选为“防汛抗洪先进个人”，受到通报表彰。

在建造金川河防洪墙时，还发生了“如何坚持设计标准”的事，长江南京段最高水位是1954年的10.22米历史最高纪录，1998年的最高水位达到10.14米，当时金川河防洪墙为了“保险”起见，西堤砌得比金川河长平桥栏杆还要高20厘米。我早晨7点从桥上路过，见到这种不科学的做法，立即与防汛指挥部商量，将西堤刚扎成的钢筋毛坯，降低了20厘米，达到了“能抵御百年一遇特大洪水”的标准。20年过去了，这一防洪工程每年都发挥了作用，对环境也没有带来负面影响，改变了“堤高桥低”的不合理建筑结构。

市场建设的金光大道

从1995年起，建宁路建成了“市场一条街”，东头有金桥市场、玉桥市场、钢材市场、电子产品市场，中段有鑫桥市场、装饰市场、灯具市场、厨具市场、鞋类市场，西头有惠民桥农副产品市场、白云亭农副产品批发市场、粮油市场等，“市场兴区”发挥了振兴地方经济的作用。惠

建宁路玉桥市场

民桥市场的澳洲大龙虾、江苏大闸蟹、福建海鲜、盱眙小龙虾生意兴隆，向西辐射到马鞍山、芜湖、合肥等地，仅大闸蟹一项，旺季每天销售近百吨。建宁路东头的金桥市场、玉桥市场虽然受到中央门长途汽车站搬迁的影响，至今仍每天人头攒动，买卖兴隆，成为南京市场建设的一个标杆。

文化旅游的历史文化长廊

在建宁路西端，自1997年起，修复建成了近代海上丝绸之路起点标志——天妃宫，展出海上丝绸之路最高规格的文物——明成祖朱棣撰写碑文的御制弘仁普济天妃宫之碑；建成了新的静海寺《南京条约》史料陈列馆，铸成了迎庆1997年香港回归的“警世钟”，上面的500多字铭文是由我撰写后经省市批准铸在钟上的；2001年，又建成了600多年来“有记无楼”的阅江楼，后又复建了仪凤门城墙和城楼。如今，这一宫、一碑、一寺、一楼，已成为南京重要的文化历史旅游景点，每年接待游客超过百万（包括免购门票的参观者），每年毛收入数千万元（有两处爱国主义教育基地免购门票），为海上丝绸之路增加了一处可供研究考察的实地，为全世界独一无二的最长古城垣——南京明代都城城墙，增加了“水包城、城包山、山包楼”的胜景。所以，建宁路也是文化历史旅游的一大名胜，外国朋友也都纷至沓来了。

2018年写成初稿
载《南京建宁路》
江苏人民出版社2020年出版

创新名城　美丽古都
——兼谈南京的城市发展愿景

一

从表面上看，G20峰会在杭州召开，与南京关联程度不大。比较直接相关的是配合做好安全、环保等方面的保障工作。在长江三角洲沪宁杭三市中，杭州是直接的东道主城市，举世瞩目，势头强劲。上海早已是一个国际性的大都市，是上海合作组织的诞生地和常设机构驻在地，是中国的经济中心、金融中心，与全世界的经济金融大局息息相关。于是网络上有人说：江苏逊色了，南京滞后了。

此话并非毫无道理。“一带一路”这一重大倡议提出之后，2015年3月28日，国家发改委、外交部、商务部联合发布了《推动共建丝绸之路经济带和21世纪海上丝绸之路的愿景和行动》这一纲领性文件，文件中也几乎只字未提江苏，未提南京。其起始省区、核心省区，在陆路上是西部的陕西和新疆（西安和乌鲁木齐），对海上丝绸之路而言，是在东南部的福建、浙江、广东，几乎都与江苏相隔数百上千公里。表面上看江苏似乎“没戏”。在全国范围内，也仅有江苏、河北、山西、贵州四个省未被提及。这可是一个值得高度重视的信号。难道江苏这样的经济强省，南京这样的重要城市，果真在“一带一路”倡议中无所作为，被边缘化、弱势化了吗？

其实不是这样。G20峰会，正是在2016年这个重要的年份给江苏、给南京带来新的更大机遇，南京在长江三角洲，在长江经济带的地位不可动摇，影响与日俱增。

国务院已于2016年5月审定批复并由国家发改委发布了《长江三角洲城市群发展规划》。在长江三角洲66个城市中，上海是唯一的超大城市，南京是唯一的特大城市，第三、四个层次，是杭州、合肥、苏州等市。详见下表：

长三角城市群各城市规划等级

规模等级	划分标准（城区常住人口）	城市名称
超大城市	1000万人以上	上海
特大城市	500万—1000万人	南京
大城市	Ⅰ型 300万—500万人	杭州、合肥、苏州
	Ⅱ型 100万—300万人	无锡、宁波、南通、常州、绍兴、芜湖、盐城、扬州、泰州、台州
中等城市	50万—100万人	镇江、湖州、嘉兴、马鞍山、安庆、金华、舟山、义乌、慈溪
小城市	Ⅰ型 20万—50万人	铜陵、滁州、常熟、昆山、江阴、张家港、诸暨、奉化、海宁等34个城市
	Ⅱ 20万以下	扬中、句容、天长、宁国、桐城、平湖、明光、建德

资料来源：2016年国家发展改革委员会发改规划〔2016〕1176号文件附件《长江三角洲城市群发展规划》第5页。

从上述这份城市发展规划来看，南京还是可发挥重要的作用的。

二

关于南京城市经济建设与社会发展的目标定位，历来是有一些不同表述的。远的不说，进入20世纪90年代以来，就曾出现过建设“国际化大都市”的提法。21世纪初，又形成了把南京建设成“现代化国际性人文绿都”的目标定位。十年后，2011年10月，在南京市第十三次党代会上，又增加了建设“三都市”“三名城”的提法。“三都市”：把南京打造成为独具魅力的人文都市、绿色都市、幸福都市。“三名城”：独具特色的中国人才与创业创新名城、软件与新兴产业名城、航运（航空）与综合枢纽名城，为到2020年建成现代化国际性人文绿都奠定基础。

2014年8月，具有世界影响的青奥会在南京举办。当年12月中旬，习近平主席在南京出席了国家公祭仪式，并视察了南京、镇江等地，对江苏和南京的发展提出了更高的要求，要建设"强富美高"新江苏，就是"经济强、百姓富、环境美、社会文明程度高"。在这一总体要求之下，对于南京来说，已具体落实到建设"四个城市""五型经济"。这"四个城市"就是建设"一带一路"节点城市、长江经济带门户城市、长江三角洲区域中心城市、国家创新型城市。"五型经济"就是大力发展创新型、服务型、枢纽型、开放型、生态型经济。

2018年以来，南京确定了建设"创新名城、美丽古都"这一城市发展的愿景。这是对多年来城市定位研究的进一步提炼和概括，是贴切的、凝练的。近二三十年来，南京获得的称号已经不少了，包括：

全国卫生十佳城市；

全国环境综合整治优秀城市；

国家园林城市；

全国优秀旅游城市；

全国双拥模范城市（历届）；

全国科教兴市先进市；

全国文明城市。

那么，如今为什么要突出强调建设这"创新名城、美丽古都"呢？

1.南京的确是"一带一路"的节点城市

公元前120年开始，人们西行经新疆开辟出一条陆上丝绸之路，其中最典型的商品交换是用江苏等地盛产的丝绸换取汉朝政权迫切需要的军用、民用马匹，这就是丝绸之路的由来。这一条丝绸之路得以"凿通"（系《史记》《汉书》《资治通鉴》用语），与四位汉代人物直接相关，即鼎鼎大名的张骞、刘细君、刘解忧、冯嫽四人。这四人中有三位是今江苏一带成长起来的汉王室成员（详情略，可参阅我有关文章）。可以说，没有汉武帝时期这四位历史人物，丝绸之路根本无从"凿通"。这一直接的因果关系是不容忽视的。

海上丝绸之路也与南京直接相关。1405年，长期居住在南京的航海家郑和在长江边的龙江造船厂建成了当时世界最大的航海船只，率两万多人从南京龙江关出发，经太仓、长乐、泉州七下西洋，让海上丝绸之路发展至顶峰。所以，南京是当之无愧的“一带一路”节点城市，江苏无疑是“一带一路”的重要起始之地。

2.南京是长江经济带的门户城市

1986年，沪、宁、汉、渝四市在武汉筹备创办为长江经济带服务的一份报纸——《长江开发报》，我曾专程为此到武汉参加了三次会议。在1986年7月《长江开发报》的创刊号上，我们南京市的几名研究人员撰写了《一线四区，共同发展》的一组文章，主要观点为：整个长江经济带客观上形成了四大门户城市，沪、宁、汉、渝；建议国家有关方面重视门户城市的作用，开展跨省区的横向经济联系。

1986年6月18日，南京联合合肥、马鞍山、巢湖、安庆、九江、镇江、扬州等三省共16个地市，在刚建成的晨光宾馆举行了第一届区域经济联合研讨会暨市长专员联席会议，共达成十多项协议，产生了相当大的影响。此后连续十多年，成员地市（后来发展到18个地市）的市长专员联席会议每年都召开，并且在交通、旅游、协作、人才、科技、教育、文化、招商等若干领域中分别召开专题协作会议。这些城市在不同领域中都收获了联合发展的成果，推动促进了相关城市和地区经济的发展。南京作为长江流域四大门户城市之一，发挥了特殊的作用。

1988年，我与钟章润先生执笔撰写的《一线四区，共同发展》等一组七篇文章参加首届南京市哲学社会科学优秀成果评奖，被评选为唯一的一个一等奖。

应当说在20世纪八九十年代，南京作为长江流域经济带门户城市的地位和作用是比较明显的，但进入21世纪以来，这种门户地位有弱化的趋势，沪宁汉渝四市中，上海的龙头地位日益巩固，重庆也一跃成为第四个直辖市，所辖地域面积、人口数量一下子大大超过了南京。

武汉在整个湖北省一枝独秀，而南京在江苏省内的经济总量在此期间降为第二。武汉九省通衢的地位日益重要，沿江高铁和京广大动脉两大干线在武汉形成十字交叉，武汉又地处长江航运的中心、长江流域中游中段，地理优势无与伦比。因此，在四大门户城市中，南京只能排在第四位。

随着高速公路、高速铁路的大发展，南京的长江客运、长江货运日见式微，这也是门户几乎只起到"窗户"作用的重要原因。当然，对比于沿江23个城市中的其他城市，南京的门户作用还是比较突出和明显的。

我们在未来几年中要着重推进门户建设，建设好龙潭港区和江北新区，南京这一门户城市的地位将会得到加强，因为南京地处京沪高铁、沿江高铁的十字路口，又处于长江黄金水道的咽喉部位，再加上航空枢纽、高速公路的发展，从交通地理的角度来看，其重要性是不可替代的。

从城市的中心作用来看，南京是与重庆、武汉地位相当的长江流域中心城市之一。20世纪90年代重庆升格为直辖市，划了若干个县成为其市辖县，重庆在城市规格、市域面积、经济总量、人口总数上高于南京和武汉。这一种变化与升格，其实具有不可比的因素。例如苏州经济总量居江苏第一、无锡居第三，在很大程度上是由于划归苏州的市辖县（县级市）有5个，而无锡只有3个。如果苏州把紧靠无锡的两个县（县级市）改划给无锡，则排序可能又会变成无锡第一，苏州第三了。这样看来，市辖县（县级市）的数量多少缺少统一标准，衡量一个城市的中心作用，以纯城区的常住人口数和经济总量作为参考依据，倒显得更加科学客观。

三

关于南京是长江三角洲区域中心城市，本文第二部分已有所涉及，不再赘述。关于国家创新型城市，这是指一个城市把科技创新作为基本战略，大幅度提高科技创新能力，形成日益强大的竞争优势，在国内外保持强大的竞争力。其主要区别于两种城市，一种主要依靠自然资源（矿产、农产品、畜产品等）增强财富，一种主要依附其他城市的资本、市场和技术来提升自身实力，自身并无明显的城市优势。

创新型城市应有以下特征：创新、研发投入的资金多，占GDP的2%以上；科技人才众多；科技进步贡献率在70%以上；自主创新能力强，城市对外技术依存度指标在30%以下；创新产出占比较大。

据报载，新任江苏省委书记2016年9月27日在南京调研时特别强调，江苏科教优势明显，而江苏全省的科技教育优势绝大部分集中在南京。2016年，江苏高校数量141所，在校学生人数190万人，均居全国首位。而在南京的大学生人数即占江苏大学生总人数一半以上；在全国城市中，南京的高校数量也仅居北京、上海之后，位列第三。在江苏的两院院士97人，居全国第三；在全国的两院院士中，江苏人约占五分之一。仅南京大学一个学校，2016年在校两院院士就有31人，比广东全省的25位院士还要多。“十二五”期间，江苏新增的院士16人，有14人来自南京。2015年江苏发明专利授权量和申请量也双双夺得全国第一。江苏的高校有13个一级学科列全国同类学科第一，占全国的13.7%。

在以上几个方面，南京都有着明显的优势。所以，南京的经济界、科技界不可以妄自菲薄，自认是“墙内开花墙外香”，留不住人才，留不下成果的守旧城市。南京在成为国家创新城市的过程中，是一定会不断取得新成就的。杭州在“互联网+”、电商、互联网金融等方面的创新成果比南京突出，南京在软件开发，新材料、新产品的研发，科研人才的组织与协作，高等院校和科研院所的密集程度方面，较具优势，后劲十分强劲。

四

由此可以引申出如下结论：

首先，南京建设“创新名城、美丽古都”的提法，是基于习近平主席对江苏所提建设“强富美高”新江苏的要求，是对“强富美高”，特别是建设强省强市的具体落实；

其次，南京建设“创新名城、美丽古都”的提法，也是对南京在此前三十年来形成过的各种提法、多种思路的必要调整和补充，是进入新时期、打开新局面的必要基础和条件；

最后，南京建设“创新名城、美丽古都”的提法，并非另砌炉灶，重新规划，另辟蹊径，而是立足于南京的历史基础、地理条件、交通优势、先天禀赋，长期积累而形成的，是思想解放的新成果、产业结构调整的新思路、“十三五”时期取得更大发展的新起点。

水　经济　城市发展

“水·经济·城市发展”国际学术论坛在各级领导的关心支持下，尤其是在中国宏观经济学会的指导下，经过五个多月精心筹备，今天在“创新名城、美丽古都”，得水独厚的古城南京如期召开。在此，我向百忙之中本着学者的公益心、社会的责任感前来探索“水与城市”发展规律并传经送宝的各位先进、各位朋友表示热烈的欢迎！

我们的祖先、战国时的管子就提出：“水者，地之血气，如筋脉之通流者也。”南宋学者席益也认为：“邑之有沟渠，尤人之有脉络也，一缕不通，举身皆病。”这些论述都指明了一点：河流与城市如同血脉和人体一样密不可分，息息相关，只有保持河流的兴盛，才能确保城市充满活力。古今中外城市因“得水而兴，废水而衰”的案例值得我们警醒和研究。水主沉浮，水系是城市

“水·经济·城市发展”2018国际学术论坛参加人员合影（大会主办单位代表、左起第二人为本文作者）

的命脉，是城市文明的源泉，永远不缺水的城市才是永生的城市。

2014年，习近平总书记就保障国家水安全问题，从党和国家事业发展全局的战略高度，精辟论述了“以水定城、以水定地、以水定人、以水定产”和“节水优先、空间均衡、系统治理、两手发力”等观点，为我们牢固树立绿水青山就是金山银山的理念、形成绿色发展方式和生活方式提供了行动指南。

水与经济、与城市，更重要的是与人的关系，有很多自然规律。水在人与自然和谐中处于温度、气候、空气、土壤和地球吸引力的永久交替的融合中，水体现对生命的呵护和渴望，然而水环境容载力毕竟是很有限的。水生态、水自循环、水污染及水的智慧治理问题探索都迫在眉睫。

在水的利用方面，国内的“水经济”正在快速发展。以水为媒，以水聚财，水环境治理工程成为多地发展文化创意产业的首选优势。将“水文化”挖掘出来，可以转变成很好的产业项目，打造慢生活，既有经济效益又能提升城市文化品位。“水经济”成为多地经济发展新的增长点。“设计是善恶之源。”我们在城市设计和建设过程中如何“借水行舟”，大有文章可做。有河流流动的城市是美丽的，就像巴黎依伴着塞纳河而起，南京因长江和秦淮河而兴，作为城市流动的生命线，塞纳河、长江和秦淮河赢得了一代代诗人、画家、音乐家的礼赞，并把一座城市推向了国际名城的高度；泰晤士河穿过青山绿林和葱茏草地汩汩而下，成为伦敦乃至整个英国的母亲河；而一波三折、蜿蜒多姿的莱茵河，令所有沿河城市因之更显清静、优雅。

研究表明，我国水资源分布呈现南方多北方少，东部多西部少的不平衡状态，全国三分之二的城市缺水。我国水资源人均占有量仅为世界平均水平的28%。在现有条件下，想更好地提升绿色城市发展，就要运用智慧化手段。近年来，加强生态文明建设，已经成为我们的国策。“节水优先、制度保障、工程基础、技术优化、政策支持、智能手段和全民行动”的环境改善及水资源整合工作正在全国各地展开。

凡事预则立，不预则废。超前探索“水与城市”，是我们今天聚在一起的共同愿望。祝愿各位专家学者和与会的各界人士思维涌动活跃，头脑风暴再起，收获体会多多！

本文为在“水·经济·城市发展”2018国际学术论坛上的致辞

战狂澜

1991年夏，长江中下游遭受百年未遇的暴雨洪涝灾害，南京6516平方公里范围内无寸土幸免。全市组织百万军民抗洪救灾历时60余天，其规模之恢宏、场景之罕见、事迹之感人，震撼人心，堪称百年来绝无仅有的搏天之战。当年年底，即由本人受命编写出版了《战狂澜》一书。本文部分内容就是我写在全书开头部分的一段文字。

——题记

1991年，是人类历史上相当重要的一年，国际舞台风云变幻，硝烟四起，战火弥天，自然灾害频繁发生，人类经受着严峻的考验。

在我国31个省、自治区、直辖市中，有25个遭受了风暴、洪涝、旱灾的袭击，其中18个省、市相继发生水灾，而又以江苏、安徽两省灾情最重，损失最大，令人惊心动魄。

苏皖地区南有长江、太湖，北有淮河、洪泽湖，水系密如蛛网，灌溉着农田，滋润了大地，养育了占全国十分之一以上的人民。从6月上旬开始，倾盆暴雨如浇如注，江河湖库水位暴涨，洪水如猛兽冲出樊笼，向四面八方呼啸扑去。数千万亩良田沦为汪洋，成千上万家工厂陷入泽国。据统计，这次特大暴雨洪涝灾害，给多年来工农业总产值居全国之冠的江苏省带来了180多亿元人民币的直接损失。安徽省受灾面积更大，重灾人口更多，直接经济损失相当惨重。

南京地处华东这一场暴雨洪涝灾害地理上的中心地带，也是苏皖雨区的暴雨中心之一。自5月21日至8月8日，全市累计降雨量高达984毫米—1333毫米，比正常年份同期降雨量多4倍以上，为江苏省各市之冠。其中江宁县降雨量1333毫米，是全省同期内降雨最多的几个县之一。

全市有129个乡镇、924个村庄受淹水，34万多户受灾，其中重灾17.4

万户、61万人。民房进水20多万间，倒塌3.3万多间。全市农作物受涝面积16.8万公顷，成灾面积11.3万多公顷。4800多个工厂企业一度因灾停产。687公里的碎石路面被冲毁，95万平方米柏油路面严重受损。全市有统计资料载明的直接经济损失达15.1亿元。

两个月内经历了三次抗洪高峰

万里长江逶迤而来，在石头城下甩了一个大弯，从北上转为东进。这里江面开阔，水势浩荡，极目远眺，真是“孤帆远影碧空尽，唯见长江天际流”。

正是这种虎踞龙盘的雄浑气势，使南京成为历史上的十朝故都。中华人民共和国成立42年来，“得水独厚”的南京，迅速发展成为全国的重化工业基地之一，其城市规模和经济实力，在全国特大城市中名列第八。

然而，这造福南京的水，恰似一条桀骜不驯的龙，经常会兴风作浪，降祸于人。由于季风性气候的影响，这里每年夏季的“梅雨”季节，都潜伏着发生一场水灾的危险。据现有文献记载，1949年前的2000多年中，南京共发生过近100次比较大的水灾，其中以南面的高淳、溧水两县为最，仅确有记录的大灾，高淳县就有50多次，溧水县30多次；北面的六合县、江浦县各有10多次；市区也因秦淮河、玄武湖的包围贯穿而数十次水漫成灾。

“外江无事，宁静于此。”南京古称江宁，就是因此而得名。看来仅仅改一个吉利的名称是无法祈求安宁和保佑的，灾害总是与大自然相依相存。大自然赐予南京丰沛的雨量、丰富的物产和水资源，难免也会给南京人民带来巨大的灾难。整整60年前，也是辛未年之夏，南京就曾遭受过一场洪水浩劫，数万生灵涂炭，城外“数十里不见人家，为状至惨”。

如今，这铺天盖地的暴雨又来了。

1991年入梅比往年提早二十几天，阴雨天气来得更早，5月21日入梅，但从5月18日到27日，大部分地区降雨已有80毫米—124毫米。这可是小麦即将开镰的紧要关头呐，几十万公顷小麦丰收在望，农民们正满怀喜悦迎来金色的收获季节，这连日的阴雨，至少要使夏粮减少两三成。

市政府召开了紧急电话会议，要求各县区紧急行动起来，趁雨停的间隙排水干田，适时收割，减少三麦、油菜的损失。

谁知道，这场雨还仅仅是个序曲。

经过半个多月断断续续的阴雨后，6月12日，第一场暴雨终于倾泻下来了，这一下就是三四天。

从6月12日到29日的这段时间，还仅仅是这场搏天大战的第一战役，即已险象环生，到处告急。

江南句容河吃紧，秦淮河流域发生严重内涝，高淳县淹没农田2万公顷，溧水县1.6万公顷，江宁县1.7万公顷。江宁县土桥乡西城圩大白山圩堤有60米长、2米宽的一段坍塌。各地已开始出现漫圩、破圩，有9人因失足落水死亡。

溧水县城被淹。全市第二大水库——溧水方便水库大坝顶发生裂缝，长96米，宽2厘米—3厘米，近2000万立方米的水随时都有可能冲毁大坝，冲向农舍、田园，冲向溧水县城，将使已经严重淹水的县城雪上加霜。

滁河铁路圩共出现险工61处，12000多军民上堤抢险。14日清晨，从包头开往常州的155次旅客列车正在雨中缓缓南行。突然，司机感到机车剧烈摇晃，机身明显偏右。司机在紧急减速的同时，用无线电将这一险情向前方的林场火车站通报。与此同时，东葛领工区的一位工长巡道时也发现了这一险情。现场的情况令人触目惊心：一段120多米长的路基出现多处裂缝、塌陷，路轨向右侧严重倾斜，有的枕木下面已出现了20厘米至80厘米的坑洞。7时40分，津浦铁路下行线被迫中断，这一停就是57小时40分钟。

在第一阶段的抗洪斗争中，全市已投入四十多万人，开动排涝设备20万千瓦，排除内涝积水农田8万公顷。

6月30日起，全市再度连降暴雨，抗洪救灾工作进入第二阶段。与第一场搏斗相比，这一阶段的抗洪已不单是要排除内涝，而是受到客水外洪与暴雨内涝的两面夹击。这一阶段主要有晓桥抢险，孟家圩、青骆圩炸堤分洪，孔湾决堤，龙池抢险，保卫机场，前湖大战，句容河二度暴涨出险等战役。第二阶段历时14天，7月13日全天无雨，内河险情初步得到缓解。因长江水位猛涨，全市防汛重点迅即转移到江防方面。

在第二阶段中，全市共投入人力一百多万人，此役险情最多、损失最大，是三个阶段中最为激烈的一次。

从7月13日到8月10日，全市防汛抗洪工作转入到以江防为主，内河防汛与农田排涝相结合的第三阶段。这一阶段大大小小的险情较多，主要有八卦洲、江心洲、新济洲三洲防御战，下关迎战长江洪峰过境，江宁镇三角圩之战，水阳江胜利圩大战，城区“八七”暴风雨中抢险等，历时28天，是时间最长的一次。

未雨绸缪

三次抗洪结束以后，人们在痛心之余还感到一点庆幸和慰藉：一是这些年完工的两大防洪工程是这次抗洪的两大“功臣”，江南有秦淮新河，江北有马汊河，排出了南北两大水系32.74亿立方米的洪水，保住了大部分村庄和圩田；二是在第一场暴雨到来之前，全市已经做了多方面的必要准备，有效地减少了损失。

在雨季到来一个多月前的4月30日，市防汛指挥部（简称市“防指”）就发文通知相关人员于次日开始正常办公，市长任总指挥。

5月2日，市“防指”召开了有各郊县、城区“防指”领导参加的全市防汛工作会议，对防汛工作做了全面部署。

5月7日，全市确定了按水系、地域划分的9个防汛联防片，28位领导分别兼任9个分片指挥部的正副指挥。市物资、供销、商业、金融部门着手购买、储备、调运数额不足的防汛物资。

5月23日，在刚刚“入梅”的第三天，市“防指”就组织了4个工作组，在全市进行了为期4天的防汛大检查。

5月27日，在雨量80毫米—124毫米的第一场雨稍有收敛之后，市政府召开了紧急电话会议，动员各区县立即行动起来，迎战雨涝，抢收夏粮。

5月29日，市委书记到长江、滁河等地检查防汛工作，并与诸吉焒副市长等领导干部研究落实各项防汛措施，做好防大汛、早来汛的准备，确保万无一失。市委副书记到晓桥主持召开了滁河联合防汛指挥长会议，要求各区县加强协作，各负其责，保证辖区内不出问题。

6月8日，在第一场暴雨到来4天之前，市"防指"及时发出紧急通知，要求对水库实行专人24小时值班看管，所有水库不得超蓄，有的水库要空库度汛，确保安全。

兵马未动，粮草先行。草包，这种平时最少有人问津的，似乎不登大雅之堂的"包"类家族中最土气的一种，此时全市已调集了130万只。这在平常年份倒也够了，但谁能预料到今年是一个百年不遇的大灾之年呢？两个月后，全市草包的消耗量已创下了400万只的纪录。如果把这些草包一只接一只排起来，真有万里长城那样长。

南京经历过1931年、1954年、1969年、1983年一次次特大洪水袭击，抗洪救灾准备工作已形成制度，每年都要在雨季到来前认真抓一下，全面检查一次。今年的各项准备工作，在各方面比往年似乎做得更多、更好一些。也许是七八年没发大洪水了，人们的心里多少有点预感吧。当然，这场暴雨洪水最后发展到罕见程度，是人们始料未及的。市里及时采取了加强力量、补救薄弱环节等措施，使损失减少到了较小的程度。

处处有战场

防汛抗洪恰如一场现代立体战争，情况复杂多变，战线纵横交错，后方有时也就是前线。从5月21日入梅到8月10日后江河湖库水位下落，纵向划分有5月下旬、6月上旬的"前哨战"，6、7月间的"三大战役"，高潮迭起，险象环生。横向划分一下，则又可分出好几个战场。

在前两个阶段中，主战场是江北的滁河流域和江南的秦淮河流域，其中以晓桥之战最为激烈，意义和影响也最为重大。南线江宁的两次句容河护堤之战，也打得有声有色。此外，还有新集孔湾、六合城南、溧水县城等几处抢险工程。

自7月份起，市"防指"除了继续抓好江北、江南两大水系的防汛抗洪外，还先后建立了4个指挥部，分别承担城区防洪、市场供应、卫生防疫、工业生产方面的工作。

城区防洪指挥部由市委包生华副书记、范仁信副市长挂帅，地点设在江苏路20号的一幢二层小楼上。他们除了指挥各区的防汛排涝，保障水、电、气、公共交通、通讯设施的安全运行外，还参与组织了前湖抢险和飞机场保卫战，使整个城区在这场特大洪涝中基本保持了正常运转。八面恶水围南京，而市中心却照常一副太平盛世景象。

市场供应指挥部由副市长领衔，市政府副秘书长和8个部、局的领导集中在市蔬菜公司24小时办公，一方面指挥抢种补种蔬菜，一方面组织从外地调进蔬菜，同时还要负责供应防汛抗洪的急需物资。

卫生防疫指挥部由沃丁柱副市长负责。这位懂得四门外语的哈工大毕业生，又拿出了去年使南京跨入十佳卫生城行列的拼命劲头，指挥医疗卫生大军御“瘟神”于未到之时，创下了“大灾之后无大疫”的奇迹。

工业生产指挥部则由邵永昌副市长负责。工业部门不但要确保水厂、电厂、煤制气厂等重要企业正常生产，不停运转，而且要保证质量、效益不下降，履行外贸合同不受影响，农业损失工业补，乡镇工业损失城区大中型企业补，为全年工业经济的稳定协调发展奠定基础。几个月后的事实证明了工业战线同志们的辛勤工作卓有成效，力气丝毫没有白费。

无论是主战场还是分战场，无论是哪一条战线，都围绕抗洪救灾这个共同的目标，独当一面投入了如火如荼的斗争，分不出谁是“主角”，谁是“配角”……

人民解放军出动了，公安干警参战了，工人和民兵也上阵了。大水当前就是大敌当前，各种职业、各种职务的人们，纷纷争先恐后地冲上了抗洪的前线。

据不完全统计，在两个多月的抗洪斗争中，解放军有40多位将军亲临第一线，在宁的10所军事院校全部出动，野战军、航空兵也发挥了机动性强的优势，南征北战突击抢险。公安干警、武警部队承担着抗洪抢险的一些特殊任务，发挥了不可替代的作用，城市民兵也出动50多万人次，工厂职工有60多万人次先后参战，有力地支援了前线已疲惫不堪的抗洪大军。

“大动脉”不能出现“血栓”

滁河是长江下游的重要支流，发源于安徽省肥东县东北，曲折东流，经安徽的全椒县、滁县、来安县，南京的江浦县、六合县流入长江。6月中旬的特大暴雨使滁河晓桥水位在几天内就超出了历史最高纪录，津浦铁路大动脉危在旦夕。

13日晨，一位青年农民在家门口紧挨铁路的滁河大堤上发现：一个碗口大的洞口，正向外翻涌着浑浊的河水。他在慌忙中铲起一锹土想堵住洞口，谁知这一锹土被水柱冲得不知去向，洞口被水越冲越大。他连忙去报告险情。当天，江浦县就组织了永宁、大桥两个乡镇1万多名民工赶来增援，同时调来了20辆汽车、9条船。

浦口区机关和永丰、盘城两个镇的300多名干部分别到沿岸村庄组织抗洪。南京市副市长诸吉炤专程上堤检查防汛措施，并安排拨出款项，增调1万个草包支援抢险。抗洪民工们忙了整整一夜，才暂时控制了险情。不料第二天早晨又发现津浦铁路下行线路基出现裂缝、塌陷，7时40分，下行线被迫中断。“大动脉”可不能出现“血栓”！

铁道部长来了，省长、市长来了，军区司令员来了，总理也来了电话。经过护路大军的日夜突击施工，到6月16日18时50分，津浦铁路下行线恢复运行，受阻三天两夜的231次旅客列车安全驶过了这一要害地段。

20多天后，滁河上游的洪水夺路而来，长江水位也日益高涨，滁河入江洪水壅积难泄，再加上连日暴雨，使水位再创历史最高纪录。为了死保铁路圩，江浦人民先后扒开蒿子圩，炸开孟家圩、青骆圩分洪蓄水，舍家保路，使津浦线这一大动脉没有在晓桥出现“血栓”，始终保持畅通。这一悲壮感人的故事，这种可歌可泣的情怀，无疑为南京军民的抗洪精神写下了最精彩的一页。

扒圩、炸堤、分洪、保路，晓桥之战终于以南京军民的胜利而告终。除了这一重要“战场”外，还有同样气壮山河的飞机场、前湖闸、江心洲、新济洲、八卦洲和大厂保卫战，方便水库、白米圩、西城圩之战，以及迎战长江洪峰、固守200公里江堤、8月7日暴风雨抢险等大大小小数一场搏斗，无不记载了南京百万军民敢于斗争、敢于胜利的顽强精神，即使是一南一北决堤淹没了两个万亩大圩——胜利圩和新集圩，也展示了南京有史以来罕见的抗洪场面，留下了宝贵的实践经验和教训。这历时两个多月的人与大自然的搏斗，战线之长、场面之大、人数之多、历时之久以及雨量之大、水位之高、损失之重、影响之广，都使这一场抗洪斗争成为南京抗洪史上，乃至南京发展史上罕见的一幕。

1998年抗洪再获全胜

继1991年南京遭遇特大洪灾之后，1996年，南京一带又一次遇上了大洪水。当年汛期最高水位达到9.89米（略低于1954年的10.22米和1983年的9.99米），省委书记、省长到南京下关江边视察，明确提出了建成沿江标准防洪墙的要求。同年12月13日，市政府以〔1996〕306号文件正式下达建防洪墙的任务，要求在1997年汛期前完成，并将这项任务列为1997年的市奋斗目标，水利“一号工程”。

能不能完成这项“一号工程”，重点就在长江南岸的下关沿江一线。这里的长江干堤约有10公里长，此前已陆续建起了4.7公里防洪墙，但还有5.3公里地段基本上都是泥土堤岸，少量节点有块石挡墙，根本达不到国家和长江流域规划办公室所确定的城市防洪标准，一到汛期，南起划子村渡口，北至南京港第一港务公司，就成了“千军万马齐上阵”的抗洪前线，是需要“严防死守”的重点地段，每年都要耗费大量的人力物力。

为了确保完成这一重点任务，我作为当时的第一责任人（下关区区长），签署了“责任状”，刚过春节，元宵节前（1997年2月20日）就赶到北京，向铁道部领导寻求支持。当时铁道部的副部长、总会计师听了我的当面汇报，都表示同意拨款帮助建成下关防洪墙。我当时汇报的理由有三条。

第一，下关一带是火车站、货场的集中地，有大量铁路下辖单位和数以万计的铁路员工、员工家属及员工居住小区。建成防洪墙，可免除铁路系统每年投入防汛耗费的大量人财物力。

第二，其他省市为确保铁路安全和铁路职工居住密集地区防汛抗洪，与铁道部共同投资建设防洪设施，已有若干先例，成为共同经验。

第三，据预测近年还将发生大的洪涝灾害，南京长江段，特别是长江南岸主城区沿江一带是重中之重。在当年必须建成的5.3公里防洪墙中，铁路系统有关单位的地段就占了1.768公里。

铁道部的领导同志充分意识到共建防洪墙的必要性，果断批准投资共建。

整个防洪工程共投入劳力5000余人，机械设备300多台（套），耗用水泥1.5万吨，钢材1260吨，木材710立方米，块石6万吨，填挖土方46万立方米，总投资4300万元。其中，市和区两级政府共投资2043万元，沿江单位投入2200多万元。工程历时100多天，终于在1997年5月全线竣工。

这一工程的及时完成，有效抵御了第二年——1998年长江中下游发生的特大洪水。

1998年，南京遭到了仅次于1954年的长江特大洪水袭击。7月29日，下关沿江水位达到10.14米，仅比1954年的历史最高水位低0.08米。温家宝同志专程视察了南京的防洪工作，对防洪墙的建设给予肯定。经过3个多月的顽强拼搏，南京人民抵御了八次洪峰侵袭，全市堤防无一处溃堤，也没有因洪水死亡一人，取得了“九八抗洪”的胜利。《人民日报》《新华日报》纷纷报道南京的做法，我也被评为“九八抗洪”的先进个人，受到省委、省政府的表彰，并在1998年7月1日省委召开的党建座谈会上，作为唯一的先进个人代表发言，汇报了抗洪抢险的初步成效和体会。

我国四大古都的诗风词韵

中国幅员辽阔，文化差异非常显著，某一地域的历史名胜往往带有其文化个性，描写这些名胜的文学作品，亦随之显现出某种共同的风格。伴随着千百年文化的长期积淀，这些历史名胜以及文学作品，在人们心目中就形成了特定的印象，形成了某个城市或地区独特的文化标志。以北京、南京、西安、杭州四大古都为例，可以剖析不同城市历史名胜文学的风格差异，以及历史名胜与文学有机结合后，对城市文化个性的形成所起到的影响。

北 京

北京地区历史悠久。西周初称蓟。《礼记·乐记》称，武王克殷，封黄帝之后于蓟（今北京城西南隅）。《史记·周本纪》谓，武王封帝尧之后于蓟，封召公于燕。春秋时为燕国国都。战国时燕昭王招纳贤士，遂成强国，蓟亦成为“天下名都”。燕赵古来多慷慨悲歌之士，民风豪爽。西汉为燕王国都，属幽州。东汉为幽州治所，刘秀起义时曾驻此。魏晋南北朝时，为幽州、燕郡治所。隋大业三年（607）改置涿郡，后开永济渠，打通南北运河，促进了这一地区经济、文化的发展，成为北方重镇。唐改称幽州，天宝年间，改范阳郡。城北有“幽州市”，为手工业、商业集聚之处。天宝十四载（755），安禄山于蓟城南起兵叛乱。乾元二年（759），史思明据此称帝，改为燕京。燕京之名由此产生。金贞元元年（1153），海陵王完颜亮迁都于此，改名中都，依汴京规模兴建新城，周长十九公里，宫殿皆饰以黄金五彩，完颜亮并于城内外广建离宫别苑以供游赏。金章宗完颜璟“极意声色之娱”，在北海、西山一带浚湖垒山，修建行宫，成为著名风景区，故明代蒋一葵《长安客话》有“西山古迹多金章宗所遗”之语,“燕京八景”亦成于此时。元初改为燕京,又改为燕京路。至元元年(1264),元世祖忽必烈定都于此,这里成为全国首都。因旧城已毁于战火,至元四年开始营建新城,周长二十九公里,为当时世界上最大最壮丽的城市。黄仲文《大都赋》极写其繁华豪奢:“天生地产,鬼宝神爰,人造神化,山奇海怪,不求而自至,不集而自萃……若夫歌馆吹台,侯园相苑……一笑金千,一食钱万……乐以消忧,流而忘返。”至元三十年,开凿通惠河,使“川陕豪商,吴楚大贾,飞帆一苇,径抵辇下”,进一步促进了大都经济发展,让其成为元朝最大的商业中心。中西交通和文化交流也有很大发展,外国使臣、学者、商贾、传教士、工匠和旅行者大批涌入,当时的北京已是著名的国际城市。商业文化的发展为元代杂剧的产生和繁荣提供了肥沃的土壤,关汉卿、马致远、王实甫等均为大都人。大都宗教兴盛,寺院、道观、教堂均为游览胜地。

明洪武元年(1368),朱元璋改大都为北平府,为“北平”称名之始。永乐元年(1403),改称北京顺天府,为“北京”得名之始。永乐四年开始在这里营建宫殿城池,永乐十八年,明成祖朱棣迁都于此,称京师。嘉靖四十三年(1564),于城南筑外城,现在北京城的格局基本形成。北京城的建筑规模宏大,庄严雄伟,总体布局和空间组织强调以中轴线贯穿全城,以体现皇帝的尊贵和皇权的威严。明崇祯十七年(1644),李自成率领农民起义军攻入北京,即皇帝位后西撤,随后清兵入京。清代康熙、雍正、乾隆三朝致力于西郊园林风景区的营造和离宫别馆苑囿山庄的兴建,著名者有三山五园:香山静宜园、玉泉山静明园、万寿山清漪园(今颐和园)、圆明园、畅春园。它们充分吸收了江南园林的造园艺术,创造出人文之美和自然之美两相融合的意境,成为我国古典园林乃至世界园林最光辉的作品。古都北京有了明代的宫城、清代的园林,其绚烂风光、雍容韵致,对现代北京旅游的发展发挥了至为重要的作用。

自北魏郦道元以来,至唐代陈子昂、祖咏、高适,宋代苏辙、范成大等,历代名家游览吟咏北京的名作,多不胜数。蓟门,又名蓟丘,为春秋战国时蓟城旧址,原在北京广安门一带。武则天万岁通天元年(696),契丹李尽忠、孙万荣等攻陷营州。武则天派建安王武攸宜率军讨伐,陈子昂担任随军参谋。武出身贵胄,不晓军事,导致前方交战失利,形势十分危急。陈子昂屡献奇计,不被采纳,反遭贬斥,降为军曹。诗人陈子昂空负理想和才华,却报国无门,壮志难酬，无奈之下登上蓟北楼（即幽州台），慷慨悲吟，写下了《登幽州台歌》《蓟丘览古赠卢居士藏用七首》等诗篇，神往燕昭王黄金台上延请天下贤达的明主风度，抒发世无知音、生不逢时的悲哀。盛唐诗人祖咏游宦范阳，也流连于此，写作了一首著名的诗歌《望蓟门》："燕台一去客心惊，笳鼓喧喧汉将营。万里寒光生积雪，三边曙色动危旌。沙场烽火连胡月，海畔云山拥蓟城。少小虽非投笔吏，论功还欲请长缨。"全诗以"望"字为线索，描绘出幽燕之地辽阔的天宇、险要的山川，唐朝军营庄重的气派、严整的军容，将苍茫的视觉形象和雄壮的听觉形象完美地结合起来，更加渲染出积极进取的人生态度和令人感奋的精神力度。盛唐边塞诗派诗人高适，中年以前长期落魄江湖，他也曾北上蓟门，寻觅报国之途，写下了《蓟门行五首》。在他的眼中，"边城十一月，雨雪乱霏霏""古树满空塞，黄云愁杀人"，到处都是一派萧条肃杀的景象。但是诗人仍然满怀激情地赞美唐朝将士以身报国、立志戍边的豪情，"幽州多骑射，结发重横行""胡骑虽凭陵，汉兵不顾身"，折射出大唐帝国的军威、国威，这正是盛唐气象的形象写照。由此可见，唐朝诗人歌咏蓟门，大多充满着慷慨苍凉、雄壮伟岸之美。

宋王朝重文轻武，军备荒弛，北方大好河山先后沦入他人之手。尤其是南宋灭亡之际，大批宋朝君臣被羁北上，写出许多悲叹亡国命运的凄凉之作。南宋末帝赵昺祥兴元年（1278），抗元英雄文天祥在潮阳五坡岭被俘，次年解达元都燕京。囚系土室，环境污浊，艰苦备尝，而他毅然拒绝了元统治者多番的利诱威胁，并且创作了千古名篇《正气歌》。诗歌最后写道："哲人日已远，典刑在夙昔。风檐展书读，古道照颜色。"文天祥坚定执着地激励自己，永远为正义而生，为正义而死，上不愧国，下不愧民，表现出光辉的思想和高尚的胸怀。文天祥于至元十年（1283）被杀害。为了纪念文天祥的英烈精神，明洪武九年（1376）在其遭囚的土室旧址建起文天祥祠，数百年来文人墨客题咏不绝。

晚清之际，国运衰颓，许多文人在北京创作了感时伤世的诗词作品。同治十年（1871），诗人王闿运偕同友人张雨珊、徐树钧，游历了北京圆明园的遗址；此时，距圆明园被毁于英法联军，已经过去了11年。诗人一行盘桓于断壁颓垣之间，目睹往昔的繁华胜境化为今日的颓砖废瓦，黯然神伤，感叹不已，于是创作了长诗《圆明园词》，都人争相传抄，影响巨大。诗歌真实地记录了圆明园的成毁经过，总结出深刻的历史教训。诗人将批判的矛头指向朝廷的最高统治者，对从康熙到同治以来的七个皇帝都不同程度地给予揭露、批评乃至谴责，“岂意元皇失恭俭”“谁信神州尚有神”“不遇良时空自嗟”，字里行间都显露出封建末世知识分子强烈的政治责任感和浓浓的忧患意识。光绪十九年（1893），王鹏运游西北郊旸台山，遥望远处的明十三陵，写下了著名的《念奴娇·登旸台山绝顶望明陵》，抒发出“一霎沧桑，四山风雨，王气销沉久”的无限感慨，此词最后写道：“出山回望，夕阳犹恋高岫。”从中可以感受到清朝江山日薄西山的衰败之感。

在北京的历史名胜里，文人墨客留恋其间，创作了大量的文学作品，总体体现出苍茫、雄壮、深沉的特色，这里以“燕京八景”中的两个名胜为例。

1.居庸叠翠

“居庸”是山名，又是关名，在今北京市昌平区西北。居庸山连嶂峻峭，下临深谷，居庸关踞峙山半，地势雄要，素有“北门锁钥”之称。每至春夏季节，漫山遍谷草木葱翠，蜿蜒天地间，望若堆锦，故有“居庸叠翠”之誉。元代诗人陈孚《居庸叠翠》诗极其形象地描绘出居庸山雄奇壮伟的气势。

断崖万仞如削铁，鸟飞不度苔石裂。
嵯岈老树无碧柯，六月太阴飞急雪。
寒沙茫茫出关道，骆驼夜吼黄云老。
征鸿一声起长空，风吹草低山月小。

诗歌开头两句极写悬崖高峻，壁如削铁，鸟飞不度，苔石皴裂，一种冷硬苍劲之感扑面而来；再写山顶的严寒，又转写关塞的苍凉，勾勒出一幅塞外风光图。最后两句“征鸿一声”“风吹草低”更多天高旷远的感受。整首诗表现了居庸关山苍莽雄郁的本色。明代诗人谢榛《居庸关二首》同样表现居庸关的雄伟形象：“控海幽燕地，弯弓豪侠儿。”居庸关背倚苍莽的燕山山脉，控制着临近渤海的广大幽燕地区，地理位置十分重要，幽燕健儿盘马弯弓、纵横驰骋，透射出一股豪侠英武之气。“岭断云飞迥，关长鸟度迟”则进一步突出了居庸关巍峨挺拔的形象，笔力劲健，气势宏伟。清代著名浙西派词人朱彝尊从山青水绿的南国，来游落日苍茫的北塞，淡淡的乡思交汇着放眼关山的无限惊奇，化成了一首“清丽高秀”的写景小诗《出居庸关》：

居庸关上子规啼，饮马流泉落日低。
雨雪自飞千嶂外，榆林只隔数峰西。

诗人伫立在居庸关上，耳闻阵阵杜鹃啼鸣，怅望着“落日”“流泉”“千嶂”“雨雪”和云海茫茫中的榆林古塞，苍莽景色尽收眼底。诗人徐兰为清宗室安郡王当幕僚期间，于康熙三十五年（1696）清帝统兵出征噶尔丹时，随军出塞，创作了《出居庸关》：

将军此去必封侯，士卒何心肯逗留？
马后桃花马前雪，出关争得不回头？

在这个出塞的关口，立功塞外的豪情与思念乡土的柔情有机地融合在一起，写出了出征将士真实的内心世界，也为居庸关雄关抹上了一层离别惆怅的色调。以“百日维新”震动华夏大地的康有为，早在顺天乡试期间（1888），就发愤“上书万言”，提出了“及时变法”的主张。上书前夕，这位志在“若为霜隼击高秋”“岂无倚剑叹雄才”的热血之士，曾一鞭单骑出居庸关，站在雄伟的八达岭上，纵览山河壮色，写下了“郁勃苍凉”的七律《登万里长城》：

秦时楼堞汉家营，匹马高秋抚旧城。
鞭石千峰上云汉，连天万里压幽并。
东穷碧海群山立，西带黄河落日明。
且勿却胡论功绩，英雄造事令人惊！

横耸千秋、历经沧桑的万里长城，至今依然苍苍莽莽，蜿蜒在高高的秋空下，何减秦、汉当年那雄视胡虏之壮色！诗人与往古英雄声气相通，产生强烈的精神共鸣，表达出锐意革新、创造历史的远大雄心。

由此可见，围绕居庸关这个历史名胜，金代以来吟咏不绝，这些诗歌皆能通过对居庸关雄奇壮伟景象的描绘，抒发出苍莽劲健的精神面貌，表现出凝重豪放的诗歌风格，又使居庸关增添了厚重的历史底蕴。

2.卢沟晓月

卢沟桥位于永定河上，距市区约15公里，是北京现存最古老的联拱石桥。始建于金大定二十九年（1189），明昌三年（1192）竣工。明清两代迭又重修重建。卢沟桥是北京市西向的交通要津，桥的望柱、顶栏、华表上均雕有大小石狮，共计501只。卢沟桥以工程宏伟、石雕精美闻名于世，并以晓月清景著称，早在金代即为“燕京八景”之一。元时意大利旅行家马可波罗在其游记中盛赞卢沟桥，认为他处桥梁之美鲜有及之者。这里自古就是文人游览胜地，留下了许多吟咏佳作。元人鲜于必仁〔双调〕《折桂令·卢沟晓月》所咏“山色空濛，林景玲珑。桥俯危波，车通远塞，栏倚长空”，清王鸣盛《卢沟桥》所咏“马邑风烟通一线，太行紫翠压千盘”，皆饶有画意。元明时，卢沟桥如同长安之灞桥，为京都送别之地，有“落日卢沟沟上柳，送人几度出京华”之语。元人刘敏中《木兰花慢·晓过卢沟》词非常形象地描绘出卢沟桥清雄之景，其上片写道：“上卢沟一望，正红日、破霜雪。尽渺渺飞烟，葱葱佳气，东海西山。依稀玉楼飞动，道五云深处是天关。柳外弓戈万骑，花边剑履千官。”词人遥望京城大都，华美的楼阁掩映在彩云之间，彩云飘浮飞动，楼阁之巍峨高峻俱在不言之中。

概而言之，北京自金元以来即成为中华帝都，其名流胜迹、诗词曲赋自然带有许多皇家气派；而且无数文人墨客萃集于此，不由得联系战国时代燕昭王礼贤下士的往事，寄托自己的政治理想。北地的雄壮景象，也使得诗人们眼界开阔，心胸舒展，写出了许多富有豪放气魄的名篇佳作。诗词因名胜而触发，名胜借诗词而扬名，共同营造出北京名胜文化的特有魅力。

南　京

南京在历史上曾被称为金陵、建康、昇州、白下……有过20多个名称。相传春秋末吴王夫差曾冶铸于此，故有“冶城”之称。公元前472年，越灭吴，范蠡于此筑土城，后世称越城。楚灭吴后，设金陵邑。秦改金陵为秣陵。

东汉建安十三年（208），诸葛亮使吴经此，观察地形，相传有“钟阜龙盘，石头虎踞”之赞语，后遂以虎踞龙盘言南京形胜。吴大帝黄龙元年（229），孙权建都于此，在石头城东筑建业城，在北部筑后苑城，后名台城。西晋太康元年（280），晋武帝复改建业为秣陵，分置临江县，翌年改临江为江宁；三年，分秣陵置建邺。建兴元年（313），为避愍帝司马邺讳，建邺改称建康。四年，晋室南渡，定都于此。晋成帝咸和四年（329），苏峻叛乱，焚掠宫禁台省，都邑荒残。次年，重建建康宫和御园禁苑。宋、齐、梁、陈均建都建康，史称南朝，与前之孙吴、东晋合称六朝，故南京有“六朝古都”之称。陈后主祯明三年（589），隋军攻陷建康，杨坚下令毁城，六朝古都化为废墟，仅存石头城。五代十国时，吴天祚三年（937），李昪灭吴称帝，建都于此，国号大齐，两年后改国号为唐，史称南唐，改金陵府为江宁府。宋仁宗时期，包拯等曾任江宁府尹。南宋高宗建炎三年（1129），改建康府，为抗金前线。同年，金兵纵火焚掠建康。岳飞于牛首山大破金兵，收复建康。绍兴七年（1137），宋高宗曾进驻于此。乾道四年（1168），辛弃疾通判建康，曾多次登临重建的赏心亭，并有词作。明洪武元年（1368），朱元璋即帝位，建都于此，改称南京（开封府为北京），为南京得名之始。洪武十一年，改称京师。洪武十九年（1386），南京城和宫城建成。永乐十九年（1421）迁都北京后，南京为留都，仍有特殊的地位。清顺治元年（1644），明兵部尚书史可法等在此拥立朱由崧即帝位，史称南明。顺治二年，明南京礼部尚书钱谦益等降清。清初改称江宁府。康熙六年（1667），属江苏省，为两江总督驻地。咸丰三年（1853），太平天国定都于此，称天京。同治三年（1864）太平天国失败后，清政府复改为江宁府。

东晋时期，南京经济发展迅速，交通便利，商业繁荣，玄武湖、鸡笼山、覆舟山一带辟为皇家园林区。王、谢等大族聚居于乌衣巷、朱雀航一带，并建有后园，日夜游赏。谢安与王羲之共登冶城，“悠然远想，有高世之志”，诗人郭璞、孙绰，美术家顾恺之、戴逵，书法家“二王”，小说家干宝等均曾旅居建康。齐梁之际，建康已是百万人口的全国最大城市，秦淮河沿岸大小市场百余处，街景繁阜，经济发达，海上交通便利，“贡使、商旅、方舟万计”，高句丽以及波斯、印度、日本和东南亚诸国，均有商人、使者前来。梁武帝时，广建宫室城垣，且虔诚信佛，城内外佛寺多达五百多座，唐代诗人杜牧《江南春》诗云："南朝四百八十寺，多少楼台烟雨中。"太清三年（549），侯景叛乱，南京城惨遭破坏。承圣元年（552），梁军攻克建康，萧绎纵兵劫掠，"都下户口，百遗一二"。庾信《哀江南赋》乃为侯景之乱与江陵之陷而作，赋中所写"大盗移国，金陵瓦解""中兴道销，穷于甲戌"，皆表达出作者无限沉痛之意。陈后主时又大兴土木，广建寺观，起临春、结绮、望仙三座高阁，饰以金玉珠翠，日夜与宠妃荒淫游乐，所作《玉树后庭花》曲，被后世视为亡国之音。南朝帝王和贵族子弟大多文化素养较高，对推动文化艺术、科技和旅游的发展起到重要作用。建康在当时已成为全国最重要的文化城市，文学创作以建康为中心，中国诗歌在此完成了由玄言转向山水的历史进程。齐梁时期的建康，为我国近体诗的发源地，声律说、永明体、吴歌、宫体诗和骈体文均产生于此。公元589年，隋军攻陷建康，六朝古迹遭受到灭顶之灾。古都兴亡更迭、悲欢相续的历史，最能警策后人。唐宋以来，金陵怀古题材诗歌大量出现。

李白在其《金陵三首》中歌咏金陵"地即帝王宅，山为龙虎盘"的山川形胜，神往此地六朝"当时百万户，夹道起朱楼"的鼎盛繁华，也发出了"亡国生春草，王宫没古丘"的深沉喟叹。到了中唐刘禹锡的诗里，怀古之情表现得更加强烈。宝历二年（826）冬，刘禹锡途经金陵，目睹六朝古都衰残的景象，不禁悲从中来，创作了一组影响深远的怀古诗歌。他在《金陵怀古》诗里感慨："兴废由人事，山川空地形。《后庭花》一曲，幽怨不堪听。"诗人思接千古，总结出六朝灭亡的深刻教训：国家的兴亡，取决于现实人事，正是由于南朝君王凭恃长江天险，纵情声色享乐，最终导致了国家的灭亡。这样的卓识成为后人咏此古事的思想基调，王安石《金陵怀古四首》其二"天兵南下此桥江，敌国当时指顾降。山水雄豪空复在，君王神武自无双"即由此化出。刘禹锡还创作了更为著名的《金陵五题》，同样将六朝的灭亡归咎于统治者的荒淫奢靡："万户千门成野草，只缘一曲《后庭花》。"其《石头城》《乌衣巷》这两首绝句都通过明月、燕子的"依旧"，反衬出现实景象的衰败，抒发出繁华易逝、故国萧条的凄凉之感。晚唐著名诗人杜牧泊船秦淮河畔，所作《泊秦淮》描绘桨声灯影里的秦淮河朦胧淡雅的美景。诗人由景物风光的柔丽旖旎，自然地联想到金陵的往事，联想到南朝灭亡的教训，发出了深沉的感叹："商女不知亡国恨，隔江犹唱《后庭花》。"在诗人的时代，人们仍然酣歌醉舞，寻欢作乐，沉醉于靡靡之音当中，南朝的可悲结局难道就不会重演吗？字里行间渗透着诗人深沉的忧患意识。唐末诗人韦庄来到金陵，凭吊六朝遗迹，抒发出更加凄凉的情感："无情最是台城柳，依旧烟笼十里堤。"无限的历史空幻之感溢于诗间，无情的台城碧柳见证了人世间的沧桑巨变。诗人感伤于此，也感伤于晚唐落日的悲凉。

五代时期，金陵为南唐首都。南唐中主李璟、后主李煜、宰相冯延巳，均为著名词人，在此形成了南唐词派。他们创作了大量歌咏金陵之美的词作，尤其是李煜亡国之后，被押解、囚禁在汴京（今开封），深感亡国之痛，写下了许多词作，深情地追忆往日都城金陵的美好，例如《破阵子》描绘故国宫殿的雄丽："四十年来家国，三千里地山河。凤阁龙楼连霄汉，玉树琼枝作烟萝。几曾识干戈？"《望江南》和《望江梅》又分别渲染金陵城春天的繁花似锦、秋夜的清空淡远："还似旧时游上苑，车如流水马如龙。花月正春风。""千里江山寒色暮，芦花深处泊孤舟。笛在明月楼。"他将故国的风景回忆得越秀美，就越发反衬出此刻被羁押异域的愁闷、孤独。

北宋著名政治家、文学家王安石之父王益宦游金陵，全家随迁住所；王益死后，眷属定居金陵。王安石于治平四年（1067），熙宁七年（1074）、九年，三任江宁府尹，晚年退居钟山西南麓之半山园，颇多歌咏钟山、金陵诗词。例如《书湖阴先生壁二首》（其一）中"一水护田将绿绕，两山排闼送青来"，就写出了山水在望的美景，"护""绕"二字显出温柔，"排闼"二字又写出了青山送绿的急切，都富有情态，也表现了诗人徜徉其间的优游自在。与王安石同时的诗人郭祥正步前代李白后尘，亦登凤凰台，赋诗《凤凰台次李太白韵》。宋赵与虤《娱书堂诗话》载："郭功甫（祥正字）尝与王荆公（王安石封号荆国公）登金陵凤凰台，追次李太白韵，援笔立成，一座尽倾。"诗云：

高台不见凤凰游，浩浩长江入海流。
舞罢青蛾同去国，战残白骨尚盈丘。
风摇落日催行棹，湖拥新沙换故洲。
结绮临春无处觅，年年荒草向人愁。

诗歌虽然由李白诗中“凤去台空江自流”发端，却并不着意于描形绘景，而是如王安石词作那样，抒发出深浓的吊古伤今的感慨，这与李诗重在流露个人愁绪是颇不相同的，不过从神韵而言，皆能触景生情，逸兴飞扬，所以明朱承爵《存余堂诗话》评之：“真得太白逸气。其母梦太白而生，是岂其后身邪？”

靖康之难以后，文人墨客无复往日的风流旖旎，而是抒发出强烈的爱国豪情、报国壮志。朱敦儒在南渡之初，登上金陵城上西楼纵目远眺，写下了壮怀激烈的词作《相见欢》：

金陵城上西楼，倚清秋。万里夕阳垂地、大江流。
中原乱，簪缨散，几时收？试倩悲风吹泪、过扬州。

作者登上斯楼，抒发的不再是思古之幽情，也不是区区个人的情绪，而是感叹国家生死存亡的命运，强烈的爱国激情喷薄而出。自此金陵题材的诗词就增添了更加关注现实的时代情感和精神气魄。康与之《菩萨蛮令·金陵怀古》也写道：“下临全楚地，包举中原势。可惜草连天，晴郊狐兔眠。”金陵据此战略要地，北伐中原指日可待，可是现实却是如此颓败，这首词的言外之意是谴责南宋小朝廷妥协、投降政策，白白断送了大好时机。在这方面，辛弃疾的《水龙吟·登建康赏心亭》表达出更为沉痛的悲愤。他于乾道四年至六年（1168—1170）间任建康通判，此时南归已八九年了，却不得一遂报国之愿。他登上金陵城西的赏心亭，目睹楚天千里，辽远空阔，秋色无边无际，大江流向天边，显得气象万千，向北眺望，中原地区重重叠叠的远山，好像在对词人诉说金兵蹂躏下的痛苦，触发无限的愁绪。

元明以来，歌咏南京的历史名胜文学作品代不乏人，白朴词作《沁园春·金陵凤凰台眺望》颇得李白《登金陵凤凰台》诗神韵，其中最有成就者，首推少数民族词人萨都剌。他曾在元文宗至顺三年（1332）调任江南诸道行御史台掾史（监察机关的僚属），移居金陵。在金陵期间，他创作了诗歌《望金陵》《秋日登石头城》，感慨古都的衰败凋零。“五月潮声方汹涌，六朝王气已凋零。”“六代兴亡在何许，石头依旧打寒潮。”他同时也填制大量怀古词作，例如《酹江月·登凤凰台怀古用前韵》等，其中最被人们称道者，为《百字令·登石头城》：

石头城上，望天低吴楚，眼空无物。指点六朝形胜地，唯有青山如壁。蔽日旌旗，连云樯橹，白骨纷如雪。一江南北，消磨多少豪杰。

寂寞避暑离宫，东风辇路，芳草年年发。落日无人松径里，鬼火高低明灭。歌舞尊前，繁华镜里，暗换青青发。伤心千古，秦淮一片明月。

石头城位于南京清凉山西侧，始筑于楚威王七年（前333），名金陵邑。东汉建安十七年（212），孙权在金陵邑基础上筑石头城。城依山临江，陡崖峭壁，形势奇险，在军事上颇为重要。词人登上石头城，纵目远眺，境界开阔，但是历史当中的六朝繁华景况，已不复可见，只剩下一座如同石壁的青山而已。由此词人发出感慨："一江南北，消磨多少豪杰。"古往今来，大江南北，有多少英雄豪杰在频繁的战争中消磨了他们的精力和生命，最终只落得"大江东去，浪淘尽，千古风流人物"。接下来，词人细笔勾勒眼前的景物，对照石头城的今昔变迁，悲凉之感油然而生。最后一句"伤心千古，秦淮一片明月"，以秦淮明月的永恒朗照，见证着古都金陵千古伤心往事，刻印着沧海桑田的悲哀。这首词作笔力雄健，感慨层深，有深沉豪迈的气度。

朱元璋在南京建都之后，南京的地位迅速飙升。诗人笔下的南京城自然也增添了许多繁华壮伟之气。被誉为明朝开国诗人之"冠冕"的高启，写有著名长诗《登金陵雨花台望大江》，以博大昌明的气象，描绘出明朝开国之初南京城山川形胜之势，显得气魄雄伟，器宇轩昂。诗歌最后写道："我今幸逢圣人起南国，祸乱初平事休息。从今四海永为家，不用长江限南北。"他希望从此以后，天下休养生息，人民安居乐业，表达了诗人对国家前途的憧憬和期待，"发感慨于性情之正，存忧患于忠厚之言"。明代的南京城商业发达，经济繁荣，资财富庶，朱元璋曾令全国豪富两万户迁居于此，更加促使该地资本主义经济萌芽的发展。这里又是学者、文人云集之地。明中叶以后，南京成为全国印刷出版业中心，如今的三山街一带书坊林立，影响巨大。伴随着商业的发达、文人的汇集，娱乐业也日益兴盛起来，在十里秦淮河畔，青楼灯火彻夜高照，演绎了无数的缠绵情事。

然而，明朝的大好河山也在这歌舞升平之中匆匆灭亡。文人猛然警醒，再度感受到国破家亡的深悲巨痛。蒋超《金陵旧院》等诗歌，都表达出深沉的亡国悲叹。当年高启所歌咏的雨花台意象，不约而同地成为寄托亡国之悲的象征。魏禧写有七律《登雨花台》，表达了对明清易代的伤感哀痛。“谁使山河全破碎？可堪剪伐到园陵。”诗人发出激愤的责问：究竟谁是国家灭亡的罪魁祸首？表现了诗人对祸国殃民者的仇恨和对历史的冷静反思。最后两句：“歌泣不成天已暮，悲风日夜起江声。”天色苍茫，悲风夜吼，江水茫茫，在这样的景致之中，诗人的悲郁之情显得格外深重而沉痛。朱彝尊亦有名作《卖花声·雨花台》：

衰柳白门湾，潮打城还。小长干接大长干。歌板酒旗零落尽，剩有渔竿。
秋草六朝寒，花雨空坛。更无人处一凭阑。燕子斜阳来又去，如此江山。

词人登临雨花台，纵目远眺金陵旧迹，产生无限吊古伤今之情。词中所见之景，都是衰败冷落、萧瑟凄凉的，由此自然令人产生山河破碎、世事沧桑的悲哀。最后，词人将内心沉潜的千种感情、万端愁绪都倾泻到结语四字“如此江山”，兴亡之感充溢其间。

顺治十八年（1661），王士禛在扬州任推官，曾客寓金陵，居秦淮之侧，作《秦淮杂诗》一组二十首，所咏皆秦淮之事。王诗已无复清初许多诗人那般的沉痛悲凉，而是叹息秦淮河畔旖旎风光的不再，隐现出对旧都风华的追忆和留恋。例如其一云：

年来肠断秣陵舟，梦绕秦淮水上楼。
十日雨丝风片里，浓春烟景似残秋。

烟雨迷蒙，情思萦绕，自是一番冷落清寂的景象，诗人的心境也如残秋般悲郁。他寻访徐达宅第已是“朱门草没大功坊”，歌咏南明皇家旧苑是“旧苑至今零蔓草，枉将遗事吊隋陈”，咏秦淮岸上旧院艺妓，则说“尊前白发谈天宝，零落人间说十娘”，至莫愁湖更有“年来愁与春潮满，不信湖名尚莫愁”，这些都流露出诗人对朝代更替的感叹以及对前朝灭亡的惋叹。

物换星移，春秋代谢，龙盘虎踞的十朝古都南京，经历了中国历史中的无数兴衰荣辱，为我们留下了“千年一叹”。前朝的亭台楼阁、月夜桨声里的秦淮河见证了历史的沧桑巨变。文人墨客的游观行迹，所有歌咏这座历史文化名城的诗词歌赋，都真切地记载了它的喜悦与悲哀、风光与落寞，而且后代文学在咏叹六朝遗迹的基础上，又不断增添新的时代悲感，经过一代代怀古文学的累层积淀，南京历史名胜文学的感伤主题愈益突出，它已进而成为发思古之幽情的象征，引发后人的无限感怀。

杭　州

相传因大禹到会稽（今绍兴）赴诸侯大会，在这里“舍航（杭）登陆”，故称“禹杭”，后讹传为“余杭”。秦时设钱唐县，至隋朝始设杭州。大运河开通后，杭州日趋繁荣。唐时李泌、白居易先后任杭州刺史，李凿六井，白浚湖筑堤。五代起杭州成为都城，历吴越三代五帝七十二年，宋时被称为“东南第一州”。苏轼先后在杭州任通判、知州，也曾浚湖筑堤，即今日之苏堤。

南宋杭州为行都，历经九代帝王百余年时间，人口超过百万，繁荣空前。清代皇帝康熙、乾隆共11次南巡到杭州。他们在孤山建行宫，在西湖赏景品题。经他们带动，本已有很多诗文楹联的杭州诸景获得了更多的题咏之作。

1.西湖

西湖所获诗作最多，试举二例：

饮湖上初晴后雨

苏轼

水光潋滟晴方好，山色空蒙雨亦奇。
欲把西湖比西子，淡妆浓抹总相宜。

晓出净慈寺送林子方

杨万里

毕竟西湖六月中，风光不与四时同。
接天莲叶无穷碧，映日荷花别样红。

这些诗篇至今魅力不减。当年白居易离开杭州时，对西湖万分依恋，写有诗句“未能抛得杭州去，一半勾留是此湖”，至今读来令人称是。至于西湖湖中（不包括环湖）的景致，如小瀛洲、湖心亭、三潭印月、阮公墩等，文人也争相题咏，词以百计、诗以千数，一部分已年久失传，有资料可查的仍难胜数，足见这里文化氛围之浓。

2.孤山

到西湖北岸孤山踏雪寻梅历来是杭州一景，南朝陆凯曾剪下梅花托人带给远在长安的朋友范晔，附一小诗《五绝》：

折花逢驿使，寄与陇头人。
江南无所有，聊赠一枝春。

白居易也有一诗《钱塘湖春行》：

孤山寺北贾亭西，水面初平云脚低。
几处早莺争暖树，谁家新燕啄春泥。
乱花渐欲迷人眼，浅草才能没马蹄。
最爱湖东行不足，绿杨阴里白沙堤。

白沙堤是孤山通向断桥的一条长堤，后人为纪念浚湖筑堤的白刺史，称之为白堤。其实这并不是白居易当年所修筑的湖堤，人云亦云，人们也就将错就错了。北宋诗人林逋（968—1028）隐居于孤山，终身不婚不仕，种了三百株梅花，养了一只鹤，有“梅妻鹤子”的一段佳话。他有一首诗写孤山秋景：

孤山寺端上人房写望

底处凭阑思眇然？孤山塔后阁西偏。
阴沉画轴林间寺，零落棋枰葑上田。
秋景有时飞独鸟，夕阳无事起寒烟。
迟留更爱吾庐近，只待重来看雪天。

诗中写秋日黄昏，从孤山高处凭栏眺望，只见阴沉的林子里有几所寺院，像一轴古画般幽静；湖中的葑田如棋盘上方格一般浮于水面，偶有孤鸟飞过，夕阳映衬着寒烟。诗人与端上人（上人是和尚的尊称）相约到看雪时重来相见。这是诗人写自己隐居孤山清淡幽静的生活。林逋的《山园小梅》诗有佳句"疏影横斜水清浅，暗香浮动月黄昏"，非常传神地写出了梅花的姿态和神韵。林逋死后，宋仁宗赐谥号"和靖先生"。林墓在孤山，墓畔有鹤塚梅亭。

3.断桥

断桥唐时名宝祐桥，又称段家桥。南宋时期，画家们绘制了"西湖十景"分别予以题名。相传心怀忧思的画家对南宋王朝偏安江南一隅颇有感触，将西湖十景之一题名为"断桥残雪"，可能有讽喻宋朝半壁江山"残山剩水"之意。其实，断桥在历史上从未断过。明代王瀛有诗句："桥识名断元不断，跨河有路入孤山。"明末张岱有诗《西湖十景·断桥残雪》：

高柳荫长堤，疏疏漏残月。
蹴蹀步松沙，恍疑是踏雪。

断桥东有望湖楼，宋代王安石、苏轼等人，都曾有诗咏望湖楼：

六月二十七日望湖楼醉书五绝（其一）

苏轼

黑云翻墨未遮山，白雨跳珠乱入船。
卷地风来忽吹散，望湖楼下水如天。

断桥后来又流传许仙、白娘子在此邂逅而结为夫妇的故事，进一步提高了知名度。

4.冷泉亭

冷泉亭虽小，但一千多年来始终存在。早在唐代，白居易就写有《冷泉亭记》一文：

东南山水，余杭郡为最。就郡言，灵隐寺为尤。由寺观，冷泉亭为甲。亭在山下，水中央，寺西南隅，高不倍寻，广不累丈，而撮奇得要，地搜胜概，物无遁形。春之日，我爱其草熏熏、木欣欣，可以导和纳粹，畅人血气。夏之夜，我爱其泉渟渟，风泠泠，可以蠲烦析酲，起人心情……长庆三年八月十三日记。

这篇短文不过三百来字，结构简洁，层次明晰，文中描述了亭的概貌和所处位置之佳，又通过自己的游览感受，夹叙夹议，阐述名胜景点的美育作用，读来富有情致和理趣；最后以称赞的笔调介绍他的前任同僚修亭造景之举。如此名人雅文，我认为应在冷泉亭旁立石镌刻，向游人展示，使人们体会到文化的魅力。

冷泉亭的楹联颇有情趣，明代大书法家董其昌的联语若有所问：

泉从何时冷起
峰自何处飞来

清代左宗棠的联语恰似对董联的回答：

在山本清　泉自源头冷起
入世皆幻　峰从天外飞来

这两位撰联者身处明、清两朝，远隔百年以上，而隔世纪问答，在其他地方尚未见过，也是颇有特色的。

除上述名文、名联以外，冷泉亭还有不少名诗，如明代沈周诗中有“湖上风光说灵隐，风光独在冷泉亭”；清代江元文诗中有“莫道炎威可炙手，云林中有冷泉亭”等句。

总的看来，杭州作为丰衣足食的“人间天堂”，作为偏安江南的都城，其诗文题咏往往带有一种轻歌曼舞、纤细娇美的特色。宋人林升写的一首有名的诗颇能一语中的：

题临安旅邸

山外青山楼外楼，西湖歌舞几时休？
暖风熏得游人醉，直把杭州作汴州。

还有宋代佚名作者《题壁》诗曰：

白塔桥边卖地经，长亭短驿甚分明。
如何只说临安路，不数中原有几程。

也是同一基调的讽刺之作。

西　安

“秦中自古帝王州。”西安是中国四大古都中建都最早，朝代最多，历时最长的城市。从奴隶制最强盛的西周政权，到封建帝制下的巅峰时期唐王朝，先后有13个朝代在此建都1140多年之久。

相传周文王时期（约前1062），文王姬昌率众从周原迁到这里，建设丰京；武王（约前1057）伐纣灭商后，在这里建立了西周王朝，在丰京、沣河的对岸建起了镐京，形成了中国历史上最早的“双子城”。此后又有秦、汉、新、东汉（献帝初）、西晋（愍帝）、前赵、前秦、后秦、西魏、北周、隋、唐在这一带建都，秦都咸阳，汉都长安，隋建新都大兴城，唐王朝建立后又更名长安，并将长安城建成人类历史上第一座人口超过百万的特大城市。汉唐时期，长安成为“丝绸之路”的起点。

自五代以后，随着长江流域经济的发展，长安失去了首都的地位，一度称为京兆府，元代改称安西路、奉元路，明代改称西安府。

西安的一些历史名胜景点，及与这些名胜景点相关联的文学作品，在风格上既不同于北京的精致、奢华（不少作品虽有皇家气派，但显得匠气十足），也不同于南京的伤感、沉重、悲凉、优雅和发人深思，更不同于杭州的艳丽、轻盈、细腻、多情，西安的风格大气、流畅、自然、质朴，从以下几处景点的作品风格中可略见一斑。

1.慈恩寺与大雁塔

慈恩寺是唐皇室为死去的长孙皇后追荐阴福所建，是长安最大的寺院之一，又是由当时最负盛名的玄奘法师担当第一任住持方丈十年之久的权威性寺院。玄奘亲自设计并建成了大雁塔，他在慈恩寺译出了大量佛经，请唐太宗为这些经文写了《大唐三藏圣教序》。太子李治（后来的唐高宗）又作《大唐三藏圣教序记》。这两篇文章由著名书法家褚遂良书写，唐高宗永徽四年（653），刻碑镶于塔南砖龛内，至今保存完好，成为游人必读的唐碑极品，也是学习书法者必临的名家名篇。

一千二百多年前的一个秋日，杜甫、岑参、高适、薛据、储光羲五位同代著名诗人偕游慈恩寺、吟咏大雁塔的文坛盛事，历来被文人墨客所津津乐道，杜甫写的《同诸公登慈恩寺塔》一诗，密切联系国是民运，紧扣时政，托物寄思，具有很强的现实意义。正如清人仇兆鳌所评论的，“三家结语，未免拘束，致鲜后劲。杜于末幅，另开眼界，独辟思议，力量百倍于人”，因此而“压倒群贤，雄视千古矣”（《杜诗详注》卷2），这一评价是很有见地的。所谓“三家”，指岑、高、储三位所作同题诗章（薛据一首已佚），岑参的《与高适、薛据同登慈恩寺浮图》诗，以及高、储二人的诗作。这三家虽然也抒发了各自的感受，但在思想内容、艺术品位上却远不如杜诗。三家之作，结尾部分有的是说自己领悟了佛理，欲挂冠而去；有的是嫌官运不佳，牢骚满腹，思想内容上狭窄了一些。故杜诗在雁塔诗作中成为当之无愧的佳作名篇。

2.骊山与马嵬坡

骊山有东、西绣岭，相传周幽王在此建有骊宫、烽火台，秦始皇建骊山汤温泉沐浴，唐代改为汤泉宫，唐玄宗又改为华清宫，后称华清池。与华清池关系最密切的历史人物当然要数“风流天子”唐玄宗李隆基和杨贵妃杨玉环了，最为著名的诗篇当数白居易的《长恨歌》，其中有这样几句：“七月七日长生殿，夜半无人私语时，在天愿作比翼鸟，在地愿为连理枝。”似乎长生殿成了唐玄宗杨贵妃定情盟誓的寝殿。后来清代著名剧作家洪昇写了一部以李、杨故事为题的剧本，剧名就是《长生殿》。

安史之乱结束了唐玄宗、杨贵妃的情爱之梦，“渔阳鼙鼓动地来，惊破霓裳羽衣曲”，当初“承欢侍宴无闲暇，春从春游夜专夜”的贵妃，终致“六军不发无奈何，宛转蛾眉马前死”，被当作祸国妖姬缢杀于马嵬坡前，成为在唐朝由盛转衰动荡时期最令人瞩目的悲剧人物之一。

诗人白居易逝世后，唐宣宗李忱还作了一首《吊乐天》诗表示悼念，其中有两句是：“童子解吟《长恨》曲，胡儿能唱《琵琶》篇。”“《长恨》曲”亦即《长恨歌》，可见这一长诗早在一千多年前即已广为流传。

这里还有一首名诗，是杜牧的《过华清宫》：

长安回望绣成堆，山顶千门次第开。
一骑红尘妃子笑，无人知是荔枝来。

据记载，杨贵妃酷嗜荔枝，而且一定要吃新鲜的，于是朝廷“乃置骑传送，走数千里，味未变已至京师”。驿骑飞驰千里，星夜兼程，多次人伤马死，所以杜甫在《病桔》诗中感叹道：“忆昔南海使，奔腾献荔支。百马死山谷，到今耆旧悲。”当然，对杨贵妃的评价，不少人认为她只是一个弱女子，在马嵬坡成了替罪羊。如唐高骈《马嵬驿》诗中就有“玉颜虽掩马嵬尘，冤气和烟锁渭津”之句。

李益《过马嵬》诗以杨玉环口吻倾诉怨苦：

汉将如云不直言，寇来翻罪绮罗恩。
托君休洗莲花血，留记千年妾泪痕。

李商隐《马嵬二首》（其一）也直接批判了“女祸”说：

冀马燕犀动地来，自埋红粉自成灰。
君王若道能倾国，玉辇何由过马嵬。

游人对历史人物的评价，只能看作是一种文学作品，而不是严肃的历史学专著。如李商隐在另一首诗《华清宫二首》（其一）中又称杨贵妃是“天子蒙尘”的罪魁祸首：

华清恩幸古无伦，犹恐蛾眉不胜人。
未免被他褒女笑，只教天子暂蒙尘。

古诗古文中对杨贵妃的评价，杜甫、郑畋、温庭筠、陈鸿、刘禹锡、高彦休、杜牧等一批文人是持批评抨击态度的，认为她祸国殃民，迷惑君王，导致战乱。也有如高骈、李益、罗隐、韦庄等人持相反看法，他们在诗中含蓄或明确地表示不应过分指责杨贵妃，她毕竟是弱者，是帝王的玩物，是无辜替罪者，根本问题是唐玄宗罢贤相张九龄，信用奸佞李林甫、杨国忠等人而给国家带来灾难，这种议论不无道理。

诗人对历史事件、历史人物的评价，有时也会自相矛盾。如前述李商隐的两首诗即自相矛盾。白居易、徐夤则把杨玉环写成了一个专情的女子，这又是因着眼点不同而引出了对历史人物的不同评价，只能是见智见仁，各抒己见。

不管对复杂的历史人物、历史事件如何评价，这一篇又一篇的诗章，使骊山、华清宫、马嵬坡成为千百年来重要的历史名胜景点，或者反言之，这些景点和人物已成为一代又一代文人墨客重要的创作之源，这已是不争的事实。

3.乐游原与昭陵

唐诗中经常提到的乐游原是一片高地，早在秦代即已成为皇家游览之处，称宜春苑。汉代在这里建乐游庙，宣帝时改为乐游苑。

李商隐有一首《乐游原》诗：

向晚意不适，驱车登古原。
夕阳无限好，只是近黄昏。

杜牧也有《登乐游原》诗：

长安澹澹孤鸟没，万古销沉向此中。
看取汉家何事业，五陵无树起秋风。

杜牧曾登上乐游原，眺望昭陵，写了一首诗：

将赴吴兴登乐游原一绝

清时有味是无能，闲爱孤云静爱僧。

欲把一麾江海去，乐游原上望昭陵。

意思是说清平时代，自己闲得有滋有味，因无事可做，而爱与孤云、僧人为伴。现在要远离长安了，还是忍不住要到乐游原上来再看一眼昭陵。

昭陵是唐太宗与长孙皇后合葬的陵墓，周围还有魏征、尉迟敬德等功臣的陪葬墓162座，因此昭陵是贞观之治的象征，唐太宗也是中国历史上最有作为的皇帝的代表。杜牧“望昭陵”，暗含叹息自己一生不受重用，不得不离开长安（当时他被外放任湖州刺史），也不得不远离他为之终生奋斗的复兴贞观之治的梦想了。

杜甫曾写过一首颂扬唐太宗的五言排律《行次昭陵》：“松柏瞻虚殿，尘沙立暝途。寂寥开国日，流恨满山隅。”诗人在风尘仆仆之中，瞻仰松柏之中的昭陵，想到开国之初及开国后的一段历史，只觉得一片空虚寂寥，心中的忧恨象暝色一样充满了山谷。后来他又做了一首《重经昭陵》：“陵寝盘空曲，熊罴守翠微。再窥松柏路，还见五云飞。”他似乎又从彩云中看到了国家中兴的希望。追忆盛唐，期盼复兴，是长安诗章中很重要的一个主题，也是这里的历史名胜文学的主旋律之一。

与北京、南京、杭州不同的是，由于中央政权在咸阳、长安建都均在公元904年之前，因此，与西安的历史名胜景点相关联的文学作品，在秦、汉、唐时期即已出现大量名作，主要集中在诗歌文赋方面，特别是在唐诗中，存在着大量的历史名胜文学作品。相对而言，唐代以后出现的词、曲、联这三种新的文学体裁，就相对集中在唐代以后宋元明清时代的都城——杭州、北京、南京这三个古都的历史名胜文学作品之中。不过，后面这三个古都的历史名胜文学作品中，诗歌仍是主流，诗歌在数量上仍占有主体地位，同时，词、曲、联、文、赋百花齐放，争奇斗艳，各展风姿，使历史名胜文学呈现出多姿多态的繁荣景象。

诗意古城

从苏北到江南，沿着京杭运河分布着四座古城——历史上的四个“州”——徐州、扬州、镇江（古润州）、苏州。我多次到这四个古城实地考察，这四个古城尽管一衣带水、相距不远，而且都是历史文化名城，但城市的风格、名胜景点的风格，却各不相同；与名胜景点有关联的文学作品在风格上也存在着一定的差异。

徐州

历史文化名城徐州，春秋时为宋邑，传为禹时伯益后裔居地，为东夷族一支，名徐夷，徐州之名即源于此。周穆王时，徐偃王称雄淮泗，“地方五百里，行仁义，陆地而朝者三十六国”。西汉以后，徐州、彭城（彭祖受封于此）之名屡次互易。“自古彭城列九州，虎争龙斗几千秋。”徐州因地处南北要冲，具有重要战略地位，乃兵家必争之地，也是屡经战乱的古战场。战国时曾为宋都。秦为彭城县，传秦始皇巡游至此曾求鼎于北郊泗水中。楚汉相争之际亦为楚都。汉初为楚国，地节元年（前69）改彭城郡，复为楚国。章和二年（88）改彭城国，汉之楚王、彭城王陵在此者多达18处，为我国古陵墓重要集中地带之一。西汉时已是繁华城市。建安三年（198）始称徐州。西晋为徐州彭城国，亦为彭城县治。唐天宝中为彭城郡，乾元初复称徐州，元至正中改徐州路，旋降为武安州。明初改徐州，直隶京师，永乐迁都北京后，成为漕运枢纽。天启四年（1624），黄河泛滥，洪武时所筑城为泥沙湮没，复筑新城于其上，形成城下有城、城上叠城奇观。清初先后为江南、江苏省直隶州，雍正十一年（1733）升徐州府，乾隆南下巡游曾四次经过，并曾短住（云龙山上筑有行宫)。徐州为帝王将相之乡,人文荟萃之地。南朝刘裕、刘义庆,梁刘孝绰,唐朝刘知几、刘商,南唐李昪、李煜,宋朝陈师道等,均为徐州人。因此有学者指出,徐州一带是历来出开国君王最多的区域。这里文物胜迹众多,历朝历代来此游览并留题咏者不胜枚举。

早在唐朝时,诗人薛能即写下《影灯夜二首》描摹出徐州城歌舞喧天、热闹非凡的景象:

其一

偃王灯塔古徐州,二十年来乐事休。
此日将军心似海,四更身领万人游。

其二

十万军城百万灯,酥油香暖夜如烝。
红妆满地烟光好,只恐笙歌引上升。

诗歌描写徐州城元宵节灯火辉煌、万人巡游的壮观之景,字里行间充满着豪迈喧腾之气。在这古老的军事重镇,还流传着一段缠绵情深的佳话。唐朝节度使张愔与彭城名妓关盼盼相恋,张为关筑燕子楼。盼盼善歌舞,重真情。张氏卒后,盼盼念旧爱而不嫁,独守楼中十余年。白居易《燕子楼》诗三首咏叹此事,抒发出浓重的愁绪:"燕子楼中霜月夜,秋来只为一人长。"宋朝苏轼亦有词作《永遇乐》(明月如霜),表达出幽情难已的喟叹:"燕子楼空,佳人何在,空锁楼中燕。"凄迷之感溢于言外。元朝萨都剌在其词作《木兰花慢·彭城怀古》里,也抒发出"更戏马台荒,画眉人远,燕子楼空"的怨叹,充满着风流云散的寂寞荒凉。关于燕子楼名胜的咏叹,在其本身男女缠绵柔情的基础上,更增添了几许人去楼空的历史沧桑之感。

北宋著名文人苏轼于神宗熙宁十年(1077)四月调知徐州,五月到任,任期近两年。他对徐州的山川地理、风俗民情,做过详细考察,并且产生了深厚的感情。到任之初,七月十七日,黄河在澶渊决口。八月十七日,水及徐州城。苏轼督率军民"修城捍水,以活徐人",他成天蓑衣草鞋,舍家忘身,与徐州人民结下了生死与共的情谊，冬天水退，“作黄楼东门之上”以示纪念[1]，写有《九日黄楼作》《河复并序》。其弟苏辙写有《黄楼赋》，诗人郭祥正亦创作了《徐州黄楼歌寄苏子瞻》夸赞苏轼为民造福的功绩。苏轼曾遍游徐州山水，作有不少诗文，《百步洪二首并序》《放鹤亭记》等名篇皆作于此。徐州与苏轼有关的胜迹颇多，如云龙山东坡石床、饮鹤泉、快哉亭等。他还巡视乡野，创作了北宋最早的一组农村题材词《浣溪沙》，给整个华美绮丽的词坛带来了一些淳朴健康之风。他甚至想终老于徐州，《东坡集》卷三十二《灵璧张氏园亭记》记载苏轼自述：“余为彭城二年，乐其风土，将去不忍，而彭城之父老亦莫余厌也。将买田于泗水之上而老焉。”当苏轼于元丰二年（1079）三月调离徐州时，百姓攀辕挽留，哭声不绝。苏轼有感于此，写下了词作《江城子·别徐州》，下片写道：“背归鸿，去吴中。回首彭城，清泗与淮通。欲寄相思千点泪，流不到，楚江东。”词人托淮泗以寄泪，表达出留恋徐州、依依不舍的深厚情意。

当然，徐州作为历史文化名城，构成其最突出特色的文化因素，还在于楚汉战争时期项羽和刘邦与徐州的深切因缘，由此出现代表徐州地域文化标志的两大景点：戏马台和歌风台。

1.戏马台

戏马台位于徐州城南的南山上。公元前206年项羽自立为西楚霸王，定都彭城，在南山上营筑高台，称戏马台。东晋大将刘裕北伐时，于台上建台头寺、阁池、栈桥等，并于重阳节会将佐百僚于其上。历代许多文人雅士都曾登临题咏。唐朝诗人储光羲《登戏马台作》登高怀古，歌颂南朝宋武帝刘裕的历史功绩，转而抒发自己怀才不遇的苦闷心情。诗歌最后写道：“少年自言未得意，日暮萧条登古台。”面对曾经辉煌的历史胜迹，他顿然感受到自身的孤独和无奈，堪与陈子昂《登幽州台歌》相比。南宋诗人吕定写有咏史怀古诗《戏马台》：

据鞍指挥八千兵，昔日中原几战争。
追鹿已无秦社稷，逝骓方叹楚歌声。
英雄事往人何在？寂寞台空草自生。
回首云山青矗矗，黄流依旧绕彭城。

诗歌追忆西楚霸王项羽当年率领吴中八千子弟起兵反秦、挺进中原的赫赫声威，也慨叹一世叱咤风云的英雄最终归于失败，自刎乌江。如今诗人登上这荒凉寂寞的戏马台，沧桑之感油然而生。作品借古喻今，喟叹南宋军事的颓败，对时代的忧患和焦虑蕴含其间。清朝后期词人郑璜亦作有《满江红·九日同子容登戏马台》，慨叹像项羽、刘裕这样功盖一世的英雄，如今已一去不返，只剩下“荒荒台榭”“斜阳半壁”，在对这些苍茫萧瑟景象的观察当中，寄寓着作者的悲怆之感，他“踏旧迹，无遗瓦；访旧事，无知者”，由衷地发出感慨：“六代风流名士酒，千年兴废樵人话。”六朝的风流业绩，千年的兴废盛衰，都不过是过眼烟云，它们或成为名士豪饮的谈资，或成为采樵人的闲话，此外还有什么价值可言？这里就蕴含着封建末世词人沉重的历史意识和时代悲感。他们已经预见到“夕阳无限好，只是近黄昏”的必然趋势，正如同吴文英在《齐天乐》中所感叹的那样，“三千年事残鸦外”，更何况作者身处戏马台这个特定的地点，面对项羽和刘裕曾经的辉煌，失落、凄怆之感更加强烈。戏马台筑于南山之上，故而显得巍峨壮观。现今的戏马台殿前立有项羽雕像，由重达11吨的整块青石雕成，颇有“力拔山兮气盖世”的威势。

2.歌风台

歌风台位于今沛县文化馆一带，为纪念刘邦回故乡时吟唱《大风歌》而筑。汉高祖十一年（前196），刘邦平定淮南王英布谋反后，返回长安时途经故乡沛县，“置酒沛宫”，把昔日的朋友、尊长、晚辈都召来，共同欢饮数十日。酒酣之时，有感于昔日亡秦灭楚的戎马生涯，即兴击筑而歌曰：“大风起兮云飞扬，威加海内兮归故乡，安得猛士兮守四方。”这首诗歌既表达出汉高祖刘邦一统天下后的兴奋、欢乐、踌躇满志，也流露出内心深处对于王朝能否长治久安的担忧，难怪他歌之舞之，终至“慷慨伤怀，泣数行下”[2]。后沛人于高祖吟唱处筑台纪念，名“歌风台”，千百年来题咏不绝。

元朝诗人张昱作有《过歌风台》，追忆当年高祖还乡的风光往事，采用反讽的手法，渲染刘邦的“快意”，实则塑造出了一个有血有肉，既充满贪欲，又富于乡土之情的活生生的人。接着诗人发出感慨：“从来乐极自生哀，泗水东流不再回。万岁千秋谁不念？古之帝王安在哉！莓苔石刻今如许，几度秋风灞陵雨。汉家社稷四百年，荒台犹是开基处。”诗歌对所谓的功名富贵进行了冷峻的思索：汉高祖当年酣唱《大风歌》之处，如今只剩下断碑残碣；汉家四百年的繁华、辉煌，最终只落得一场梦幻而已。这首诗歌虽然不甚高亢，但是对于那些醉心于功名利禄之徒，无疑是当头棒喝。明朝祝允明也写过一首《歌风台》，诗歌概括刘邦一生的经历，着力挖掘其"敌国破，谋臣亡"的阴暗统治心理，正是由于他杀了一批功臣，致使"猛士亡其骸"，方才令他担忧起"安得猛士兮守四方"。诗歌最后写道："相望千余年，安能为之哀？明朝放舟淮浦去，项王韩侯祠下亦徘徊。"诗人鄙薄刘邦的行径，却对失败的英雄项羽、韩信给予深切的同情。这首诗歌体现了诗人对虚伪的不齿，对真诚的追求，在咏史怀古的同时，也隐含着对于当时朝廷统治者的贬刺。此后的诗人普遍对刘邦《大风歌》中"安得猛士兮守四方"一句颇多讥讽，认为他是自相矛盾，言不由衷。例如清朝顾大申《雪后登歌风台示沛令》："悲歌谁掩泣，壮士已成禽。"邵长蘅《登歌风台怀古》："淮阴已族黥彭醢，慷慨何须悲大风。"孙原湘的《歌风台》，则提出了相反的看法：

韩彭戮尽淮南反，泣下龙颜慷慨歌。
一代大风从此起，四方猛士已无多。
英雄得志犹情累，富贵还乡奈老何！
此去关中莫回首，只应魂魄恋山河。

诗歌从正面肯定刘邦歌大风的慷慨意气，揭示出刘邦当时悲凉的心绪，但是他毕竟能够克服个人的感情，处处以大局为重，从而实现了汉初政局的恢复和稳定。诗人将刘邦的政治抱负与项羽进行比较。项羽是"富贵不归故乡，如衣绣夜行，谁知之者"[3]，刘邦也深有怀乡之念，他曾对故乡父兄说："游子悲故乡，吾虽都关中，万岁后吾魂魄犹乐思沛。"[4]但是他并没有像项羽那样，灭秦以后就放弃关中，返回楚地，以致失去了对全国的控制，这里就显示出刘邦政治家的理性胸怀。

徐州，兵家必争之地，连绵不断的战争，构筑了此地文化雄健强悍的个性。文人墨客徜徉在楚汉争霸的古战场上，抒勃发之壮志，使得这个城市增添了厚重、浑茫、拙朴的气质，散发出永不磨灭的文化魅力。

扬 州

春秋战国时吴王夫差为争霸中原，筑邗城，开邗沟，通江淮，扬州一带成为南北水路要冲。战国时扬州属楚，怀王十年（前319）改称广陵。秦置广陵县。西汉时，先后为吴、江都、广陵王等诸侯国封地。其地西汉前位于长江口近海处，波涛汹涌，甚为壮观。枚乘《七发》之“广陵观涛”，即绘写其景。东汉为广陵郡。三国属吴，为广陵县。东晋变为广陵郡。汉魏晋三代，据鲍照《芜城赋》言，“当昔全盛之日，车挂辖，人驾肩，廛闬扑地，歌吹沸天”。南朝殷芸《小说》引时人云：“腰缠十万贯，骑鹤下扬州。”南朝宋元嘉二十七年（450）、大明三年（459），扬州两遭兵祸，残破不堪。北周大象（579—581）中改吴州。隋开皇九年（589）改扬州（后置江都郡），今扬州之名由此确定。大业元年至六年（605—610），隋炀帝凿通大运河，改造邗沟，扬州成为水运枢纽。炀帝曾三次乘舟来到此地，并广建宫苑，极尽奢华，定为“行都”。唐权德舆《广陵诗》云：“广陵实佳丽，隋季此为京。八方称辐凑，五达如砥平。大旆映空色，笳箫发连营。层台出重霄，金碧摩颢清。”唐时，扬州商业及手工业、造船业、运输业非常发达，雄富冠天下，为全国最大都会之一，有“扬一益二”之说[5]。杜荀鹤《送蜀客游维扬》诗也有“维扬景物胜西川”之咏，李绅《宿扬州》诗有“夜桥灯火连星汉，水郭帆樯近斗牛”句，极写其繁华。五代十国时，扬州屡遭兵燹。杨行密建吴国以此为都，称江都府。南唐为东都江都府。宋称扬州，为淮南东路驻所。韩琦、欧阳修、苏轼等均曾出知扬州。南渡后，宋金争战，城郭萧条日甚。元为扬州路，河南江北行中书省驻所。经济逐渐恢复，成为重要商业城市。明初为维扬府，后改扬州府。明代末年，清兵南下，史可法坚守扬州孤城，城破被杀，英勇悲壮。清为扬州府，商业、盐业、手工业、漕运均十分发达，经济、文化出现空前繁荣景象，康熙、乾隆二帝曾多次巡游扬州。

扬州城历经两千多年的世事沧桑，几度废兴，引发了无数文人墨客的吟咏、慨叹。早在南北朝初期，扬州作为南北交通枢纽，曾经非常繁盛。宋文帝时，却在十年之间先后两次遭到严重破坏。先是元嘉二十七年（450）十二月，魏太武帝拓跋焘率军追击大败南逃的宋军，在回军路上，曾在广陵地区大肆屠戮:“丁壮者即加斩截,婴儿贯于槊上,盘舞以为戏。”[6]接着是大明三年(459),宋孝武帝刘骏的弟弟竟陵王刘诞(时任南兖州刺史)据广陵反叛,刘骏派沈庆之领兵进攻,城破后,下诏广陵城中士民无论大小,悉命杀之,经沈庆之请,五尺童子以下得以保全,其余男子皆死,丁壮被杀者有三千多人。不到十年,经过这两次战乱,广陵繁华荡尽,庐舍丘墟,凄惨荒凉。大明三年,文人鲍照来到广陵,目睹满城疮痍,不禁悲从中来,感发而为《芜城赋》,通过今昔盛衰巨变的对照,重点描绘如今荒凉冷落的广陵城,所以称为“芜城”。作品描写登城门所见的荒凉残破的景象:“通池既已夷,峻隅又已颓。直视千里外,唯见起黄埃。凝思寂听,心伤已摧。”广陵城池颓坏,草木丛生,尘土漫天飞扬。这种情景,令人伤心至极。作者接着慨叹广陵盛时的豪华生活一去不复返了:“若夫藻扃黼帐,歌堂舞阁之基,璇渊碧树,弋林钓渚之馆,吴蔡齐秦之声,鱼龙爵马之玩,皆薰歇烬灭,光沉响绝。东都妙姬,南国丽人,蕙心纨质,玉貌绛唇,莫不埋魂幽石,委骨穷尘,岂忆同舆之愉乐,离宫之苦辛哉?”一切的欢乐往事,都无影无踪,永远销声匿迹了,字里行间渗透着作者无限的叹惋,寄寓着对国家前途命运的深沉隐忧。

中唐以来,伴随着社会经济重心向南转移,南方涌现了大批繁华的都市,扬州更被认为是除了长安之外最繁华的城市,众多文人墨客沉醉于扬州城秀美的风光和绮艳的生活,创作了大量歌咏之作,如“夜市千灯照碧云,高楼红袖客纷纷”(王建《夜看扬州市》)、“北塔凌空虚,雄观压川泽”“雨飞千拱霁,日在万家夕”(刘长卿《登扬州栖灵寺塔》)、“江蹙海门帆散去,地吞淮口树相依”(罗隐《广陵开元寺阁上作》)、“紫泉宫殿锁烟霞,欲取芜城作帝家”(李商隐《隋宫》)等。特别是晚唐著名诗人杜牧,曾在扬州担任幕僚,游历扬州各处景点,并且与美貌歌妓产生了恋情,创作了大量歌咏扬州的佳作,其中许多诗句为人们所传诵,已经成为扬州美景的标志,例如“二十四桥明月夜,玉人何处教吹箫”(《寄扬州韩绰判官》,今扬州瘦西湖有二十四桥)。此外如“谁知竹西路,歌吹是扬州”(《题扬州禅智寺》)、“十年一觉扬州梦,赢得青楼薄幸名”(《遣怀》)、“谁家唱《水调》,明月满扬州”(《扬州三首》其一)、“春风十里扬州路,卷上珠帘总不如”(《赠别二首》其一)等。由此可见,唐朝歌咏扬州的诗歌大多是华美旖旎的,显示出扬州城商业文明繁花似锦的景象。

北宋著名文学家欧阳修、苏轼、秦观，都和扬州平山堂有着千丝万缕的因缘。平山堂坐落在西郊瘦西湖北，北宋庆历八年（1048），由郡守欧阳修所建。据叶梦得《避暑录话》卷一记载："欧阳文忠公在扬州作平山堂，壮丽为淮南第一，上据蜀冈，下临江南数百里，真、润、金陵三州，隐隐若可见。"仁宗嘉祐元年（1056），刘原甫（名敞）出守维扬，欧阳修联系自己守扬时的相关景物，写下了词作《朝中措》：

平山阑槛倚晴空，山色有无中。手种堂前垂柳，别来几度春风。
文章太守，挥毫万字，一饮千钟。行乐直须年少，尊前看取衰翁。

词里蕴含着作者对扬州的深情忆恋，也表达出"文章太守"当年纵情畅饮、挥斥方遒的豪迈之气，"现身说法，神采奕奕动人"[7]。后来苏轼出守扬州，也经常在平山堂流连忘返，其词作《西江月 · 平山堂》即云："三过平山堂下，半生弹指声中。十年不见老仙翁，壁上龙蛇飞动。"这里的"老仙翁"当指欧阳修。因为平山堂地势较高，凭栏远望，视野开阔，而欧阳修词里却说"山色有无中"，于是有人就嘲笑欧阳修"短视"。其实欧词乃化自王维诗《汉江临泛》中名句"江流天地外，山色有无中"。为此苏轼还替欧公辩解："苏东坡笑之，因赋《快哉亭》道其事云：'长记平山堂上，鼓枕江南烟雨，杳杳没孤鸿。认取醉翁语，山色有无中。'盖'山色有无中'，非烟雨不能然也。"[8]扬州高邮才子秦观于宋神宗元丰三年（1080）自会稽还故里，他在《与李乐天简》中写道，"时复扁舟循邗沟而南，以适广陵，泛九曲池，访隋氏陈迹，入大明寺，饮蜀井，上平山堂""遂登摘星寺。寺，迷楼故址也"。由此他创作了《望海潮》词，上片极写扬州城风景秀美，扬州人游观之乐："星分牛斗，疆连淮海，扬州万井提封。花发路香，莺啼人起，珠帘十里东风。豪俊气如虹。曳照春金紫，飞盖相从。巷入垂杨，画桥南北翠烟中。"下片大量用典，追忆隋宫旧事，最后点到平山堂，化用欧阳修词句"最好挥毫万字，一饮拚千钟"，流露出对前辈词人的崇仰。同一景点由三位文学家完成创作的"接力"，堪称文坛佳话。秦观另有《满庭芳》词歌咏扬州城："多情，行乐处，珠钿翠盖，玉辔红缨。渐酒空金榼，花困蓬瀛。豆蔻梢头旧恨，十年梦、屈指堪惊。"词人流连于这绮丽柔美的氛围里，屈指一算，已匆匆十年。其词《梦扬州》也是深情忆恋当年的扬州:"长记曾陪燕游。酬妙舞轻歌,丽锦缠头。殢酒为花,十载因谁淹留。醉鞭拂面归来晚,望翠楼、帘卷金钩。佳会阻,离情正乱,频梦扬州。"他触景生情,抒发出诸多人生的感慨。名胜景点也因这些题咏而闻名千古。这又从一个侧面反映了北宋扬州的经济繁盛,文人萃集。

明代末期,正当明清易代之际,扬州城又迎来了一场空前的浩劫。崇祯十七年(1644),清兵大举入关,时任明朝礼部尚书兼东阁大学士的史可法,奉命督师扬州。次年四月,清和硕豫亲王多铎亲自率兵攻打扬州城,史可法于城陷后被俘,宁死不屈被杀。全祖望在《梅花岭记》中追忆当时的情状:"被执至南门,和硕豫亲王以先生呼之,劝之降。忠烈(指史可法)大骂而死。初,忠烈遗言:'我死,当葬梅花岭上。'至是,德威求公之骨不可得,乃以衣冠葬之。"歌颂了史可法舍生取义、视死如归的忠烈行为和气节。此后梅花岭就成为众多文士凭吊史可法,咏叹抗清情绪的平台。蒋士铨《梅花岭吊史阁部》写道:"碧血自封心更赤,梅花人拜土俱香。九原若遇左忠毅,相向留都哭战场。"他巧妙地借梅花的意象颂扬史可法宁为玉碎,不为瓦全的忠贞气骨;同时慨叹明末弘光"君相"的昏庸腐败,乌烟瘴气,左光斗、史可法等忠烈义士孤军奋战,独木难支,抒发出故国衰亡的深刻教训。舒位也有一首同题诗歌,同样讴歌史可法临危不惧,以家国为重而置个人安危于度外的崇高精神。诗中写道:"东风吹上梅花岭,还剩几分明月影。"诗人设想东风吹拂,像是在慰藉英雄的亡灵,喟叹扬州城经过战争的洗劫,早已残破不堪,那"天下三分明月夜,二分无赖是扬州"的美景如今安在?"吹箫来唱招魂曲,拂藓先看堕泪碑。"诗人化用晋朝羊祜的典故,羊祜死后,葬于岘山,部下每年祭祀,莫不于其碑前垂泪。这里诗人舒位是以一曲哀歌、一掬清泪,表达了对前代忠义之士的敬仰。

清兵攻占扬州后,曾大肆屠杀,即众所周知的"扬州十日",王秀楚《扬州十日记》里有非常详细的描写。对此清代初期扬州著名诗人宗元鼎《冬日过甘泉驿》也含蓄地描绘出这样的惨状:"忽见荒堤摧暮草,空伤衰树没寒烟。风尘满目深惆怅,却望谁家寄醉眠。"在"荒堤""暮草""衰树""寒烟"等萧瑟景象当中,渗透着无限凄凉的沧桑之感,"忽见""空伤"二语又极其形象地表露出诗人目睹此景时的惊愕诧异,难道往日的繁华就此将烟消云散、一去不返了吗?字里行间又充满着无可奈何的感伤。但是,历史又是容易被遗忘的。清初,特别是康熙朝以来，天下殷富，商业繁荣，人心思定，扬州城又恢复了旧日的繁华 清朝前期诗坛领袖王士禛青年时代来到扬州担任推事，立刻成为扬州文士中风流潇洒、顾盼生辉的中心人物。他创作了一组《冶春绝句》，歌咏扬州的秀美，其四云：

三月韶光画不成，寻春步屧可怜生。
青芜不见隋宫殿，一种垂杨万古情。

诗人脚着木屧，自由自在地观赏着扬州早春的美景，穿行在春风十里扬州路的青山绿野之间，接着由“青芜”“垂杨”的意象，联想到隋宫，联想到隋炀帝之时的热闹景象，生发出万古悠远之情，这样就给诗歌增添了远韵。其十则别有隐衷：

当年铁炮压城开，折戟沉沙长野苔。
梅花岭畔青青草，闲送游人骑马回。

前两句追忆往事，慨叹当年战争的创伤如今已然消没，被现实掩埋殆尽。后两句描写眼前所看到的景物，史可法的衣冠冢上青草丛生，寂寞荒凉。人们来此踏青，徒然观赏这里清幽的景致，却早已忘却了那一段伤心的往事，忘却了那一股刚烈的精神。淡淡的一笔即折射出时代风气移易。乾隆年间，扬州城商业兴隆，人流如潮，东南的温柔富贵、奢侈靡荡之气，尽现于此。当时，大批盐商聚居于此，他们与官宦、文士构成了非常紧密的联系，成为中国文化史上颇为奇特的景观。然而这样的结合势必影响到文学的创作，使文学走上世俗化、附庸化的道路。许多文士受到名商大贾的豢养，歌咏金玉富贵、风花雪月、儿女情思，缺失了文学家所应有的社会责任感和道德良知，其状况正如龚自珍在《咏史》诗中所揭示的那样“金粉东南十五州，万重恩怨属名流。牢盆狎客操全算，团扇才人踞上游”。“扬州八怪”之一郑燮所作《扬州》诗也深刻地揭露了社会当中的世风日下、人心不古：

画舫乘春破晓烟，满城丝管拂榆钱。

千家养女先教曲，十里栽花算种田。
雨过隋堤原不湿，风吹红袖欲登仙。
词人久已伤头白，酒暖香温倍悄然。

诗人描述了当时社会上的许多不正常现象，画舫游船，歌舞升平；香车宝马，穷奢极侈；不务农事，一意钻营；千家万户，望女成凤等，统统都表现出了这个文恬武嬉、轻狂浮躁的城市文化氛围。然而，一切的繁华都如同梦幻、泡影，即如唐人卢照邻在《长安古意》里所喟叹的那样："自言歌舞长千载，自谓骄奢凌五公。节物风光不相待，桑田碧海须臾改。"扬州走过它繁花似锦的岁月，也必将伴随着封建末世的到来，走向它的暮秋。龚自珍早在《己亥六月重过扬州记》中就发出感慨"今扬州，其初秋也欤？"已经察觉到它的衰势，及至晚清陈沆《扬州城楼》，更加真切地揭示了扬州城民生凋敝，江河日下的可悲命运：

涛声寒泊一城孤，万瓦霜中听雁呼。
曾是绿杨千树好，只今明月一分无。
穷商日夜荒歌舞，乐岁东南困转输。
道谊既轻功利重，临风还忆董江都。

诗歌追忆扬州城往日的繁华富丽，反衬出眼前的日渐萧条，今非昔比，谴责穷奢极侈的商人日夜酣歌醉舞，荒淫逸乐，统治者只顾横征暴敛，剥削搜刮民脂民膏，表达了对广大的人民贫不聊生的同情。

概而言之，扬州作为一个历史文化名城，透过它的兴与衰，正可折射出整个封建社会的兴与衰；历代文学作品歌咏一出出历史的悲喜剧，真实地再现了文化的演进，也融入了文人学士的深沉感叹，为扬州这个文化古城增添了情感的内涵和审美的风韵。

镇江（润州）

润州（今镇江）西周称宜，为周康王所封宜侯领地。春秋称朱方，属吴。

战国属越，称谷阳，后属楚。秦置丹徒县，筑驰道，开运河，凿通京岘山口，后称京口缘此。汉建安十三年（208），孙权移治于此，称为京城，通称京口城。其城“一水横陈，连冈三面”（宋陈亮《念奴娇》词），因山而垒，临江为城，俯临江津，号铁瓮城，为江防重镇。孙权曾在此与刘备结盟拒曹，建安十七年始移治秣陵（今南京）。隋开皇九年（589），州郡并废，改延陵，十五年（595）置润州，大业初州废。大业六年（610），炀帝开凿江南运河，这里成为江南漕运必经之地。唐武德三年（620）复建丹徒县，再置润州，建中二年（781）置镇海军。宋初改为镇江军，为镇江称名之始；政和三年（1113）升润州为镇江府。宋南渡后，镇江为抗金前线，江防门户。建炎四年（1130），金兀术南侵后回师至此，为宋将韩世忠所困，韩部于黄天荡大破金兵。南宋抗金诗人陆游、辛弃疾曾先后任镇江通判、知府。

清人顾祖禹《读史方舆纪要》中云：“京口西接石头（指南京），东至大海，北距广陵（今扬州），而金（山）、焦（山）障其中流，实天设之险。”由此可见它自古即江山形胜之地。著名的“京口三山”中的金、焦二山即有“焦山山裹寺，金山寺裹山”之说。与金、焦并称三山的北固山，被梁武帝誉为“天下第一江山”。云台山麓复有西津古渡，为古代长江南北的主要渡口之一，与对岸的瓜洲渡遥相呼应。孟浩然、王昌龄、李白、张祜、李德裕、苏轼、米芾、沈括、陆游等唐宋名士，于此皆有题咏。北宋秦观在其《金山晚眺》里同样写出了西津渡口空蒙的景致：

西津江口月初弦，水气昏昏上接天。
清渚白沙茫不辨，只应灯火是渔船。

诗歌描写新月微光之下，江面水气袅袅升腾，幽渺的渔火发出暗淡的光亮，这里化用了张若虚《春江花月夜》中的“空里流霜不觉飞，汀上白沙看不见”，更加突显出夜色的朦胧。

古往今来，文人墨客来到润州（镇江），都会追忆其三国、东晋时代曾经辉煌的历史，抒发出怀古伤今之情。杜牧有诗《润州二首》，其一中间两联写道：“青苔寺里无马迹，绿水桥边多酒楼。大抵南朝皆旷达，可怜东晋最风流。”桥下绿水荡漾，桥上酒旗招展，一派繁盛喧腾的景象，但是人们却淡忘了往日的英豪霸气，六朝的慷慨意气、风流旷达也随着流水一去不返。诗人由览物而思古，充满着物在人空的无限叹惋之意。元曲作家卢挚的〔双调〕《蟾宫曲 · 京口怀古》则表达得更加直爽：

道南宅岂识楼桑。何许英雄，惊倒孙郎。汉鼎才分，流延晋宋，弹指萧梁。昭代车书四方，北溟鱼浮海吞江。临眺苍茫。醉倚歌鬟，吟断寒窗。

作者概括三国以来京口的历史，感慨六朝时代风云变幻、分合聚散的世事沧桑，不禁产生无限悲凉、惆怅之感。联系卢挚身处元朝异族统治的时代背景，不难体会这支小令里所潜藏的悲情、难诉的痛苦。晚清文人易顺鼎词作《踏莎行·京口舟行作》同样感慨“三十功名，万千词赋，英雄才子俱尘土。佛狸祠下听潮回，垂虹桥上呼秋去”，联系南宋抗金志士岳飞、辛弃疾，叹息“英雄才子俱尘土”的无奈，更加流露出人世苍茫的透骨悲凉。润州（镇江）名胜众多，兹举两处名胜进行分析，探讨其文化个性的主要成因。

1.北固山

北固山位于江岸，三面临江，陡崖绝壁，形势险固，故名；有前、中、后三峰，后峰最高，风景亦以后峰最佳，有许多名胜古迹，如甘露寺、北固亭、多景楼等，多与六朝人物故事有关，在“京口三山”中名气最大。南朝宋元嘉四年（427），谢灵运曾侍从文帝刘义隆来游，并有诗作。梁大同十年（544），武帝萧衍曾登北固楼，改楼名为“北顾楼”，作《登北顾楼诗》，誉北固山为“天下第一江山”。梁简文帝萧纲亦有登览之作。北固山又传为三国时刘备招亲、孙权与刘备结盟之地，遗迹甚多。建于北固山前峰的京口，曾是孙权的“京城”，又是南朝宋武帝刘裕起兵争夺天下的根据地，故唐宋以来，北固山成为文人墨客争趋竞游、怀古抒愤之场所，即如清人王士禛《北固山题名记》所言，“登凌云亭，憩多景楼”，自是“缅孙刘之雄风，忆梁帝之胜游……慷慨不能已”。唐人王湾诗歌《次北固山下》，虽为舟次之作，却写出了北固山下江面的宽阔：“潮平两岸阔，风正一帆悬。海日生残夜，江春入旧年。”他把视野开阔、大江横流、波平浪静的雄旷景象展现出来。春日在辽阔的江潮涌动、烘托之下，划破残夜的寂静，冉冉升起，也带来了清新的春的气息。“海日”两句历来脍炙人口，殷璠说：“‘海日生残夜，江春入旧年’，诗人已来少有此句。张燕公（张说）手题政事堂，每示能文，令为楷式。”[9]明朝胡应麟在《诗薮·内编》里也指出，“海日”一联“形容景物，妙绝千古”。北宋前期诗人曾公亮写有七绝《宿甘露僧舍》：

枕中云气千峰近，床底松声万壑哀。
要看银山拍天浪，开窗放入大江来。

甘露寺位于北固山后峰上，相传三国吴孙皓甘露年间所建。甘露寺因罗贯中《三国演义》写有吴国太在此相亲故事而声名远扬，戏曲《甘露寺》复推其波澜，绘声绘色地叙述刘备招亲的故事。刘备确于建安十四年（209）“婚吴如京（指京口）”，而小说、戏曲里的相亲情节实为虚构，因吴国太已于建安七年去世，乔玄病故则已有26年。其实甘露寺始建于唐文宗大和年间，后来李德裕守润州时，曾加以增辟。据宋人郭若虚《图画见闻志·会昌废壁》记载：“唐李德裕镇浙西日，于润州建功德佛宇曰甘露寺。当会昌弃毁之际，奏请独存。因尽取管内废寺中名贤画壁置之甘露。”曾公亮独卧于北固山顶甘露寺的僧舍中，感觉到山间的云雾之气在床头的枕函内萦绕飘荡，耳闻卧榻之下响起阵阵松涛之声，犹如海潮一般汹涌澎湃。这里运用了浪漫的想象和极度的夸张，将北固山势表现得格外巍峨挺拔。诗人急欲观赏北固山下长江波涛奔腾的雄伟气势，于是从床上起身，径自推开面朝江水的窗户。果然，那一望无际的大江波澜浩荡，仿佛一下子扑进窗子里来。诗人的观涛之举，体现其伟岸不羁的意志品格，抒发自己如同波涛般激烈奋发的精神追求。

唐宋八大家之一曾巩中年后离乡宦游，行经润州，登临北固山多景楼，赞赏此地风光，写下了七律《多景楼》：

欲收嘉景此楼中，徙倚阑干四望通。
云乱水光浮紫翠，天含山气入青红。
一川钟呗淮南月，万里帆樯海外风。

老去衣襟尘土在，只将心目羡冥鸿。

多景楼，位于北固山顶，旧传为刘备夫人、孙权之妹孙尚香梳妆处，名梳妆楼。北宋郡守陈天麟《重建多景楼记》谓“不知其所始与所以名”，并由唐人题咏“皆不及多景”推断“当建于本朝”。北宋以来，多景楼即为文人墨客登临览景之地，米芾题为“天下江山第一楼”，并有诗作。登上斯楼，凭高远眺，水色山光，风月胜景，无不尽收眼底。故苏轼《甘露寺》有“一览吞数州，山长江漫漫”之咏。张邦基《墨庄漫录》卷四也称：“江山之胜，烟云显晦，萃于目前。”曾巩登临此楼，倚栏纵目，万千气象，豁然开朗。他看到云气与水光氤氲之处，浮现出碧瓦红楼；晚霞同山峦于夕阳下青红相间，镶入远处的天空；月光下淮南原野传来了佛寺的钟声梵歌；江面上强劲的风送来了远方的航船。诗人非常形象、逼真地描绘出一幅色彩明丽、山川掩映的壮阔画面，给人以壮美的享受。诗人也在这壮丽景致的引发下，产生了超尘出世的人生想往，最后一句“只将心目羡冥鸿”给整首诗歌营造出悠远的神韵。

南宋文士王琮也写有一首七绝《题多景楼》，同样是登楼远眺，却生发出别样的历史慨叹：

秋满阑干晚共凭，残烟衰草最关情。

西风吹起江心浪，犹作当时击楫声。

诗歌写景没有曾诗那样雄阔，而是染上一片衰飒、凄凉之意。诗人远观西风吹水，巨浪滔天，不由得追忆起东晋祖逖北伐时中流击楫的声音。祖逖胸怀统一疆土的壮志，在这里渡江时击楫而誓曰：“（祖）逖不能清中原而复济者，有如大江。”[10]诗人通过对祖逖北伐故事的追忆，流露出志在恢复故土的宏愿。缅怀历史与感时伤世的情调两相融合，表达出诗人积极进取的报国之志。

辛弃疾于宋宁宗嘉泰四年（1024）被任命为镇江知府，在北固亭上创作了《永遇乐·京口北固亭怀古》《南乡子·登京口北固亭有怀》等词作。北固亭位于北固山后峰顶上，始建于晋宋时期。东晋谢安镇守京口时曾在山上建军需库，后库房颓坏，“山上犹有小亭”。梁大同十年（544），武帝萧衍曾登亭俯瞰京口，回首江北，作《登北顾楼诗》，有“南城连地险，北顾临水侧”之咏，太子萧纲从游，作有《奉和登北顾楼》。词人辛弃疾伫立于北固亭上，纵目远眺，痛感历史的沧桑巨变犹如滔滔的江水一般，滚滚东逝，永不回头，无限悲郁之情见于言外。此后岳珂也写下了词作《祝英台近·北固亭》，描写自己夜登北固山的所见、所闻、所感，特别是下片抒发出深沉的历史感。他喟叹道：“漫登览。极目万里沙场，事业频看剑。古往今来，南北限天堑。倚楼谁弄新声，重城正掩。历历数、西州更点。”这首词既表白词人报效沙场的志愿，也抒发英雄无用武之地、空老霜鬓的愤慨。明杨慎《词品》说这首词“与辛幼安‘千古江山’一词相伯仲”[11]，这样的伤感，在南宋小朝廷偏安投降政策的打击之下，显得格外浓郁、沉重，格外无可奈何。

南宋易代以后，北固山日渐萧瑟，满目疮痍，元朝曲家徐再思于秋色苍茫中登临北固山甘露寺，写下了散曲小令〔黄钟〕《人月圆·甘露怀古》：

江皋楼观前朝寺，秋色入秦淮。败垣芳草，空廊落叶，深砌苍苔。远人南去，夕阳西下，江水东来。木兰花在，山僧试问，知为谁开？

作者目睹眼前荒凉残破之景，不禁怀古伤今，抒发了人世沧桑之感和羁旅寥落之情。清朝戏曲家孔尚任《北固山看大江》则描绘出一派壮观辽阔的景象：

孤城铁瓮四山围，绝顶高秋坐落晖。
眼见长江趋大海，青天却似向西飞。

在诗人眼中，长江之水滚滚东流，奔向大海，而不知不觉的他竟以为青天也在运动，向着西方飞掠。这里以写天来写江，旁敲侧击，弥见精彩，展现出江天一色的寥廓，也展露出诗人豁达开朗的胸襟。

2.金山

金山东晋时名氐父山、获苻山，因前秦国王苻坚为氐人，淝水之战中败于晋军，故名，又名金鳌峰，至唐习称金山，有法海（或云裴头陀）开山得金传说，原为屹立于大江中的山岛，故又名泽心山。唐杜光庭《洞天记》云：“金山，万川东注，一岛中立，丹辉碧映，揽数州之奇于俯仰间。”山川迁易，宋时金山南已有涨沙，蔡居厚《蔡宽夫诗话·扬子江潮》云：“予在丹徒闻金山之南将有涨沙者，安知异时金山复不与润州为一邪？”但清道光年间杨启《京口山水记》仍言山在大江中。至同治初，金山已与南岸相连。最高峰为妙高峰，山势挺拔，树木苍翠，建筑宏伟，风光甚美。明人称道“其胜概为天下第一”。金山为江上要冲，宋人洪迈谓其“江心一峰，江面千里……真能雄跨东南二百州”。韩世忠曾在金山以西江面大破金兵，相传梁红玉在此击鼓助战。《白蛇传》中“水漫金山”故事，系由唐朝金山僧龙斗法传说演变而成。金山寺为金山最大的建筑群，依山而建，遍布全山。

宋朝诗人王令的七律《金山寺》将金山的美景写得清新脱俗，洒落自然：

万顷清江浸碧山，乾坤都向此中宽。
楼台影落鱼龙骇，钟磬声来水石寒。
日暮海门飞白鸟，潮回瓜步见黄滩。
常时户外风波恶，祇得高僧静处看。

浩瀚的长江一望无际，秀丽的金山屹立江心，宛如浸在江水里的一颗巨大的绿宝石，青碧可爱。登山远眺，山川寥廓，令人胸襟豁达。金山寺楼阁巍峨高耸，它的影子倒映在江水里，闪闪浮动，竟然使水底的鱼龙都惊骇起来；寺里传来的阵阵钟磬之响令水石增添寒意。日暮时分，由金山寺登楼纵目，海天在望，焦山、象山形成天然的海门，江面上低飞的白鸟随波上下，自由自在；潮水落去了，散步山前，在落日余晖的照映下，现出一片金黄色的沙滩。在如此的纵目远眺中，诗人感受到傍晚景致的宁静，也于陡然之间深悟了人生哲理，最终静歇争逐之心，归诸宁静恬淡。

北宋苏轼与金山深有因缘，他曾来金山十余次，创作了许多诗歌。据蔡绦《铁围山丛谈》记载，苏轼曾于中秋之夜与客共登金山妙高台赏月，歌者袁绹歌其《水调歌头》（明月几时有），东坡起舞，且曰：“此便是神仙矣，吾辈文章人物，诚千载一时，后世安所得乎！”金山寺的元长老收下苏轼的玉带，要“永镇山门”，苏轼有《以玉带施元长老，元以衲裙相报，次韵二首》诗，记之甚详。如今寺中藏有周鼎、诸葛亮战鼓、苏东坡玉带、文徵明金山图，合称“金山四宝”。宋神宗熙宁四年（1071），苏轼因不满王安石变法的有关内容，深感仕途险恶，主动请求外放，被朝廷任命为杭州通判。他七月离京赴任，十一月初三，途经镇江金山，访宝觉、圆通二僧，夜宿寺中，写下了千古名篇《游金山寺》。诗中写道，“中泠南畔石盘陀，古来出没随涛波”，点出金山在长江中的方位和形貌，它山石巨大而突兀不平，自古以来出没在波涛涨落之中。“微风万顷靴文细，断霞半空鱼尾赤”，极写黄昏时分所见江面的景象：微风吹起粼粼细浪，如同靴底的纹线；赤红的晚霞遍染江面，重重叠叠就像鱼鳞一般。这样的比喻色彩绚丽，境界壮美，写出旷远爽朗的神韵。诗人于此感发出复杂的人生情绪，流露出一片诚挚、浓郁的乡愁。汪师韩《苏诗选评笺释》曰：“一往作缥缈之音，觉自来赋金山者，极意著题，正无从得此远韵。”北宋诗人郭祥正亦作有长诗《金山行》，开头四句境界雄旷：“金山杳在沧溟中，雪崖冰柱浮仙宫。乾坤扶持自今古，日月仿佛躔西东。”诗人把秋日的金山描绘成雪崖冰柱的世界，金山寺宛如玉苑仙宫；日月仿佛悬在它高高峰顶的东西两边，朝夕照耀，千古相伴，这样就通过夸张、比喻的手法，写出金山之高与它的天长地久，为整首诗歌抹上了神奇、壮阔的色调。

元朝曲家王恽的〔正宫〕《黑漆弩·游金山寺》，则以雄豪之笔渲染出金山壮伟不凡的气势：

苍波万顷孤岑矗，是一片水面上天竺。金鳌头满咽三杯，吸尽江山浓绿。蛟龙虑恐下燃犀，风起浪翻如屋。任夕阳归棹纵横，待偿我平生不足。

开头两句写金山突兀地矗立在万顷江波之中，如同杭州天竺山那样雄奇壮观。三四句则驰骋想象，表达出作者登高之豪兴：登上金鳌峰顶，把酒临江，满饮三杯，顿觉豪情喷涌，逸兴飞扬，仿佛自己的壮气海量，有如巨大的神鳌，能够吸尽一江碧绿的江水。这样的想象神奇丰富，充分显示出作者览景生情，激情澎湃的情状。赵禹圭的〔双调〕《折桂令·过金山寺》写得更加富有诗情画意：

长江浩浩西来，水面云山，山上楼台。山水相连，楼台相对，天与安排。

诗句成风烟动色，酒杯倾天地忘怀。醉眼睁开，遥望蓬莱。一半儿云遮，一半儿烟霾。

长江滚滚东流，巍峨的金山在江中突兀而起，给人以天外飞来之感。金山高耸入云，金山寺就雄踞在这从江中拔地而起的高山上。寺与塔倒映江中，山与水连在一起，楼台上下相互映照，极尽鬼斧神工之妙。作者于此豪情大发，饮酒赋诗，置身于缥缈的人间仙境，令天地风云为之变色。当他从酣饮中睁开蒙胧的醉眼时，只见眼前的金山若隐若现：一半儿被云雾笼罩，一半儿陷于烟霾之中，亭台楼阁，仿佛都在烟云中冉冉浮动，那景象酷似海上虚无缥缈的蓬莱仙山。这样的写景，神奇而又浪漫，给人以无穷美的享受，也令金山美景增添了独特的魅力。

润州镇江，山川雄秀，人文荟萃，演绎过无数历史的沧桑。孙权、刘裕称雄于斯，陆游、辛弃疾等人游宦于斯，沈括《梦溪笔谈》等著作结撰于斯。这里的真山真水、民间传说，构成悠久的文化特色，形成了它融合南北文化因素于一身的个性风格。为使后人更多了解这一历史文化名城，我曾于1999年向国家正式提出建议，将连接镇江和扬州的长江大桥命名为“润扬长江公路大桥”（简称“润扬大桥”），使古润州、古扬州的历史文化底蕴在新的景点上有新的体现。我这一创意得到了国家各有关方面的采纳。

苏　州

历史文化名城苏州，位于江苏省东南部长江三角洲，太湖东岸。西周为吴国之地。周灵王十二年（前560），吴王诸樊自梅里（今无锡市东郊）徙都于此。以苏州为中心的吴文化，在中原文化的影响下迅速发展起来。周敬王六年（前514），吴王阖闾即位，孙武为将军，著有《兵法》13篇；以伍子胥为谋臣，命其筑大城，又筑离宫别馆，为游观之乐。晋左思《吴都赋》云，“通门二八，水道陆衢”“造姑苏之高台，临四远而特建”。商业、手工业繁荣，兵器冶铸技术已达很高水平，吴钩越棘称誉当世。至夫差之世，苏州仍为大国名都，东南经济、文化中心。周元王三年（前473），越王勾践灭吴，越都一度迁此。周赧王九年

(前306),楚灭越,置江东郡。楚考烈王十六年(前247),春申君黄歇请封于吴,“因城故吴墟,以自为都邑”。[12]秦始皇二十五年(前222),即灭楚次年,置吴县,为会稽郡治,亦称吴郡。后12年,始皇东巡,相传曾至虎丘,发阖闾墓求剑未得。项羽曾随叔项梁避仇吴中,于秦二世元年(前209)以八千人在此起兵抗秦。三国属吴,称吴郡,佛教传入,孙权曾为康居[13]僧性康建普济寺。西晋时,士林兴盛,民风淳美,“国税再熟之稻,乡贡八蚕之绵”“横塘查下,邑屋隆夸,长干延属,飞甍舛互”“士女伫眙,商贾骈坒”“乘时射利”。东晋虎丘一带颇多豪门贵族的别墅和寺院,渐成游览胜地。隋开皇九年(589),以姑苏山改称苏州,亦称姑苏,为苏州得名之始。大业六年(610),隋炀帝以三国丹徒水道为基础,凿通江南运河,加速了苏州经济文化发展。唐代时,苏州已是“人稠过扬府,坊闹半长安”“甲郡标天下”“版图十万户”,城市建设亦趋完善,时谚曰:“苏湖熟,天下足。”南宋建炎三年(1129),金人入侵,惨遭焚掠,文物古迹破坏殆尽。经数十年恢复,苏州又为天下佳丽之地,语云:“天上天堂,地上苏杭。”[14]元至元十二年(1275),元兵入城,又遭兵燹,城池铲堙,次年改平江路。至正十一年(1351),复筑垒开濠。马可波罗曾来游,称之为“名贵的大城”,是“东方的威尼斯”。至正十六年,张士诚据守时,曾修缮城池,改称隆平府。清为苏州府。咸丰十年(1860),太平天国忠王李秀成攻克苏州,建苏福省,为省会。同治二年(1863),清军攻陷苏州,复称苏州府。

1.姑苏台

姑苏台相传是春秋时代吴王夫差特意扩建,来和西施嬉戏游乐为长夜之饮的地方。李白漫游至苏州姑苏台,写下了《苏台览古》:

旧苑荒台杨柳新,菱歌清唱不胜春。
只今惟有西江月,曾照吴王宫里人。

苏台,即姑苏台。李白《乌栖曲》诗云:“姑苏台上乌栖时,吴王宫里醉西施。吴歌楚舞欢未毕,青山欲衔半边日。”诗歌首先映入眼帘的是吴苑的残破,苏台的荒凉;后面紧接着写杨柳又吐新芽,万象再度更新,以自然的年年岁岁、永恒不变,反衬人事的变化兴废之无常,加深了凭吊古迹的感慨。在青青杨柳之外，还有一群女子轻快地唱着菱歌，无限的春光之中，回荡着歌声旋律，而昔日的帝王宫殿，美女笙歌，却一切都已化为乌有，只有那一轮亘古不变的西江明月，照临过吴宫的繁华，窥见过夫差、西施的纵游之乐，古今盛衰之感、历史兴亡之叹，溢于言外。晚唐诗人许浑的七律《姑苏怀古》亦为咏史感怀之作。首联即显出姑苏台的荒寂："宫馆余基辍棹过，黍苗无限独悲歌。"残砖败瓦，禾黍成行，断壁颓垣，蒿草丛生，诗人由此感发出人世沧桑的悲叹。诗人登临此台，思接千古，不禁对吴越历史的悲剧进行评论："可怜国破忠臣死，日月东流生白波。"忠臣，指伍子胥，吴越战争时，夫差败越，越王勾践求和，伍子胥力谏吴王不可应允，吴王夫差不从，且偏信伯嚭谗言，迫伍子胥自杀，弃尸江中，后来越国果然击败吴国。"可怜"句即是诗人对伍子胥悲剧命运的哀悯感叹，人生短促，历史无情，自然永恒，这一切都令诗人感慨万端。唐末诗人皮日休任职苏州，寻访吴越馆娃宫遗迹，创作了组诗《馆娃宫怀古五绝》，其一云：

绮阁飘香下太湖，乱兵侵晓上姑苏。
越王大有堪羞处，只把西施赚得吴。

首句写吴王夫差沉溺于美色而不能自拔，越兵出其不意地攻上姑苏台，吴国就此灭亡。诗人由此发出议论：勾践只送去一个美女，便赚来一个吴国，"大有堪羞"之处。这里看似嘲笑勾践的手段卑劣，实则包含着作者对吴王夫差荒淫误国的辛辣谴责。委婉含蓄的弦外之音，发人深省，耐人寻味。

南宋江湖诗人姜夔亦有七绝《姑苏怀古》："夜暗归云绕柁牙，江涵星影鹭眠沙。行人怅望苏台柳，曾与吴王扫落花。"开头两句写景，营造了一个清幽的境界。诗人于此怅望姑苏古台，目睹苏台之上飘拂的杨柳，不禁牵动起旅人的愁思。当年吴王夫差建造了这座奢侈豪华的高台，供自己纵情淫乐。"今王既变鲧、禹之功，而高高下下，以罢民于姑苏。"[15]结果越国乘虚而入，"范蠡……击鼓兴师以随使者，至于姑苏之宫……遂灭吴"。吴王身死国灭，皆因逸豫所致。诗人触景生情，怀古伤今，因南宋国势衰微而喟叹，对南宋朝廷苟安半壁，极园圃之乐，尽声色之娱深致愤慨，于是借怀古诗歌委婉地表达出对现实的批判。

元朝散曲名家乔吉和张可久皆有苏州怀古佳作。乔吉〔双调〕《折桂令·登姑苏台》里“学捧心山颦翠色，怅悬头土湿腥苔”，分别追述东施效颦和伍子胥被逼自杀的故事。伍子胥被逼自杀，则显出吴王屠戮忠良的残暴。伍子胥临死前，说：“以悬吾目于东门，以见越之入，吴国之亡也。”[16]往事已越千年，作者的感慨，不仅在于咏史怀古，更由古观今，触发无穷悲绪。故而作者最后写道“悼古兴怀，休近阑干，万丈尘埃”，流露出沉痛的时代忧患。

2.虎丘

张可久〔黄钟〕《人月圆·雪中游虎丘》通过雪中游览虎丘胜景而抒发兴亡遗恨和文人失意、壮志难酬的悲怨之情。其中“兴亡遗恨，一丘黄土，千古青山”三句，遥想与虎丘有关的千古往事。春秋时吴王阖闾曾派专诸刺僚而自立，曾用伍子胥屡败楚兵，攻陷郢都，可谓显赫一时；“千古一帝”的秦始皇，传说东巡时曾来虎丘寻找阖闾殉葬的宝剑，凿剑池；南朝梁时高僧竺道生曾坐在千人石上聚众说法；至于历代苏州才子佳人的风雅韵事，更是不可胜数，但这些都已如流水般逝去了。

中唐著名诗人白居易和韦应物、刘禹锡均曾任苏州刺史，有“苏州刺史例能诗”之誉，对苏州文化发展具有重要意义。白居易于敬宗宝历元年春至二年秋（825—826）出任苏州刺史，为便利农田水利与商贾交通，到任当年即修筑虎丘山塘，建成长五百五十多丈（约19.8千米）的堤岸，沿堤栽植桃李莲荷数千株，有诗云：“自开山寺路，水陆往来频……好住湖堤上，长留一道春。”（《武丘寺路》）人们怀念他，称此堤为“白公堤”。白居易在为宦期间，游历了苏州各地，饱览水乡风光，写下了许多优美诗歌，如咏虎丘：“云埋虎寺山藏色。”咏白云泉：“天平山上白云泉，云自无心水自闲。”咏绿水红桥：“绿浪东西南北水，红栏三百九十桥。”白居易离任时，“苏州十万户，尽作婴儿啼”（刘禹锡《白太守行》）。他回到洛阳后，一直念念不忘江南苏杭之美，写下了不少怀念旧游的诗词。如《见殷尧蕃侍御〈忆江南〉三十首，诗中多叙苏杭胜事，余尝典二郡，因继和之》云：

江南名郡数苏杭，写在殷家三十章。
君是旅人犹苦忆，我为刺史更难忘。
境牵吟咏真诗国，兴入笙歌好醉乡。

为念旧游终一去，扁舟直拟到沧浪。

直到开成三年（838），白居易67岁的时候，还写了三首《忆江南》，深情地忆念江南之美。其三写苏州：

江南忆，其次忆吴宫。吴酒一杯春竹叶，吴娃双舞醉芙蓉。早晚复相逢？

这首词既追忆苏州旖旎的风情，又结合此地丰富的古事，字里行间充满着缠绵的情意。

3.沧浪亭

苏州现存最早的名园沧浪亭，原为五代吴越广陵王钱元璙的花园，一说是吴越国中吴军节度使孙承祐的别墅。北宋庆历五年（1045），诗人苏舜钦以四万钱买下此园，“前竹后水，水之阳又竹”，临水“构亭北碕”“尤与风月为相宜”。苏舜钦因感于《孟子·离娄》所记《孺子歌》“沧浪之水清兮，可以濯我缨；沧浪之水浊兮，可以濯我足”之意，取名“沧浪亭”。苏氏巧筑此园，优游其间，自感闲适之趣，他在《沧浪亭记》中写道：“予时榜小舟，幅巾以往，至则洒然忘其归。觞而浩歌，踞而仰啸，野老不至，鱼鸟共乐。形骸既适则神不烦，观听无邪则道以明；返思向之汩汩荣辱之场，日与锱铢利害相磨戛，隔此真趣，不亦鄙哉！”作者于此清幽的景致当中，清心静虑，摆脱了仕途的荣辱羁绊，获得了远离尘嚣的宁静淡泊。其诗歌《沧浪亭》中“迹与豺狼远，心随鱼鸟闲”正表达出这样的心境，《初晴游沧浪亭》则细致地描摹出沧浪亭春日景物之美：

夜雨连明春水生，娇云浓暖弄阴晴。
帘虚日薄花竹静，时有乳鸠相对鸣。

诗人流连其间，“真能道幽独闲放之趣”[17]。他的好友欧阳修也有唱和之诗《沧浪亭》，描绘景致之美：“荒湾野水气象古，高林翠阜相回环。”“风高月白最宜夜，一片莹静铺琼田。”他嫉羡苏舜钦只花四万钱，就买得如此绝佳之景，真是讨了一个大便宜：“清风明月本无价，可惜只卖四万钱！”之后，沧浪亭声名更著，在苏州园林里显示出其“敞露外向”而引人寻幽探藏的独特魅力，如今沧浪亭上有俞樾题写“沧浪亭”三字匾额，以及梁章钜集字的对联“明月清风本无价，近水远山皆有情”，概括了沧浪亭山水之胜。

4.石湖

在苏州市西南的太湖之滨，有一风景名胜石湖。湖边有上方山，湖光山色，景致如画。南宋诗人范成大晚年归隐于此，筑有北山堂、千岩观、天镜阁、玉雪坡等建筑，并自号石湖居士。其《初归石湖》诗中写道：“信脚自能知旧路，惊心时复认邻翁。当时手种斜桥柳，无限鸣蜩翠扫空。”诗人流露出息心故园的心愿。在这里他先后创作了《四时田园杂兴》六十首和《腊月村田乐府》十首等，既表现了闲居乡里的悠然自在，也真实地记载了广大农民生活的苦难，流露出作者深切的同情。元朝文人倪瓒晚年生逢战乱，四处漂泊，途经苏州，写下了《烟雨中过石湖三绝》，其一描绘石湖美景：

烟雨山前度石湖，一奁秋影玉平铺。
何须更剪松江水，好染空青画作图。

舟行湖上，波澜不惊，水面平静如玉，岸上的秋景在水中若隐若现。这样的绝妙风景，空明澄澈，正可入画。但是诗人观赏如此美景，却也不能忘怀浪迹天涯的苦闷，所以其三写道：

愁不能醒已白头，沧江波上狎轻鸥。
鸥情与老初无染，一叶轻驱总是愁。

这首诗概括了诗人的不幸经历和愁苦心绪，真切地表现了身处乱世的漂泊无依和寂寞难耐。明朝画家、诗人文徵明亦曾流连于此，作有七律《石湖》：

石湖烟水望中迷，湖上花深鸟乱啼。
芳草自生茶磨岭，画桥横注越来溪。
凉风袅袅青苹末，往事悠悠白日西。

依旧江波秋月坠，伤心莫唱《夜乌栖》。

作者着力渲染石湖景致清丽温和之美，于此获得了人生的慰藉和高雅的意趣。石湖上有行春桥，又名九环洞桥，相传农历八月十七日下半夜，桥北水面可见一串月影，号称“石湖串月”。苏州旧俗，每年农历八月十八日，士女集游于此，谓“石湖玩月”，清人沈朝初《忆江南》词咏道：“苏州好，串月看长桥。桥面重重湖面阔，月光片片桂轮高。此夜爱吹箫。”这又给清雅的名胜增添了热闹的气氛。

苏州物华天宝，人杰地灵，风景秀美，古韵犹存。它像是散落的珍珠，每一个景点，每一个地名，都有一段悠远浪漫的往事，都增添了优雅浓郁的人文气质。无数文人墨客游宦于此，闲居于此，终老于此，它就是体现文人雅士情韵、格调的心灵家园。

结　语

综上所述，徐州、扬州、润州（镇江）、苏州，同属今江苏省，同在大运河沿岸，首尾相去仅数百公里，而风土人情相异，语言不尽相同，各地的历史名胜景点也各有特色，再加上每个城市在历史上闪耀光芒的年代也不同，如汉代徐州，明清扬州，宋时润州（镇江），春秋及宋明清时的苏州，都在一定时期内独领风骚。与这些城市有关的历史名胜文学作品风格也是各不相同的，其多数作品主要表现出以下一些特点。

徐州：豪放、古朴、简练、大度，着重体现汉风，有皇家气派。

扬州：绚丽、奢华、多情、休闲，着重体现商业文化的特征。

润州：凝重、忧虑、抗争、爱国，着重体现忧国之情，抗敌之志。

苏州：温柔、精致、优雅、细腻，着重体现吴韵——吴文化的精华。

人们在徐州吟咏历史名胜景点，大多数离不开刘邦、项羽等历史人物，离不开楚汉之争，因此带来一种帝王之气、英雄之气；而在扬州题咏时，又离不开昔日的繁华，离不开抵御外族入侵的浩然正气；在镇江离不开抗敌、统一的主题；在苏州则离不开吴越之争，离不开夫差、勾践、西施、伍子胥等一些人的故事。这些历史与包含在故事之中的人文精神，在某种程度上就决定了某一城市以诗歌为代表的名胜文学作品的基调，就会有相当多的作者自觉不自觉地围绕这种基调进行创作。

当然，历史名胜文学是否体现了上列一些特色，并不是千篇一律的。由于作者不同，时代（指大背景）不同，吟咏的对象不同，当时的氛围（指“小气候”）不同，有时即使同一个人吟咏同一个历史名胜景点，也可体现完全不同的特点，这是互不矛盾的。

注释：

[1]《增刊校正王状元集注分类东坡先生诗·纪年录》，文物出版社，2018年版。

[2]班固，《汉书·高帝纪》，《二十五史》，上海古籍出版社，1987年版。

[3]司马迁，《史记·项羽本纪》，《二十五史》，上海古籍出版社，1987年版。

[4]司马迁，《史记·高祖本纪》，《二十五史》，上海古籍出版社，1987年版。

[5]洪迈，《容斋随笔·唐扬州之盛》，上海古籍出版社，1978年版。“唐世盐铁转运使在扬州，尽斡利权，判官多至数十人，商贾如织，故谚称‘扬一益二’，谓天下之盛，扬为一而蜀次之也。”

[6]司马光，《资治通鉴·宋纪》，中华书局，2011年版。

[7]黄苏，《蓼园词选》，《清人评选词集三种》，齐鲁书社，1998年版。

[8]胡仔，《苕溪渔隐丛话后集》（补正重刊），人民文学出版社，1980年版。

[9]殷璠，王克让注，《河岳英灵集注·王湾》，巴蜀书社，2006年版。

[10]房玄龄，《晋书·祖逖传》，《二十五史》，上海古籍出版社，1987年版。

[11]杨慎，《词品·祝英台近词》，上海古籍出版社，2009年版。

[12]司马迁，《史记·春申君列传》，《二十五史》，上海古籍出版社，1987年版。

[13]班固，《汉书·西域传》，《二十五史》，上海古籍出版社，1987年版。康居：“王冬治乐越匿地，距长安万二千三百里。”

[14]范成大，《吴郡志·杂咏》，江苏古籍出版社，1999年版。此即元人奥敦周卿〔双调〕《蟾宫曲》“上有天堂，下有苏杭”所本。

[15][16]左丘明，《国语·吴语》，上海古籍出版社，1998年版。

[17]胡仔，《苕溪渔隐丛话后集》（补正重刊），人民文学出版社，1980年版。

城市名胜文学作品大量涌现原因刍议

一

对于城市的名胜景点，我已在专著《名胜与文学》中做出过分类和界定。因这些名胜景点而出现的诗、词、曲、联、文、赋等文学作品，不妨归之为名胜文学作品。这些作品的产生，在很大程度上得益于人们的旅行游历活动。

中国旅游活动的发展过程，在秦汉及更早时期出现的是游观、宦游等，此后又与隋唐建立科举制度密切相关。与城市名胜有关联的文学作品虽在隋唐以前的古代神话、先秦历史文学作品、楚辞等诗歌作品中显露端倪，但真正大量涌现，是在隋代之后；主要原因是实行多年的九品中正荐官制的废除，科举考试制的创立。

隋文帝杨坚（541—604）认识到自东汉、魏晋、南北朝以来实行的察举制、九品中正荐举制百弊丛生，决定废除。隋开皇七年（587）设立了志行修谨、清平干济二科取士；炀帝（569—618）时置进士科；通过各科考试合格者才有资格被录用为官。

科举制的建立，有其积极进步的意义，缓解了日益尖锐的社会矛盾，推动了科教文化的发展，选拔出大量治理国家和地方的有用之才。（当然，到明清时代走进专攻“八股文”的死胡同，则促使科举制度走向没落和崩溃）科举制度使大量出身贫寒、地位低下的读书人，可以“学而优则仕”，可以通过公平（只能是相对公平）竞争进入仕途。这种考试制度引导着一大批人走上科举应试之路，推动了文化教育事业的发展和读书人文化水平的提高。

科举制度对旅游的影响，对城市旅游景点出现大量文学作品的影响，主要是通过应试士子们经常参加与旅游有关的活动而形成的。

其一，考前的游学活动。文士书生们在平时学习过程中，需要到外地去向他人求教，需要与其他地方的文士书生共同研究讨论，聚会游学，在这个过程中往往顺便就会游览一些名胜古迹。

其二，赴试赶考时的游览活动。即使是参加乡试，考生也要到某一通都大邑，一般路途都较遥远。如明清时期今江苏、安徽、江西、浙江一带的考生都要到南京参加乡试，沿途也会顺路游览一些城市（镇）风景名胜。若到京城赶考，沿途的游览景点就更加丰富。

其三，考后结伴而游，游兴更浓。文士书生们赶考之后往往要放松一段时间，邀集同道好友，有时不直接返回家乡，而是绕道游览一些有名的城市景点。

其四，考中后的宦游活动。参加科举考中进士后，书生们通常情况下都会走上仕途，而且一般不在原籍任职，这样一来，他们的上任、离任、调动、述职，都离不开舟车之旅，这也给他们带来了许多聚散离合的变动和异地宦游的机遇。

其五，未任职时的“游幕”活动。在有一些时期，书生即使考中后也不会立即做官，而要离乡外出求职谋生。如在唐代，书生考中后往往只具备了一种步入仕途的“资格”。不少人这时就去做一些封疆大吏的私人雇员，如掌书记之类，以获得经济收入和施展才干的机会。他们的经济收入是雇主给予的，雇主可为其申请一个职位，有不少人由此成为国家的“在编人员”；一旦雇主离职或去世，他们的职位和收入便随之丧失，必须寻找新的雇主。这也进一步推动了“游幕”者人数的增加以及文学作品的增多。

至宋代，读书人一旦考中，就列入正式“编制”，很快就会到中央或地方政权为官任职，而且调动频繁。中央和地方之间的调动、地方和地方之间的调动，使很多官员在这种调动过程中接触到大量名胜景点，他们看到新奇的景物，看到历史名人留下的踪迹，总要游赏吟哦一番。有的地方官每到一处还热心建设新项目、修复老景点，以表彰前贤、寄托理想。当然也有一些“形象工程”“政绩工程”，有一些水利设施等民心工程，这又使人文景观数量增加，影响扩大。其中一些热心于公益性景点建设的官员，保护或修复了不少珍贵的古代建筑，使名胜景点的生命力长盛不衰，有的景点屡毁屡修。如相传始建于公元215年前后的岳阳楼（初建时称“阅军楼”）、始建于公元223年的黄鹤楼、始建于公元653年的滕王阁均已屡毁屡修一二十次。

科举制度的实行，还使读书人中涌现出不少复合型人才。科举一般对诗赋文笔的要求较高，据范文澜所述："607年，隋炀帝定十科举人，其中有'文才秀美'科，当即进士科。隋炀帝本人是个文学家，创立进士科，以考试诗赋为主，是不足为奇的。"（《中国通史简编》）读书人又是最富人文精神的一个特殊群体。这一支庞大的队伍，客观上成为旅游的主体，也是撰写并传播各种名胜文学作品的主体。他们既有能力，亦有愿望从事旅游，又很喜好三五成群结伴而游，在游览之余吟诗著文，应酬唱和，这又进一步刺激了文学创作，各种不同的文学体裁被广泛应用，如诗、词、曲、联等；各种不同的题材也被反复吟诵，刺激了文学作品的大量涌现。文人们逞才炫巧，争奇斗胜，总想使自己的作品得到欣赏，流传于世。文人学士、官吏幕僚们所吟诵的尚未知名的游赏对象，往往也因这些文学作品而形成新的景点。

所以，文学作品能使古老景点保持不朽的生命力，也能使未成名之景点迅速知名，还能使原本没有的景点形成一处新的游观热点。这些都与科举制度的推行密切相关。唐代以后，名胜文学作品就如泉水般喷涌而出，产生了许多千年传诵的名篇。在这种条件下，每一处历史人文景观都有或多或少的诗词、楹联、骈散文等文学作品与之并存，而且重要的历史人文景观多有文学佳作与之对应。

二

历史名胜文学作品大量涌现的原因之一，如前所述，与封建统治阶层的游观，与士人之游，与考生参加科举考试之游及游学、宦游都有着内在的联系，其中科举制度的推行对名胜文学的影响尤为重要。这是因为隋唐实行科举制度使参加旅游、游学、赴考的人数剧增。隋唐一改汉代的九品中正制，开科取士，出身贫寒低下的人，只要认真读书，也有了从政的希望。这一举措极大地调动了普通知识分子读书、从政的积极性，他们按时赶考，考前游学，考后旅游，有的同道结伴而游；官员赴外地任职也很普遍，上任、离任、述职、省亲都兼有旅游考察的性质。总之，开科取士的科举考试制度激发了文士书生们旅游的热情，旅游也成了考前、考中、考后相聚的一种最佳方式。

与此同时,科举制度对士人文学修养提出了较高要求。不少地方官员本人即是文学大家,如白居易、苏轼二人是我国古代第一流的诗人,他们先后在杭州等地任职,写出了不少描绘西湖风光的名篇佳作,同时还为这一历史人文景观做出规划,加以保护和建设,留下著名的白堤、苏堤两大水利工程,后来成为旅游胜地。欧阳修也在滁州任上写有《醉翁亭记》。远行赴考的寒门书生,为了提高学养,博取功名,遍游名山大川,考证史书正误,拓展眼界胸襟,广交文朋诗友,切磋诗歌艺术,纷纷加入旅游行列,考上进士步入政界后,各州县行政长官绝大多数要由新进士充任,使一部分官员成为高层次的旅游者和文学创作者。

历史名胜文学作品大量涌现的原因之二,是文学创作的形式和内容越来越丰富多彩,已形成规律和流派,得到长足的发展。自先秦以来,诗歌这一文学体裁即被统治阶层视为正统的文体,诗三百篇被列为“经”书之一;科举盛行后也要求士子能写诗赋。诗的地位直到清末都是长盛不衰的,散文也是如此。流行的文学体裁自汉代起增加了赋,自南北朝时期出现了骈文,自唐代起出现了词,到宋代词逐渐发展定型,调、体众多,盛极一时,到元代又新出现曲,而明清时期除了诗词骈散文等体裁外,楹联、小说也进入鼎盛时期。其中楹联虽不是专为历史名胜景点设置的一种文学体裁,但景点对这种体裁的推广和发展、成熟居功至伟,大多数精彩楹联,都是在题咏历史名胜景点中孕育产生的。在各种形式的作品中,都有一些名篇佳作,与历史名胜景点有一定的关联,因此比一般作品更多了一些传播的机会和渠道,而受到人们特别的珍爱。

历史名胜文学作品大量涌现的原因之三,是旅游基础设施和景点建设已有一定规模。如唐代全国已有驿站一千六百多处,民间旅店客舍集中在驿站附近。到元代仅中书省直辖的中原腹地和辽阳、浙江、江西、湖南、陕西、四川、云南、甘肃诸省即有驿站一千四百多处;通往岭北还有三条“国道”,设驿站一百二十多处;通往西藏设驿站二十七处(《永乐大典》卷19421、19422)

三

我国人文历史景观之所以多有文学佳作,其深层次的根源与我国旅游主体的文化传统密切相关。

1.崇尚历史的文化传统

我国的旅游者往往“信而好古”，在旅游实践活动中表现出一种崇尚历史的价值取向和尚古心理。当然，珍惜本民族的历史、爱护先辈留下的痕迹，这也是人类文明的一种表现，是值得肯定的。突出的是我国比西方各国更容易接受古老的传统。早在两千多年前，孔子就十分赞赏西周的政治制度、学术文化、礼仪民风，对尧舜时期更为向往，他说自己是“信而好古”的。

这种尚古心理的存在，与我国长期存在的农耕社会、宗法制度有密切的关系。在农耕社会，对事物的认识主要依靠年复一年经验的积累，而且人们往往为此付出了沉重的代价，所以传统的理念就是努力维护古已有之的局面，把历史上的事物看得特别重要。

同样，在旅游的理念上，也存在倾向崇古的价值观念，越是早期存在的诗歌、楹联、文章等历史名胜文学作品，自然也就越能得到推崇，并加以弘扬、传播。

千百年来，人们对自然风景旅游的兴趣，远不如对建设有古迹的景点强烈，所以我国的人文历史景点数量大大超过自然景观和现代景观，原因即在于此。仿古的景观却往往能吸引游人，如无锡建有唐城，北京、上海有大观园，河北有荣国府，山东梁山有忠义堂等。与此相一致的是：古典文学作品在历史人文景观中地位突出，文学名篇不可动摇地成为历史人文景观的“灵魂”。

2.崇尚文学的文化传统

我国的古人并非不懂得自然风光的怡人之处，但他们对于有文字记载、有文学作品的人文景观更为重视。宋代滕宗谅被贬岳阳，重修了岳阳楼后向范仲淹求记，写了一封信，即《与范经略求记书》，信中说：“窃以为天下郡国，非有山水环异者不为胜，山水非有楼观登览者不为显，楼观非有文字称记者不为久，文字非出于雄才巨卿者不成著。”这种“久而不可废，则莫如文字”，立言著文可以流传千古的认识，引导着文人墨客乐于为各地的旅游景点赋诗、填词、写记、撰联，以致涌现出成千上万的历史名胜文学作品。

明代钟惺在为《蜀中名胜记》写序时也提出：“山水者，有待而名胜者也，曰事、曰诗、曰文，之三者，山水之眼也。”眼者，画龙点睛之笔也。

3.崇尚名人的文化传统

按钟惺之说，所谓“有待”，是指山水本身不能成为名胜，要想出名而成为胜地，必须具备两个条件，一是要有诗文题咏，二是要有名人，要有奇人杰士的流风余韵。所以，名人效应也是使人文景观长盛不衰的重要因素。杭州孤山本来没多少梅花，只因宋代高士林逋栽了三百株梅，又写了“疏影横斜水清浅，暗香浮动月黄昏”（《山园小梅》）的诗句，后人就在孤山种植了大量梅花，使之成为西湖一景。苏轼写了《饮湖上初晴后雨》这首诗，内有“欲把西湖比西子”之句，一锤定音，此后西湖的别名即为“西子湖”。这些都是名人效应。

元王恽在《游东山记》中说：“山以贤称，境缘人胜。”旅游者心目中风景名胜的一个重要标准，是看此处与历史上的帝王将相、骚人墨客、文豪名人是否有关联。若有一定关联，即使景色寻常，也会令游人浮想联翩，发思古之幽情，游客对这里的感情就会加深一层。王恽举例说：“赤壁，断岸也。苏子再赋而秀发江山；岘首，瘴岭也，羊公（羊祜）一登而名垂宇宙。”

历史上许多名垂史册的胜地，都是因与名人有关，而得到永久的称颂或纪念；名胜景观中的多数，也因名人的赞赏而名传遐迩。旅游者的注意力往往集中于名人。如柳宗元被贬往永州，写了《永州八记》，引得不少游人前往探幽寻胜。也有人去后感到失望，说永州的真山真水与柳宗元笔下的山水之美相比差距颇大。尽管如此，永州山水的魅力至今并未减退，（2002年当地政府已在按《永州八记》重建各处游园）究其原因，重名人之故也。只要杰出人物曾经涉足过、赞咏过，本不出名的所在，也会因之增色，所以，旅游者崇尚名人的文化传统，也是历史人文景观有文学佳作的深层原因，是二者知名度互为因果的根源之一。

4.崇尚亲民的文化传统

我国对待旅游景观的传统理念中，还有一种贵民、亲民的因素。从官方文化来说，体现为“与民同乐”；从民间文化来说，旅游往往与民间活动密切结合。孟子早就指出，贤者与民同乐，故能乐其乐，而不贤者虽有池沼等设施，因不能与民同乐，其乐难以持久。他引用《诗经·大雅·灵台》中赞美文王以民力为台为沼而民欢乐的诗句和《尚书·汤誓》中所引商代民众仇恨纣王独乐欲与偕亡的民谚，从正反两面举例，说明“与民偕乐”与“独乐”有本质上的区别。

我国古代思想家主张“施仁政”“亲民贵民”“与民偕乐”，在对待名胜景观和旅游活动的态度上也有所体现。在中国古代，凡置国事于不顾，置民众疾苦于不顾，一味巡幸远游寻欢作乐者，即使贵为帝王也会受到谴责。如历史上常有贤臣劝谏帝王不宜外出封禅游猎。唐高宗也曾因“河南河北尚有十余州旱涝”而下了《停封中岳诏》(《全唐文》)。

出于亲民贵民的思想理念，地方官员也热衷于建设一些基础设施或旅游景点。如柳宗元建有零陵三亭，并写有《零陵三亭记》。白居易、苏轼为西湖建白堤、苏堤(苏、白二公当时修堤主要是为疏浚湖中淤泥，但同时也形成了新的景点)。当然，凡是修建水利等基础设施和旅游设施者，往往作记立碑，并表明这是在“政通人和”之际修建的，没有加重百姓负担，只会给民间增加一处游观之所云云。这也是出于体现“亲民贵民”思想的需要。尽管这一类的说明有时未必完全可信，但至少也可显示在古人心目中，重视民众生活，仁政亲民，与民同乐的思想，是被当作官员的节操和优良的传统来看待的。

既然想强调亲民、贵民，在建设旅游景观的同时，配上必要的文学作品借以说明，也是题中应有之义。这既是文学与旅游的结合，也是政治与旅游的结合，是历史人文景观多有文学佳作的又一原因。

四

城市历史名胜文学大量涌现，还有一个容易被忽略的因素，是文人学士和游客们喜好附会的心理因素。所谓附会，就是牵强认同、张冠李戴、人云亦云。我国传统的思维方式通常是用价值标准统摄对事物的认识，寓事实认识于价值判断之中，这难免带有一定的主观色彩，但由于愿意接受的人较多，也就逐步登堂入室了。

重附会的情形之一，因形似而附会。如“桃花源”景点因陶渊明《桃花源记》而著称，现自称或被指认为桃花源所在的地方即有五处之多，细细分析其原因，有一重要因素是人们认为这里的风景与《桃花源记》所述相似相近，这就是因形似而附会。

重附会的情形之二，因音近而附会。如宋邢凯《坦斋通编》“改易地名”条载有一例：“诗人好改易地名以就句法。如大孤山旁有女儿港，小孤山对岸为澎浪矶，韩子苍诗：‘小姑已嫁彭郎去，大姑长随女儿住。’”四个地名被诗人因音近而改写有三处之多，此诗流传后影响了一般受众，久而久之，连当地土著居民都以为这两座大山就是因大姑、小姑的故事而得名的了，彭郎也被赋予了具体形象和故事情节，以讹传讹，“彭郎矶”最终演变为正式地名。

重附会情形之三，因误解空间位置而附会。各地隶属关系多有变动，所辖地域时大时小，后人往往难以确认。如王粲所写《登楼赋》，所登之楼早年已毁。现湖北江陵、襄阳、当阳各有一处“仲宣楼遗址”（王粲字仲宣），至今仍在争论何处是真正的“仲宣楼原址”。

重附会情形之四，望文生义，误读古籍。如杜牧咏西施诗中有“西子下姑苏，一舸逐鸱夷”等句子，后人就附会为西施的结局是追随“鸱夷子皮”范蠡，泛舟湖上而去了。这一说法目前仍在苏州、无锡一带广为流传。

重附会情形之五，因热爱家乡而附会。谁不夸自己家乡好？谁不盼望自己家乡多出几位著名人物？因此，人们往往在与外地人交流时夸耀自己家乡，并强调某古人系本地人士，借以提高自己家乡的地位。如梁山伯、祝英台的籍贯被鄞县、宜兴两地争来争去，诸葛亮、包拯也同样被两地甚至三地争夺等。更有甚者，无中生有，拉名人以自重，则有装点门面、戏说历史之嫌。

其实，牵强附会产生的上述种种现象，由来已久，约定俗成，也就往往得到默认。“过客知有误，行人但乞灵。”不少人认为只要大家听得热闹，传得有趣，就不必较真，明知有误，也不去说破；还有一种人是“宁可信其有，不可信其无”。有的景点明明是杜撰的内容，但有其魅力，可给旅游者留下广阔的想象空间，因此流传开来。从审美效果来看，不去刻意澄清孰真孰伪，模糊朦胧一点，不少受众是能认同的，也有可取的一面。须知在不少情况下缺乏“硬证”“铁证”，认同一些模糊概念，也许容易写出好的作品。

司马迁《报任安书》中举例：“盖文王拘而演《周易》；仲尼厄而作《春秋》；屈原放逐，乃赋《离骚》；左丘失明，厥有《国语》；孙子膑脚，《兵法》修列；不韦迁蜀，世传《吕览》；韩非囚秦，《说难》《孤愤》；《诗》三百篇，大抵圣贤发愤之所为作也。”太史公自己之所以有这种深刻的认识，是因为他此时也已得罪了汉武帝，遭受了腐刑。这种奇耻大辱带来了精神上的极度痛苦，也就是因有这一个个在逆境中发愤的前贤作为楷模，自勉自慰，他才写作完成了“史家之绝唱、无韵之离骚”——《史记》。司马迁自己，同样是“愤怒出诗人”、逆境出佳作的生动实例。

毛泽东既是党的领袖，也是一位杰出诗人。他在阅读有关书籍后说：“屈原如果继续做官，他的文章就没有了。正是因为开除‘官籍’‘下放劳动’，才有可能接近社会生活，才有可能产生像《离骚》这样好的文学作品。”（《毛泽东批注历史人物》；《党内文献》1994年第5期）他在读《史记》后也有一段评述：“屈原流放而后有《离骚》，司马迁受腐刑乃发愤著《史记》。”不少历史名胜文学作品之佳作，恰恰就是在作者遭遇逆境时创作的。如苏轼被贬官至黄州，写出了《前赤壁赋》《后赤壁赋》及大量诗词；辛弃疾被困于江西铅山瓢泉十一年，以致写了一百七十几首“瓢泉之什”词，在江西郁孤台、镇江北固亭也写了多首排遣怨愤之情的佳作，使郁孤台、北固亭因词作而知名；欧阳修写《醉翁亭记》，是因遭贬后“醉翁之意不在酒，在乎山水之间也”，将自己藏身醉乡，聊作醉翁；范仲淹写《岳阳楼记》，是与邀他写记的好友滕子京都在政治上遭受打击，分别被贬到邓州和岳阳时写作的；柳宗元写《永州八记》，也是从监察御史被贬为邵州刺史，再被贬为永州司马后写的。

文化人、文学家思想活跃，而在封建专制时代的政治上往往成为被打击的对象，遭到贬谪后，一是地处荒野，偏僻孤独，容易触发深层的感叹；二是不少人在生活待遇上也一落千丈，有的甚至穷愁潦倒，如柳宗元见刘禹锡被贬到播州任职，曰：“播非人所居，而梦得亲在堂，吾不忍梦得之穷，无辞以白其大人，且万无母子俱往理。”从中可见他们被贬后生活之困顿；三是有了较多的闲暇时间，可作名胜之游，可兴文酒之会。这些，都是我国古代涌现出众多历史名胜文学作品的潜在原因。

从文学发展史的角度看城市历史名胜文学

先秦时期

先秦文学中以下几个种类，仅有少量作品与后世的旅游景点有某种关联。

1.古代神话

如《精卫填海》《夸父逐日》《女娲补天》等。古代神话有的是口耳相传流传下来，后人转录为文；也有一些是属于纯文学创作或半文学创作，即在原有较简单故事的基础上做文学加工充实而成。一些神话直接导致后世旅游景点的形成。在《中国名胜词典》（第3版）的4768处历史名胜中，有100多处的形成与知名是与古代神话有关联的，主要包括以下几处。

女娲补天的神话故事。今陕西西安骊山西绣岭有女娲补天纪念地。

大禹娶涂山女为妻的神话故事。今河南嵩山脚下，有涂山氏的化身启母石（禹和涂山氏之子名启）以及启母阙两处名胜。启母阙建于东汉延光二年（123），因避西汉景帝刘启讳，曾改名为开母阙，阙上有小篆铭文，还有东汉熹平四年（175）中郎将堂豁典所书隶字《请雨铭》。

炎帝（或西王母）之女瑶姬助大禹治水的神话故事。长江三峡现有神女峰这一名胜景点。

黄帝的神话故事。陕西省留存有汉代所建黄帝陵，每年黄帝陵都会举行盛大的祭祀活动。

伏羲与女娲兄妹造人的神话故事。我国有多处伏羲庙、女娲庙。因传说伏羲是甘肃天水人，故在天水有建于元成宗大德三年（1299）的我国最早的伏羲庙。

2.《诗经》

《诗经》中只有极少诗篇可纳入历史名胜文学作品范畴，其相对应的景点则是我国现存最早形成的历史人文景点。例如陕西省岐山县城北周公庙一带，这里北有凤凰山，东有凤凰堆，相传是《诗经·大雅·卷阿》“凤皇鸣矣，于彼高冈”之地，即“凤鸣岐山”的典故出处，其南建有周公庙，内有唐、宋以来历代碑刻数十通。这里自古就接受人们的顶礼膜拜，成为我国最早时期历史人文景点的代表。

初步统计共有七处历史名胜与《诗经》有关。包括：

《溱洧》与溱水、洧水；

《终南》与陕西终南山；

《小弁》与周幽王时期烽火台遗址；

《白华》与周幽王时期烽火台遗址；

《卷阿》与陕西西安岐山、凤凰山；

《公刘》与陕西彬县公刘墓；

《灵台》与灵台、灵沼遗址。

3.先秦历史散文

《左传》《国语》《战国策》等先秦时期出现的历史散文著作，主要是重大历史事件的记录，其中有一部分记事简练生动，带有浓厚的文学色彩，长期以来被人们所传诵。《国语》中关于吴越战争的记载、《战国策》中关于燕太子丹和荆轲的故事等，是形成景点之“因”。在吴越战争结束、荆轲刺秦王未成这些事件发生后，与之相关的地点如灵岩山馆娃宫旧址、燕太子丹为荆轲送行的易水河滨等地，都逐步成为民间可以游览的纪念性遗址，为后来逐步成为历史人文景点奠定了文学方面的基础，这些景点即历史文学名胜。

4.诸子散文

春秋战国时期，诸子百家学术争鸣空前活跃，各种著作应运而生，最主要的有《论语》《老子》《墨子》《孟子》《庄子》《荀子》《韩非子》《列子》等。诸子文章内容丰富，与此后的历史名胜景点有直接联系的，主要是各地与孔子、孟子等思想家有关的纪念性景点，如孔庙等。这些文章主要是与政治、哲学、教育学、伦理学等关联密切的文章，有一部分可列为文学作品。

5.楚辞

楚辞在先秦文学中与旅游景点有较多直接关联，它是一种诗歌体裁，也是西汉时期刘向（约前77—前6）辑集屈原、宋玉等人作品而成的一部集子的名称，以屈原（前340—前278）的25篇诗作为其核心代表作，包括《离骚》《九歌》（11篇）、《九章》（9篇）、《天问》等。屈原为我国最早的伟大诗人，"骚体" 的创始者。他在汨罗江怀石自沉，以身殉理想，使汨罗江成为两千多年来后人怀思纪念之地，这里自然而然成为旅游名胜景点，并产生了划龙舟比赛、包粽子投江供奉屈原、农历五月初五端午节（传说是屈原自沉之日）吃粽子的习俗和旅游观光的内容。与屈原有关的名胜景点虽然也是因历史人物而形成的，但与孔庙等不同，这些景点是因屈原作为文学家、诗人的身份和形象而形成了一些纪念性景点。孔庙等则是因为孔子作为儒家学说的创始人、伟大的思想家、教育家而形成的名胜景点。

屈原的其他作品也有对后世旅游名胜景点产生影响的，如《湘君》《湘夫人》两篇，对后世洞庭、沅、湘一带尊舜之二妃尧女娥皇、女英为湘江之神并广建神庙产生过重大影响，有的神庙已成为后世的旅游名胜景点。

因楚辞的影响而形成的名胜景点可以《离骚》与湖南汨罗屈子祠、屈原墓的关系为例。《离骚》开辟了一个广阔的文学领域，成为后人心目中中国诗赋的典范。《离骚》作于屈原被放逐汉北之后，是一首充满激情的政治抒情诗，是浪漫主义与现实主义相结合的艺术杰作。《离骚》所塑造的主人公形象的原型，实际上就是屈原本人。两千多年来，诗人屈原以进步的政治改革家、真理的追求者、人民利益的维护者、百折不回九死无悔的斗士形象，成为中国无数志士仁人品格行为的示范。因此，从他怀石自沉之后，全国很多地方相继建起了屈子祠。汨罗的屈子祠建于汨罗市郊玉笥山，始建于汉代，清乾隆年间移建于此，现建筑有正屋三进，中、后两进之间有过亭，前后左右有天井。屈子祠附近有骚坛、濯缨桥、独醒亭等古迹，每逢端午节更见游人云集、盛况空前。离玉笥山东北五公里处烈女岭上，至今还保存着屈原的墓葬，有一个高大的封土堆，有疑冢十二处，墓北有楚塘，水面数亩，相传是屈原女儿葬父时在这里取土，挖出的一个大池塘；墓前有清同治六年（1867）所立墓碑，上刻“故楚三闾大夫之墓”。这应当是楚辞与此后的旅游名胜景点最直接相关的代表性纪念地。当然再之后全国各地相继建有数十处屈子祠，则又另当别论。

再以《九歌·湘君》《九歌·湘夫人》与九嶷山成为旅游一景的关系而言，上古时期娥皇、女英二妃的故事，最初出自古代神话传说，影响还不能算很大。直到出现了楚辞这一种诗歌形态，由屈原在民间祭歌基础上重新创作了“九歌二湘”，才进一步扩大了影响，这种影响远远超过了原有神话传说与楚地祭神歌曲带来的影响。

九嶷山又称苍梧山，在湖南宁远县南。《史记·五帝本纪》载：“（舜）南巡狩，崩于苍梧之野，葬于江南九疑。”今仍有舜庙遗址、碑刻。庙后为舜源峰，前为舜帝二妃两峰。二妃墓则在洞庭湖君山，四千多年前，舜南巡死于苍梧之野，相传二妃来此地寻夫登上君山，忽闻舜帝已死，遂攀竹痛哭，泪血滴在竹上，竟成斑竹。娥皇、女英二妃也死于君山并葬于此。墓为石砌，墓碑为“虞帝二妃之墓”，墓前引柱有对联“君妃二魄芳千古，山竹诸斑泪一人”。如今九嶷山、舜庙、二妃墓均为我国重要的历史文化遗产，重要的旅游胜地。

《九章·怀沙》与汨罗江旅游也密切相关。《怀沙》作于屈原怀石自沉于汨罗江之前，人们将此诗作为屈原的绝命遗作。“怀沙”，朱熹《楚辞集注》的解释是：“怀抱沙石以自沈也。”还有另一种解释，说是“怀念长沙，欲往其地而死”。（清代蒋骥《山带阁注楚辞》：“怀沙之名，与哀郢、涉江同义。沙本地名，即今长沙之地，汨罗所在也。曰怀沙者，盖寓怀其地。”）从诗章本身的内容情感和《史记》所载史料分析，“怀沙”指“怀抱沙石以自沉”较为可信。

诗人的自沉，并不仅仅是悲哀失望，而是始终同理想抱负相联系，希望以自己的死来震撼民心，唤醒君主，表述清白与忠诚。因此屈原之死激起了后人的同情、理解和感慨，树立了他在史学界、文学界的崇高地位。

汨罗江也因屈子之死而成为一个重要的纪念地。每年端午佳节，这里有成千上万的人前来凭吊，赛龙舟、吃粽子、饮雄黄酒，的确是热闹非凡。而屈原这一崇高的爱国者形象，则伴随着这些旅游名胜景点家喻户晓。

如上所述，在先秦文学中与旅游名胜景点直接有关的作品，从文学作品种类上分析，诗歌是最早的一种，其代表作有楚辞中的《离骚》《怀沙》《湘夫人》等，具有代表性的作者是我国最早的伟大诗人屈原，代表性旅游名胜景点为凤凰山、周公庙、灵台、汨罗江屈原沉江纪念地、沅湘一带水神庙等。

与历史名胜景点间接有关的一些先秦诸子著作，其思想、哲学、政治色彩浓厚，当然这些著作也有一定的文学色彩，但其思想价值远大于文学影响。这一类著作的主要代表是记录孔子及其弟子言行的《论语》、孟轲的《孟子》。这两位儒家学派“至圣先师”和“亚圣”的出生地——山东曲阜和邹县均已成为我国自古以来重要的旅游胜地。曲阜的孔府、孔庙已成为国家级重要文物保护单位、4A级旅游景区，曲阜和邹县每年接待国内外旅游观光者三百多万人次。我们决不能认为，人们怀着满腔热情到这两地旅游，是与《论语》《孟子》这两部典籍无关的。世界各国的读者或游人，大概都是通过这两部书中的某些篇章，了解到孔、孟的思想，才产生了到孔、孟的家乡旅游观光的意愿。当然，也正由于有了这两部书，封建时代历朝帝王多数尊孔、尊孟，以儒教儒学作为治国之道，同时多次增加封号，大兴土木兴建孔府、孔庙、孔林，形成了规模宏大的“三孔”历史名胜景点。可以说孔、孟的名声与影响有相当大一部分是他们的著述带来的，孔、孟家乡的旅游硬件设施也有相当大一部分是因这些经典著作带来的，这些属于思想类、文史类的作品间接地推动了旅游名胜景点的发展，这也是一处实证。

与文学历史名胜有关联的散文作品中最早的文字资料可以《国语·越语·勾践灭吴》与《战国策·燕策三·燕太子丹质于秦亡归》为例。与《国语·越语·勾践灭吴》一文相对应，有馆娃宫等名胜景点，而且文字资料的出现仅仅稍后于景点的客观存在。勾践灭吴的故事，不但是一段信史，而且充溢着浓烈的戏剧色彩、文学色彩与传奇色彩，因此常为古代的各类著作所提及。如《淮南子》《庄子》《孟子》《越绝书》《管子》《吴地志》《姑苏志》等。

关于西施的下落，也有多种书籍有所记述。

《越绝书》称：“西施亡吴国后，复归范蠡，同泛五湖而去。”这似乎有点落入俗套——给“英雄”“美人”一个共同的美好归宿。《墨子·亲士》称：“是故比干之殪，其抗也；孟贲之杀，其勇也；西施之沉，其美也；吴起之裂，其事也。”《墨子》成书年代与西施在世年代相近，且同举四例，比干、孟贲、吴起三人之事均符合史实，所以，西施之被杀而沉于水当属比较可信。

为什么唐代以后有人相信西施与范蠡泛舟五湖经商去了呢？问题出在杜牧的诗上。《吴越春秋逸篇》称“吴亡后，越浮西施于江，令随鸱夷以终”，杜牧望文生义（也可能是故意或人云亦云），从“鸱夷”想到了范蠡曾自号“鸱夷子皮”，从而联想为西施随范蠡而去了。杜牧在《杜秋娘诗》中有“西子下姑苏，一舸逐鸱夷”之说，故后人以杜牧之说为依据，并从善良的愿望出发，将西施与范蠡捏合为一对情侣，让他们泛舟五湖而去。（传说范蠡后成巨富，号陶朱公）

其实《吴越春秋》的“浮西施于江”，所谓“浮”，仍是“沉”的意思。杨慎《丹铅总录》云：“浮，沈也，反言耳。”唐李商隐《寄成都高苗二从事》诗云：“莫将越客千丝网，网得西施别赠人。”皮日休也有诗：“不知水葬归何处，溪月弯弯欲效颦。”均可作为旁证。

鸱夷，杨慎（1488—1559）等释为与伍子胥有关：“以伍子胥之遭谮死，西施有力焉。胥死，盛以鸱夷；今沈西施所以报子胥之忠，故云随鸱夷以终。”“鸱夷”，即“革囊”，因伍子胥死后被人装进革囊抛尸江中，处死西施亦盛于革囊沉江，似乎有一定联系。

总之，西施与馆娃宫，吴王与虎丘剑池，都是著名人物与著名胜景，战国年间关于勾践灭吴的文章，应属最早影响到后世形成一批历史名胜景点的文学作品之一。

《战国策·燕策三·燕太子丹质于秦亡归》也是散文名篇。与其相对应的人文景观有今河北易县荆轲塔等，且《战国策》的篇章成文于战国期间，与《勾践灭吴》等有关吴越之战的著作成文时间相近。这篇散文提到燕太子丹、高渐离等人在易水边为荆轲送行时，高渐离击筑，荆轲高歌长吟“风萧萧兮易水寒，壮士一去兮不复还”。这首短诗（只有两句十五个字）是荆轲咏于秦王政二十年（前227）的绝命诗。当时燕太子丹招罗了一批门客，为抵御秦国入侵做了很多策划，其中一个计划就是派勇士去刺杀秦王嬴政，这一重要任务将由荆轲承担，于是燕太子丹、高渐离等在易水边饯别荆轲以壮行色。荆轲在高渐离击筑的乐声中吟唱《易水歌》，表达了自己视死如归的牺牲精神。如今易县还遗存荆轲塔，考古人员在挖掘中发现燕下都遗址在今易县城东南，北易水和中易水之间。燕太子丹送别荆轲即在此地。荆轲塔位于易县城西南三公里处荆轲山上，初建于辽乾统三年（1103），清代重修，并刻有“寺与塔非为山而设，为荆轲而设也”等语，八角13层，高26米。2200多年前的英雄人物荆轲的故事，将伴随着《易水歌》和荆轲塔永远流传下去。这两句诗尽管很短，但也如“天苍苍，野茫茫，风吹草低见牛羊”一样，属于古典式的朴直诗篇。荆轲的这两句诗从类型上看也可以列入广义的名胜文学一类。作为诗，这一作品成文时间比屈原的《楚辞・湘君》要晚，因此不能列为最早的名胜文学中诗一类作品的代表；但录有此诗的《战国策・燕策三・燕太子丹质于秦亡归》这篇散文，则可以与《国语・越语》中的《勾践灭吴》等作品相比肩，共同列为有具体景点与之对应的早期散文类作品之一。

汉魏以降

1.汉魏六朝时期

在文坛影响最大的主要有两大类，一是诗，一是赋。诗、赋上承《诗经》《楚辞》的影响，下启唐代诗歌的全盛时期，发挥着不可或缺的作用。在描写名胜景点或涉及名胜景点的作品中，也以诗、赋居多。

汉魏六朝时期诗歌方面的实例，如刘邦《大风歌》与江苏徐州沛县歌风台，《桃花源记》与湖南常德武陵桃花源遗址，《木兰诗》与河南商丘虞城木兰祠等。

徐州歌风台有两块碑，一块是元代大德十年（1306）按汉碑摹刻的《大风歌》，还有一块年代更久，字迹模糊。因此歌风台、《大风歌》碑至少在元代以前即已出现。当然这也属于先有作品后有景点。如果刘邦当年不吟唱《大风歌》，沛县人同样会建造一个其他景点来说明“汉高祖刘邦是沛县人氏”，不会“浪费”这一无形资产；恰好汉高祖还乡时诗兴大发，作了一首诗歌而且颇有“王者气度”，后人以此刻碑筑台建亭也更加理所当然。因此，这亦可说明建造这一类兼有纪念性、宣传性色彩的景点时，推动这些景点形成的诗歌、文赋等文学作品，因其便于镌刻、保存、传诵，往往是首选的一种内容，可借助必要的形式加以展示。

晋代较为有名的推动形成名胜景点的文学作品则有王献之的《桃叶歌》。这首歌给南京市中心带来了一个历史名胜景点，即秦淮河桃叶渡。王献之（344—386）当年曾为他的爱妾桃叶写了《桃叶歌》，其中流传最广的两首是：

其一

桃叶映红花，无风自婀娜。
春花映何限，感郎独采我。

其二

桃叶复桃叶，渡江不用楫。
但渡无所苦，我自来迎接。
（一作“我自迎接汝”）

相传王献之住在乌衣巷，桃叶有时要渡秦淮河往来，王献之常来迎接，还写了有关迎接桃叶的上列几首诗。因此，从东晋时起，秦淮河上这一处渡口就被称为“桃叶渡”了。桃叶渡以木船渡人过河延续了一千二百多年，直到清顺治三年（1646）建造了利涉桥，才结束了以船摆渡的历史，但“桃叶渡”的地名，因王献之《桃叶歌》的影响，至今仍在使用，并已成为秦淮文化中一处重要的历史人文景点。

赋是一种介于诗文之间的文学形式，是诗歌的演变。班固在《两都赋序》中说：“赋者，古诗之流也。”这就是将诗与赋列入一门。赋既有韵律、节奏、又夹带着散文的铺陈直叙；赋吸取了《诗经》《楚辞》的营养，正如刘勰在《文心雕龙》中所说“赋也者，受命于诗人，拓宇于《楚辞》也”，特点是体制宏伟，辞藻华丽，文笔恣肆，抒情淋漓尽致，这一时期与名胜景点有关的赋作，有司马相如的《上林赋》、王粲《登楼赋》等。

历史名胜文学作品中最早的一篇赋应是司马相如（前179—前118）的《上林赋》，这是与《子虚赋》内容相衔接的两篇赋。《子虚赋》是借子虚先生与乌有先生的相互夸耀，盛赞齐楚诸侯国的地域广大与物产丰盛；《上林赋》

则写亡是公借批评子虚先生、乌有先生，又大肆夸张天子上林苑的富丽和狩猎场面的浩大声势，以说明诸侯比不上天子。最后曲终奏雅，天子有所悔悟，决心行仁施惠，不再劳民伤财。这是一种讽谏的形式。但上林苑的确是秦汉时期皇帝的巨大林苑，故址在今陕西，有离宫七十余所。至今还有可以一游的旧址所在。

王粲（177—217）写有一篇《登楼赋》。王粲所登之楼早年已毁，而如今已有多处地方宣称自己这里就是当年的“仲宣楼原址”。《登楼赋》言简意深，抒写悲愤之情，节律优美通畅，是赋中之佳品，对后人之赋有一定影响。几乎同时出现的还有曹丕（187—226）的《登城赋》，所登之城应是洛阳城。

还有一些名赋如鲍照的《芜城赋》、王延寿的《鲁灵光殿赋》、边让的《章华台赋》、曹植的《洛神赋》等，不过其中对历史名胜景点影响最大的，还是王粲的《登楼赋》。

2.唐宋

到了唐代及其后一段时期，诗歌是最具代表性的主流文学表现形式，因此，唐代名胜文学的精品集中于诗歌。其中较有代表性的是王之涣《登鹳雀楼》，与之相关的景点是山西永济鹳雀楼。

白日依山尽，黄河入海流。
欲穷千里目，更上一层楼。

王之涣（688—742）的传世之作只有六首，但这一首《登鹳雀楼》和另外一首《凉州词》，就足以奠定他在唐代诗人中的地位，也足以体现唐代名胜文学的主体即是诗。

唐诗中其他与名胜相关的作品，如李白《赠汪伦》与安徽泾县桃花潭，李白《梦游天姥吟留别》与浙江新昌、天台旅游胜景，李白《早发白帝城》与重庆奉节白帝城、白帝庙，崔颢《黄鹤楼》与湖北武汉黄鹤楼，杜甫《蜀相》与四川成都武侯祠，杜甫《茅屋为秋风所破歌》与四川成都杜甫草堂，张继《枫桥夜泊》与江苏苏州寒山寺，刘禹锡《石头城》与江苏南京石头城，白居易《长恨歌》与陕西西安华清池、兴平马嵬坡，杜牧《寄扬州韩绰判官》与江苏扬州瘦西湖二十四桥，杜牧《山行》与湖南长沙爱晚亭等，真是不胜枚举，大部分诗章都是城市历史名胜文学的经典之作。

在唐诗中还有一类诗作与历史名胜景点关联甚多，就是边塞军旅诗。如：

凉州词二首（其一）

王之涣

黄河远上白云间，一片孤城万仞山。

羌笛何须怨杨柳，春风不度玉门关。

出塞二首（其一）

王昌龄

秦时明月汉时关，万里长征人未还。

但使龙城飞将在，不教胡马度阴山。

从军行七首（其一）

王昌龄

青海长云暗雪山，孤城遥望玉门关。

黄沙百战穿金甲，不破楼兰终不还。

玉门关，西汉武帝置，故址即今甘肃敦煌市西北小方盘城，与在其西南的阳关同为通往西域的门户，因而现在这两地都成了当地著名的历史人文景点。这三首七绝，都是唐诗中边塞军旅诗的压卷之作，雄奇豪迈，意境壮阔，语言自然流畅，富有音乐韵味。

后来的宋诗、清诗中，固然也有较好的边塞军旅诗，但似乎从气势上、影响上看，都相去唐诗较远。而唐诗中尤以七绝为此类诗歌的代表（前文中所举唐诗例作，也多为唐诗中的绝句），七律及古体诗均不及七绝，这是何故？这里面有无规律性可寻？

规律之一，七绝短小字少，便于在行军途中甚至在马背上哼吟而得。作者不用提笔，就能对全诗做出整体构思设计，在心里打好腹稿并反复吟哦推敲，锤炼字句，容易吟得好诗。

规律之二，七绝切入主题快，场面意境宏伟，而七律因要设两组对仗，回环往复，气势上颇难与简练的七绝相比。古体诗格律自由，往往也比较长，并有一些情节和多幅画面，比七绝难记，其影响一般无法达到这几首七绝的水平。

规律之三，唐人写诗往往浑然天成，不晦涩，不抽象，用典也比较少；唐代诗坛大家云集，好的诗作数量颇多，这也与大唐盛世国力强盛，诗人、军人都有一种自豪感不无关系。因此人们喜爱的边塞军旅诗往往是唐诗中的七绝。

历史名胜文学中最早的诗文，出自先秦时期，其原因一是先秦时期已有真正的民众所能游观的人文名胜景点，如前文所述公元前十世纪有岐山、凤凰山、灵台，公元前七百多年有镐京烽火台，再后有苏州灵岩山馆娃宫遗址、虎丘剑池等。二是先秦文学体裁主要只有诗、文两大种类，还没有出现其他品种。三是因为先秦诗文作品洋洋大观，中国的文化、中国的文学都已相当繁荣。因此，寻找最早的名胜文学诗文，非先秦时期莫属。但最早的词——这里指可列入历史名胜文学的词，却直到唐代才开始出现。因为词兴起于隋唐，起初是民间的“曲子词”，后来被文人所接受，改造成一种新的抒情诗的样式，到晚唐这种诗歌体裁已臻于成熟。我搜寻多种作品集、文学史书籍，发现最早的勉强可列入历史名胜文学词作的例子是李白的《忆秦娥》（箫声咽）：

箫声咽，秦娥梦断秦楼月。秦楼月，年年柳色，灞陵伤别。
乐游原上清秋节，咸阳古道音尘绝。音尘绝，西风残照，汉家陵阙。

这首词涉及“灞陵”“乐游原”“咸阳古道”“汉家陵阙”这些实景，都是如今西安一带（当年长安、咸阳）的历史名胜景点，虽然泛泛而指，但因是探索历史名胜文学的起源，这一首词也可作为特例。李白之后的词作也可以从白居易、张志和、温庭筠、韦庄、冯延巳、李煜的作品中去搜寻，如张志和《渔歌子》（西塞山前）。

到了宋代，词的写作在文人中蔚然成风，作品数量多、质量高，因此宋代新的名胜文学主流形式已不仅仅是诗，而也包括词了，如：

苏轼《念奴娇·赤壁怀古》与湖北赤壁；

辛弃疾《水龙吟·登建康赏心亭》《念奴娇·登建康赏心亭呈史留守致道》与江苏南京赏心亭；

辛弃疾《菩萨蛮·书江西造口壁》与江西赣州郁孤台等；

张孝祥《水调歌头·金山观月》与江苏镇江金山；

王安石《桂枝香·金陵怀古》与江苏南京秦淮胜迹；

陆游《钗头凤·红酥手》与浙江绍兴沈园。

3.元明清

诗词的高峰已分别在唐、宋之际达到了极致，到了元代，开始进入一个发展相对缓慢的时期。尽管入诗入词的题材仍有一些开拓，少数作品艺术上也有一些创新，但从总体上看亮点不多，这时异军突起的一种新的诗歌体裁即是散曲。

元代散曲吸收了散文灵活自由的句式特点，增添了衬字，平仄互叶；格律要求也不同于诗词，因此而兼具散文和诗歌两方面的一些优势，引起不少文人的喜爱，作品大量涌现。

散曲中与名胜景点有关联的实例：

王恽〔正宫〕《黑漆弩·游金山寺》；

关汉卿〔南吕〕《一枝花·杭州景》；

鲜于必仁〔双调〕《折桂令·卢沟晓月》；

张养浩〔中吕〕《山坡羊·潼关怀古》。

以上这些元代散曲中涉及城市名胜景点的名篇，分别与江苏镇江金山寺、浙江杭州西湖、北京卢沟桥、陕西渭南潼关等名胜景点有直接的关联，并推动了这些景点知名度的提升，特别写西湖景观的散曲数量是比较多的。当然，元曲的影响力在很多方面不能与唐诗宋词相比，在一般旅游人群中的传播也有一定的局限，这也是客观存在的事实。

明清时期由于国家统一，科举制度成熟，文化教育比较发达，文学作品数量甚巨，其中与名胜景点有密切关联的作品大类，至少可以列出诗、词、楹联、小说四大类。曲、赋、散文之类作品当然也很多，但成就不如前四类突出。

明清词与诗的情况有点类似，数量多，涉及面广，但直接关联名胜的相对偏少。而明清楹联较之诗词却是一枝独秀，成为时代特色。在明清五百多年中，大多数旅游名胜景点被配上了楹联，在目前全国四千多处配有楹联作品的名胜景点中，据统计约有53%的楹联作品出自明清时期文人之手。（我在专著《名胜与文学》一书中已有专题介绍）

明清时期对后世较有影响的另一大类文学作品是小说。因明清小说而形成名胜景点的实例很多，此处仅作一简介。

因《西游记》的影响及对《西游记》作者吴承恩籍贯、故居的考证，吴承恩的家乡江苏连云港花果山已成为诠释《西游记》中花果山的名胜景点。

因《红楼梦》的影响及对《红楼梦》作者曹雪芹家世的考证，在北京西城区、上海淀山湖已出现两处“大观园”风景名胜，南京也形成了乌龙潭红楼山庄、大行宫江宁织造署遗址、随家仓大观园遗址等名胜景点的格局。

因魏、蜀、吴三国鼎立的一段历史十分重要，再加上小说《三国演义》的影响，国内外许多地方建有关帝庙，三峡一带有张飞庙、白帝城，各地有数十处武侯祠、诸葛亮庙，甘露寺、赤壁等地也是与三国的历史或一部分虚构的故事有关联的名胜景点。

因《水浒传》的影响，山东及江苏等地有不少与梁山好汉有关联的名胜景点，如景阳冈、阳谷县衙、九江浔阳楼、狮子楼酒家、快活林酒家、沧州铁狮子等名胜景点。

体裁选择

城市历史名胜文学作者对创作体裁有不同的选择倾向。中国历史各个阶段、各个朝代，文学发展方面可以说各有其代表性，在当时都有成就特别突出的文学样式，如汉赋、唐诗、宋词、元曲、明清小说等。但历史名胜文学是否必然表现为当时流行的主体文学样式，看来也并不尽然。大部分是一致的，也有一部分是不相一致的，特别是唐诗宋词的巨大影响形成以后，从宋代开始，历史名胜文学开始出现体裁多样化的趋势。几乎每一个重要的朝代都有新的文体产生，这种新文体不一定是当时占主流地位的文学作品体裁，但因其特别的成就而被后人认定为代表性的文体，如宋词、元曲等即是如此。

文体在逐步增多，历史名胜文学的体裁样式也越来越丰富多彩。

词兴起于隋唐时期。公元589年隋灭陈，结束了270多年南北朝时期的分裂局面，国家政治上统一了，经济上融合了，民族关系缓和了，文化上也就交汇起来，因而产生了词。早期的词中有一部分是汉族的民间音乐为主的唱词，后来加上了一些少数民族的曲调和外来音乐，被称为“燕乐”（亦可称“宴乐”），配合燕乐的曲子词，常在宴会上演唱。但隋词未能流传保存，如今只有《河传》《水调》《泛龙舟》等几个词牌名；这些词牌名可能与隋炀帝热衷于乘舟游山玩水有一定关联。唐代的敦煌曲子词，被称为词之鼻祖，但没有什么作品能归之于历史名胜文学。

唐代曾有不少诗人写词，如李白、韦应物、张志和、白居易等，但也只有少数几篇作品能归入（或勉强视同）历史名胜文学。

宋代词作丰富，确有不少名胜文学作品是以词的形式出现的，但也不排除这一时期散文的影响，如《岳阳楼记》《醉翁亭记》，以及苏轼的前后《赤壁赋》等，这些文赋类作品都是历史名胜文学的重要代表作，说明在这些名胜面前，宋人从事文学创作所经常选择的体裁还有散文这种形式。

明清时代虽以小说作为文学史的代表性文体，但明清时期历史名胜文学的大量创作集中于楹联，中国历史文化名胜景点的数万副楹联，约有53%是明清时期创作的，40%是辛亥革命以后创作的。楹联这种文体的产生与盛行，明显是与历史文化名胜景点的影响密不可分的。历史文化名胜景点如同一幅图画，需要用文字“点题”，指出其特色，或产生某种联想。“点题”最合适的文体，经文人们数百年的实践、筛选，到明清时期大家的认识逐步趋于一致。人们普遍认为用楹联来为景点“点题”、增色、扬名是最方便、最直接的一种方式。因此，明清以来文人撰写楹联的文学水平，在众多景点的吸引、众多名家的推动下，逐步臻于成熟，达到巅峰。

这种不同时期历史名胜文学的写作形式与代表当时时代特色的文学体裁相一致或局部不相一致的原因何在？

二者一致的原因，主要是一般作者在选择文学创作的表现形式时习惯采用最具当时时代特色的体裁。这种体裁，往往又是适合作者反映对某一景点的观感、联想的最佳形式，并且便于展示、传播和记忆，得到读者的喜爱、肯定。简言之就是追随时尚、扬长避短、便于传播、立言传名（当然也有作者以写作为乐，做诗文自娱而不向他人展示的，另当别论）。

二者不一致的原因，主要是作者往往选择自己所擅长的一种文体，以便驾轻就熟，写出精品杰作。随着时代的推移、文化的发展，可供选择的文体越来越多；而最适合自己写作的形式，往往因人而异，有人擅写诗，有人擅作词，有人擅拟联，有人擅写骈散文，所以越到后来，特别是宋元明清时期，就越会出现历史名胜文学体裁多样化的现象。

还有一个二者不一致的原因是当时最具时代特色的文学品种不适于写名胜文学，如明清时期小说虽在文学史中占重要地位，却不曾有人特意去写一本小说来反映旅游名胜景点。但有时是种豆得瓜，小说问世后不经意之中推动出现了一个旅游景点的情况也是有的。

再一个影响历史名胜文学写作体裁的原因是受众是否喜闻乐见。从总体上说，古往今来的旅游者到了某一名胜景点，最喜闻乐见的文化内容是文学作品，在文学作品中最喜闻乐见的，第一是楹联，因楹联便于书写、镌刻、展示，短小精悍便于记忆，且又能集中、鲜明地表达作者的思想感情，故而容易获得广大游客即受众的赏识，因此，楹联受到创作者和受众的普遍欢迎；第二是诗歌，诗歌也有字数少，便于书写、镌刻、展示，能雅俗共赏等特点；第三是骈散文，写作骈散文时能不拘一格，思想容量大，能写得深刻、周到。

诗词、楹联成为历史名胜文学作品最多的体裁，还有一个潜在的推动力量，是我国及日本、韩国等少数国家特有的书法艺术起到了支持作用。诗词、楹联最便于以书法作品的形式在景点做展示，游人也非常乐于在名胜景点见到令人赏心悦目的名家书法作品。书法家或名人们以创作书法作品为乐事，但书写内容往往成为主要问题。多数书法家和名人的书法作品取材于他人所作的诗词楹联，而与历史名胜景点有关联的诗词楹联，因其便于在景点公开展示，而成为书写者所特别重视的体裁之一。这样一来，书法艺术又从另一角度促进了诗词楹联等历史名胜文学的进一步繁荣。

第一区：山水城林　举世闻名

到南京来参加南京历史文化博览会的国内外嘉宾，对南京的湖光、山色、城墙、绿化，无不交口称赞；而最能体现这山水城林特色的地方，当然是玄武区——这个因玄武湖而命名的南京第一区。

的确，玄武区以其文物古迹之多、湖光山色之美、绿化面积之大，被誉为“花园城区”，名副其实，名满天下。1800多年前，东吴孙权就开始在这里建设都城宫阙；连绵300多年的六朝古都，在世界的文明史、文化史上留下了灿烂的篇章。作为南唐之都、明初之都、太平天国之都、民国之都，无不留下了一段段东方大国精彩无比的历史。

据20世纪80年代的文物遗存调查统计资料，全市当时拥有3处国家级文物保护单位，全部坐落在玄武区范围内；省级文物保护单位63处，有14处坐落在该区，占比例22%，居全市第一位。全省人气最旺的两大旅游景点，一是钟山风景区，二是总统府旧址，也都坐落于此。

除了文物古迹数量众多之外，玄武区还以其优雅、华贵、舒展、大气的特质风格，征服了无数来到南京的中外宾客。区内的南京火车站，被人们赞为“最美车站”，原因在于每天成千上万的旅客一出车站，只会觉得眼前豁然一亮：百米远处就是方圆近五里、大名鼎鼎的玄武湖，碧波万顷，白帆点点；再远，即可眺望钟灵毓秀的紫金山、古朴雄伟的明城墙，旅途劳顿，一扫而空。此种大美景象、思古幽情，一定要身临其境，才能心领神会。

无怪乎自20世纪初就排出编序的南京六个城区（今已调整为四个）的序号，玄武区赫然位列第一。玄武区不但拥有众多的政府机关、文物古迹，还有中国科学院南京分院等一批科研机构，东南大学等一批国内一流大学，南京外国语学校、北京东路小学等一批高质量中小学校。这里还是整个华东地区的军事机构中枢所在，这个以江南文化、妩媚轻盈为基调的南方城区，又因平添了几分北方大汉的威武粗犷之气而更具魅力。

玄武区的人均可支配收入在2016年已达到5万多元，居各城区首位。这正说明区里虽然没有多少大型工业企业，却可以凭借科技，凭借服务，凭借珠江路一条街，凭借徐庄等几个产业园区，照样可以发展经济，提高收入。

在“十三五”期间，玄武区已经有了一个良好的开局，产业结构也正在进一步优化调整组合。我们相信，玄武区完全可以乘势而上，以其60多万常住人口，近80平方公里的山水城林，创建一个更显特色的一流城区。到2020年，全区居民人均可支配收入将超过72000元，在全市乃至全省继续领跑；城区绿化率将达到62%以上；玄武区的文物保护、文化传播必将得到进一步的加强，其“一城两街三片区”发展思路将得到进一步的体现。这里的“一城”，指的是红山新城，“两街”指的是珠江路创业大街和长江路文化旅游大街，“三片区”指的是要进一步发展CBD核心区、依山科技创新区、环湖旅游服务区。

我们期待着玄武区的明天更加美丽，成为“经济强、百姓富、环境美、社会文明程度高”的“强富美高”标志区、示范区。

本文原载《古都南京》
南京古都学会主办
2017年第8期

鲲鹏展翅看栖霞

打开南京市地图，我们就可以看到，在市区东北部沿长江之滨，栖霞区的地形恰如鲲鹏展翅，又如战鹰巡航，昂首飞向远方。栖霞区的同志们自豪地说，这也是我们栖霞人的精神图腾。

是的，栖霞人真是干出来的。改革开放以来，尤其是这二十多年来，在这一片江滩山丘农田之中，他们建起了一个跻身我国国家级经济技术开发区十强的南京经济技术开发区。2017年开发区在国家级经济技术开发区53项考核指标中，有38项优于全国平均水平，在产业集聚、科技创新方面处于全国领先地位，综合排名迈入前十名，成为国家生态工业示范园区。他们又建起了一座国内规

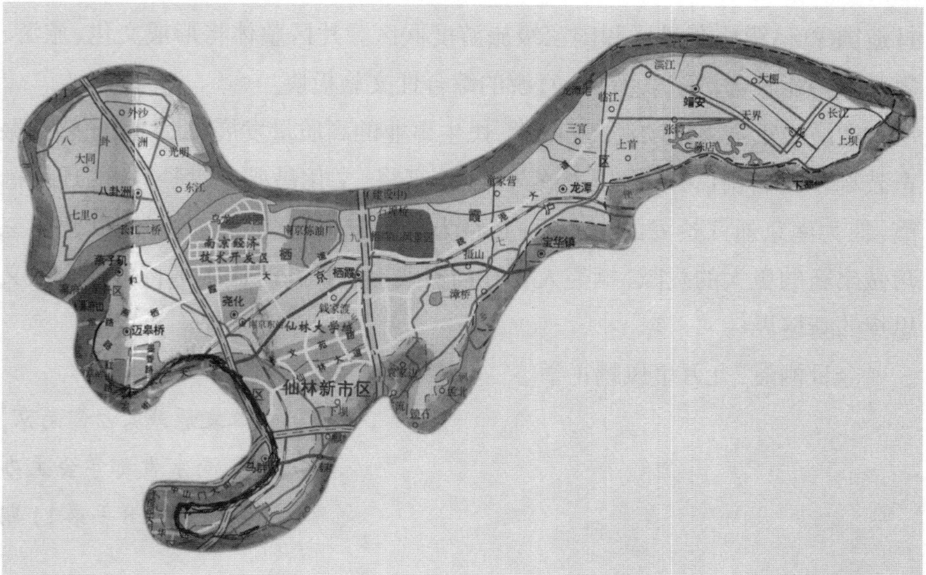

栖霞区的地域图真如鲲鹏展翅

模最大、设施最全的现代化一流大学城，有南京大学等12所著名高校入驻，在校师生超过20万人。他们还建起了成片的整洁便捷宜居的新城区居民区。2017年栖霞区地区生产总值突破千亿大关，增长9%以上，增幅位居全市前列；全体居民人均可支配收入与GDP增幅保持同步。全区经济、社会、生态环境建设都取得了令人瞩目的巨大成就，为高水平全面建成小康社会奠定了坚实基础。

栖霞区的文化建设也已大展宏图。“一座栖霞山，半部金陵史。”这里以南朝古寺、南唐舍利塔、千佛岩、三论宗发源地为代表的宗教文化，以秦代、明代、清代帝王诗文题刻和六朝石刻为代表的历史文化，以绿叶红枫大江东去为代表的景观文化，近年来都得到了前所未有的保护和开发。目前，栖霞区组建了风景区综合开发管委会，高起点制定发展规划，高标准建设文化栖霞。近年栖霞山片区拆违拆破和景区提升成效显著，拆迁面积130万平方米以上，新建景区栈道10公里，改造、补植红枫2.6万株，栖霞山非遗文创小镇被评为首批市级特色小镇。

按照规划，栖霞山景区通过打造升级将形成“两个延伸，一个转变”，即时间上由“秋栖霞”向“四季栖霞”延伸，空间上由目前4平方公里的核心景区向10平方公里的大景区延伸；实现由观光型旅游向休闲度假型旅游转变，打造国家5A级旅游景区和国家级旅游度假区。片区整体将形成文化、旅游、教育多功能融合，宜学、宜居、宜游的综合性文旅板块。

栖霞人正全力推动经济、城建、民生事业的高质量发展，我们为此感到振奋鼓舞。我们相信，一个历史悠久、经济富裕、文化昌盛、人民幸福的现代栖霞，作为南京通江达海的东大门，必将为融合宁镇扬、连通苏锡常、共建长三角做出新的更大的贡献，栖霞人将开创实践习近平新时代中国特色社会主义思想的新境界。

今日栖霞，九万里风鹏正举。

本文原载《古都南京》
南京古都学会主办
2018年第11期

我的学习经历

一个人从出生到古稀耄耋之年，各个年龄段都应勤于学习，善于学习。这就像一场百十公里路的长跑，起跑快几步、慢几步，其实真的不必计较，重在参与，重在过程。每个人只要不断学习、不断总结，调整方式和速率，就可以找到最适合自己的规律循序渐进，跑得快且远，成为更有意义的“赢家”。冠军只有一个，“赢家”则人人可争。以我自己为例，我的“起跑”就慢了好几步。

“复式”班小学

我1948年生于浙江省海宁县（今海宁市）县城，没有上过幼儿园就直接上了小学。这是一所以“复式班”为主的“完全小学”，只有三四个教室，要容纳六个年级的学生，所以教室里常常是轮流“复式”上课。

我们的班主任周老师是位中师毕业的“全科式”教师，她有时先给教室西侧的高年级班二十几个学生讲“算术”，我们自习或旁听。三四十分钟后，她又来到教室东侧，给我们低年级12个学生上“国文”课，高年级学生则开始自习或者做她布置的加减法计算作业。

周老师倒是挺敬业的。我们小学生都很喜欢她，听她讲故事，跟她学唱歌，她就像我们的大姐姐一样。实际上她也只有20多岁，属于刚参加工作的青年教师。

1957年春节前，我家的户口迁到了南京，我转学进了南京的金沙井小学。当时我只有9岁，学校离我家有一公里多（从淮清桥到今秦淮区委党校），每天往返4次，我都是独自一人背着个小书包步行几条街上学、放学，从来不需要接送，也从来没有背过大一点、重一点的书包。当年上小学、中学，每学期只要学好每门课三四十页一本书的内容就可以了，也没有什么超出教学大纲的题目或比赛，所以我们学得都很轻松愉快。我三年级转学而来，由于有时间读课外书，五六年级就成了全班写“五言”“七言”诗和作文的“尖子”了，班主任元俊英、校长杜思真经常表扬我们班上两个学生，男生是我，女生是李柯（20多年后，李柯成为南京一中的优秀教师、南京市劳动模范）。我们两人的短诗和作文经常被老师在班上讲评，哪句写得好，好在哪里，缺点在哪里，使同学们都受到一定程度的启发。我们的诗文和作业还被送到邻校考棚小学去参加交流展览。

请看下面的照片，这是我保存至今的“文物”：我小学阶段6年共12张成绩单，60多年了，却一张不缺，成了家里的“文物”。

这十二张同属于我一个人的成绩单，保存时间之长，在学生中实属罕见。何况，我是在相当困难的环境里保存下来的，例如：

——高中时期，我住的学生宿舍被窃贼“光顾”，一把二胡和少量衣物被掠走，对我来说比现钞还“值钱”的这些成绩单却幸运地躲过一劫。

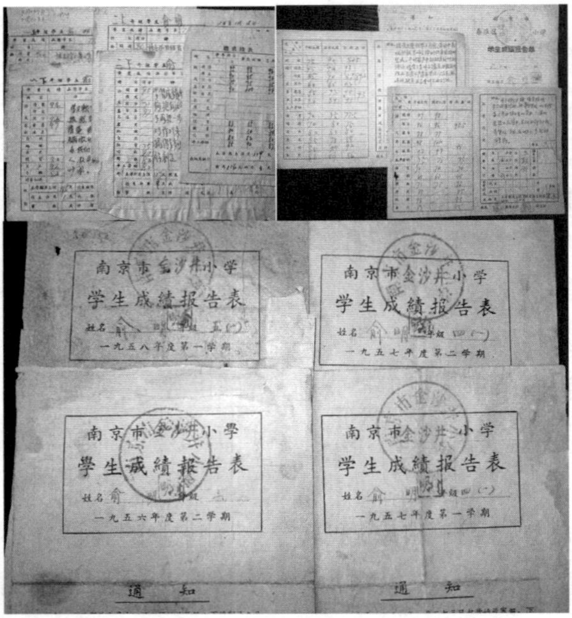

我的12张小学成绩单

——我上学时住学生宿舍，后又插队下乡。在江宁县江宁公社新建大队插队八年，先后当过社员、记工员、抽水机工、电工、民办代课教师、文艺宣传队长、生产队会计、“土记者”兼广播站站长、“学大寨”工作队员、大队团总支书记等，干过种种农活和杂活，成天忙得够呛。改革开放前的江苏苏南农村，也还有些地方较为贫困。这八年中，我每天劳动的工分值徘徊在每十工分一角七分到三角一分之间，1969年全年总收入只有100元左右，后来几年也没有大的改善，全部家当只有一只小木箱。这只木箱中居然藏了半箱书籍，还有小学到中学的全部毕业证书、成绩单，现在想想真有点不可思议。

——1976年我从插队8年的乡村返回南京，连个住处都没有。先是借住在同学家，当工人半年后住进造纸厂宿舍，这个小木箱被搬来搬去，从未遗失。或许这也鞭策着我今后继续上学。

工厂办的初中

1960年我上了初中。初中学校南京塑料厂化工中学就在我们小学的隔壁——金沙井20号。这是南京塑料厂的一所厂办中学、民办学校——它可不是如今那种名校派生出来的高收费的民办中学，而是倒过来向学生发津贴的勤工俭学性质的“厂办校”，每星期到工厂上一天班，工厂每月发津贴3元6角。加上姐姐每月还会给我寄来的10元钱生活费，我那时被戏称为每月身价是“一只乌龟”的学生——乌龟背上有13片平面，6个角（一说是四肢加头尾），外号“13块6角”。所以我从12岁起就在食堂吃饭，独自安排生活，懂得省吃俭用。

南京塑料厂化工中学绝非名校，我们的班主任智昭煜老师当年22岁，也还不是名师（1980年以后他成为南京市第二十中学的名师），但由于师生关系融洽，20世纪60年代初的师生缘持续到现在，年年大聚小聚，10多个同学每逢智老师生日都要在一起团聚一下，这种持续已60年的师生之情，也是弥足珍贵的。

高中上了五年半

请不要误会，我可没有留级。我多上两三年高中，那是遇上了1966—1968年这个特殊年代；尽管没有继续上课，但我却有事可干，其中很有趣的是一段游泳生涯。

从1964年起，我响应“德、智、体”全面发展的号召，投入了游泳训练，夏季每星期步行到五台山游泳池接受救生培训。1966年学校停课后，学生们纷纷“到大风大浪里去锻炼”，除了参加校内外的运动，游泳成为健身的热门项目。当时我的高中母校——南京市第二十七中学的操场上建成了一座游泳池，秦淮区政府教育科长闻群同志找到了我，因为我是高三学生，在中学生中是年龄大一点的，他要我组织几位年龄大的同学把游泳池利用起来。我就约来了同校的董辑、马大堃、丁传刚、丁兆南等十几位同学，到游泳池做起了“义务工”；还请来了一位会计，对外售游泳票，每次5分钱。从1966年到1968年，游泳池一直在夏季初秋正常开放。同时，闻群科长又交给我们一项新的工作。他说，“毛主席在武汉畅游长江，提出年轻人要到大风大浪里去锻炼（双关语——既指游泳，也指时政），市里开办玄武湖万人游泳场，区里决定开办秦淮河节制闸千人游泳场。这节制闸的事，就交给你们来办”。于是，我们又增加了一个管理节制闸游泳场的任务。区里拨了专款，在秦淮河两岸面对面拉起了十几道钢索，每道钢索上拴定浮在水面的七八只电焊密封的空汽油桶，形成了十几个“安全泳道”，游泳的人累了可拉住钢索休息。区里还运来了一条双桨小木船。六月到九月我每天中午手划双桨在节制闸西侧宽阔的秦淮河面“巡逻”，确保游泳场的安全秩序。可别小看我这三年只有18—20岁，但这份工作做得有声有色，这是我最早参与的一份工作，给了我一次很好的锻炼机会。

除了夏季从事游泳池和游泳场的工作外，深秋以后不能下水游泳了，我又被曹兴老师推荐为全校管理接待外地来的学生接待站负责人，给每天来我校的百十名外地来的学生提供教室住宿，登记吃饭人的姓名、校名、居住的城市名。这些账本后来归总到区里，寄到这些学生的学校、插队的农村或工作的单位，结算伙食费、补交粮票。节制闸游泳场开办了十多年，游者甚众，到20世纪80年代初出现了一些情况，渐渐就没人再去游泳了。一是河水渐渐有了污染物，二是钢索汽油桶锈蚀腐烂，被全部拆除，再去游泳就属于“野泳”了，所以渐渐淡出了游泳爱好者的视线，这是后话。

难忘“夜大”

1976年，我从农村返城进厂，在南京第二造纸厂当了一名学徒工。由于我勤于学习、善于学习、工作出色，得到厂里重视。进工厂一年多，我就成为全厂四位先进个人“标兵”之一，一尺多长的挂大红花的照片贴到了工厂大门口。我从电焊工、机修工干起，后来担任工厂办公室主任。上级打算培养我当“一把手”厂长，被我婉言谢绝。我的说法是：造纸厂的厂长，应该选择南京林业大学林产化工系毕业的专业人才来担任，我只是个高中毕业生，我要去考大学。

但厂里的工作又使我一时难以走开，这时，南京师范学院（今南京师范大学）“夜大”中文专业向全市招生，我参加了考试，被南师“夜大”正式录取。这个“夜大”是名副其实的，每星期有两三个晚上，我从10公里外的上新河镇骑自行车来到南师，上课后夜里10点钟再骑车回厂，风雨无阻。每个星期天，我们也都顾不上休息，来到学校上课。学校对我们这批“老三届”的学生十分重视，派出了最强的师资阵容为我们授课。教师中有后来担任南师大领导的王臻中、谈凤梁，有吴锦、郁贤皓、吴调公、陆协新等名师，我们班主任是后来成为江苏师范学院党委书记的方国才老师。正是这些优秀的教师，在三年的时间里，精心培育了我们这一批渴求知识的大龄青年。在我们“夜大”同学中，毕业后有60多人担任了大学、中学的教师或学校领导，有70多人成为新闻界的工作骨干，包括新华社的社长，四川、浙江、江苏等地新华社分社的社长、副社长，省市电视台的台长、副台长，著名导演和编辑、记者，还有一批作家、诗人、画家、企业家，时至今日，我们这批“夜大”学生还建有并保持着七八个微信群，包括散文群、诗词群、旅游群、音乐群、书画印章群、保健群、综合群等，最大的群有142人，这是同学群中较为少有的，也是一件趣事。

由于可以利用业余时间听课，我们是工作学习两不误，学习抓得很紧。毕业时，我因平时和考试成绩全优，在全部“夜大”学生四五百人中被评为四名“优秀学员”之一。归鸿校长主持了毕业典礼，时任中共南京市委书记汪冰石同志亲自为我颁发了奖状。

三十多岁的大学生

20世纪80年代初，我考上了南京大学经济学系，因成绩优异被选为班级党支部书记。班上很多同学们都是“60后”（20世纪60年代出生的），我这个“40后”可必须加倍努力，才不至于在高等数学、英语的学习上落后于年轻的同学。于是，我采用三个办法开展学习。一是多做习题，打牢基础，我在课余时间做了大量习题，做好后自行对照标准答案，一一找出思考中的正误，查出失误的原因。二是逆向思维，使自己的理解与最佳思维方式能融会贯通，举一反三。三是绝不死记硬背，而是务求理解（英语是例外）。由于我随时总结改进学习的方法，我的线性代数课考试成绩、平时成绩、科目总分全部是100分，微积分、统计学原理等较有难度的学科也都获得了好成绩。

从南京大学毕业时，我已经36周岁了，又以总分第一的成绩考入了南京市经济研究所（后来担任过发展战略处、产业经济处处长）。

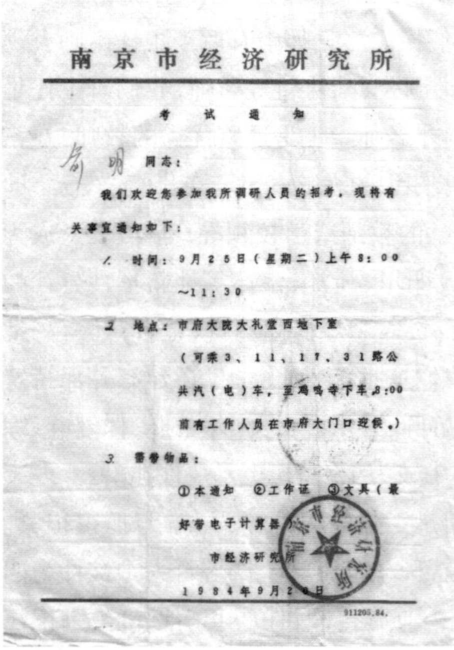

南京市经济研究所

考试通知

俞明 同志：

我们欢迎您参加我所调研人员的招考，现将有关事宜通知如下：

1. 时间：9月25日（星期二）上午8:00~11:30

2. 地点：市府大院大礼堂西地下室（可乘3、11、17、31路公共汽（电）车，至鸡鸣寺下车，8:00前有工作人员在市府大门口迎候。）

3. 需带物品：①本通知 ②工作证 ③文具（最好带电子计算器）

市经济研究所

1984年9月2[illegible]日

911205.84.

南京市经济研究所考试通知

回顾我这一段学习经历，实属不易。我以32到36岁的“高龄”，能在两所大学的同届同学中始终保持第一流的成绩，能在毕业后又以第一名的成绩考取经济研究所，这三个“第一”，谈何容易。除了感谢老师，我还得感谢妻子。她是我在机修车间的同事、正式的师傅，我们是在我考大学前自由恋爱，1980年结婚的。当时我们两人还都是全厂最拔尖的标兵模范人物。我上大学后，她既要忙工作，又要带孩子忙家务，还年年被评为先进，评为“五好家庭”，这种在困难中努力“兼顾”学习的经历，是我人生中的宝贵财富。可以说，我起跑是很“慢”的，但后来都没有“输”。这也说明人生大可不必计较起跑线的“输”“赢”。我们可以看看，世界上有个国家人口不到1亿，却获得了相当多的诺贝尔自然科学、经济学奖项，获奖人数高达70多人。他们提倡的是不要过早、过度开发儿童智力。他们组织孩子们参观警察局，学习如何报警，了解警察是干什么的；组织学生去参观市政府，了解公职人员是如何为市民服务的；让孩子们带上钱到自由市场学习买东西，区别自由市场与超市的不同。孩子们到花圃去学习种植，学习分辨花草植物，去看马戏、儿童歌剧和魔术，参观图书馆，学习如何借书还书；他们还学习摘樱桃，学习做南瓜汤，学习自己修理玩具，自己管理时间，自己搭配穿什么衣服。家长“故意”让孩子“输”在起跑线上，认为提早读书容易依赖“死记硬背”，是没有用的；要避免将孩子的思维方式变得呆板、机械，要留给孩子们更多的想象空间，让他们快乐成长。

用现在一部分家长的观念来看，我的“起跑”几乎全部“输”了：没有上过幼儿园，初中是“厂办中学”，高中毕业插队农村8年，28岁才从农村返城，除了十几张成绩单外，其他几近一无所有，进工厂后到30多岁才慢慢“起跑”。但计较这种“输赢”有意义吗？我三十五六岁时进入全新环境，没有“熟人”领导，没有“背景”“后台”，但我在“慢跑”中积蓄了能量，而且真正是遇到了好时代、好机遇、好团队。1984年时，我们这个团队的领头人是钟章润所长——一位思想敏锐的优秀学者，他在经济研究所和市政府研究中心近十年间，培养输送出十多名各方面需要的人才，有两人被选拔为市一级的领导干部。

我从大学毕业参加工作以后，一直未中断学习，先后完成了经济管理学硕士、汉语言文学博士的学业。（顺便提一点，我从小学到博士，学过200多种科目和课程，“身经百考”，在7所学校获得了文凭或学位，借助正确的学习方法和轻松的学习节奏，直到70多岁我的双眼也没有近视或老花，这个如何保护视力的问题，也是值得如今的家长、学生和教育界考虑的。）在工作和学习期间，我还写作出版了《〈南京条约〉与香港百年》《下关开埠与南京百年》《名胜与文学》《战狂澜》等5本书，写作各类文字400多万字，获得过省市10多个奖项。其中，钟章润和我执笔的有关南京区域经济合作的7篇文章，1988年被评选为南京市首届哲学社会科学优秀成果唯一的一等奖。

十多年前，在我的作品《名胜与文学》出版时，中国韵文学会会长、母校南师大的博导钟振振教授还曾写了一首诗作为该书的序：

题俞明先生《名胜与文学》一书：

华夏五千年，封域百万里。
江河奔海急，诸岳拔地起。
山川饶胜迹，苞括兼文史。
史诗争壮烈，文采幻旖旎。
周秦逮汉唐，风霆鼓且吹。
洎宋元明清，云霞蒸复蔚。
文学视名胜，关系殊谲诡。
后先无常态，交替为父子。
多自胜览出，终古或并美。
景观容坏灭，活之于湮晦。
譬如醉翁亭，故构一再毁。
何缘更新生？欧记功甚伟。
偶亦文先著，咸叹谓观止。
后昆惊羡余，辟胜概相配。
譬如阅江楼，洪武即经始。
有记六百祀，竟无片石垒。
乃今感斯文，一夕成宏丽。
巍然狮峰上，虎眈东逝水。
主持者伊谁？海宁子俞子。
南京下关区，书记彼党委。
时从不倦学，在职攻博士。
躬行称干才，坐论抑其次。
选题用所长，泚笔遂取此。
前修未遑及，聊将一锥指。
日了公家事，夜穷辞章理。
援疆赴伊犁，寒宵犹不废。

数见斗柄移，积稿渐盈几。
毅力实可嘉，学位秋毫耳。
卒业又三岁，百砻方刊梓。
版行近在睫，属序颇跂企。
风谊师友间，申贺应有以。
默祷寿世传，永贵洛阳纸！

附　录

与文化界朋友商讨如何弘扬城市传统文化

与周口店中国猿人之父贾兰坡先生（左）研讨“汤山猿人”头骨（摄于20世纪90年代）

与范曾先生（右）在他家中合影（摄于1999年）

与金庸先生（左）是同乡（摄于2001年，南京）

感动伊犁

——记江苏省援疆干部总召集人、州党委副书记俞明

初见俞明，觉得他很平常，似乎没有什么过人之处，但只要交往几次，就会被他身上散发出的学者的儒雅气质、博学风度以及他的深谋远虑、豁达大度、机智幽默、缜密深刻所折服。所有这一切，在他身上如此紧密地结合，凝结成独特的人格魅力，感染着身边的每一个人。

也许，正是这独特的人格魅力，使作为江苏省援疆干部总召集人、州党委副书记的俞明在伊犁的1000多个日日夜夜里，带领50多名援疆干部，不负重托、不辱使命，使江苏省一举成为全国各省市援疆队伍中的领军队伍，受到伊犁各族人民的爱戴。2004年8月，中共中央政治局委员、自治区党委书记王乐泉在接见率团访问新疆的江苏省委领导时，称赞说：“江苏省援疆力度最大，江苏省援疆干部形象最好。”

《伊犁日报》原件照片

不负重托铸忠诚

2002年7月，俞明带队的第四批江苏援疆干部穿过茫茫戈壁，由东海之滨来到塞外江南——伊犁。

几年来，一批又一批来自江苏省的优秀干部，沿着312国道来到西北边陲，在伊犁这块美丽的土地上，留下他们深深的足迹。在两地党委、政府的高度重视和高位推动下，援疆工作捷报频传，伊犁经济发展高潮不断，对口支援的江苏、伊犁两地已是金线搭桥，水乳交融。背负两地重托的第四批援疆干部在伊犁将如何表现，成了人们关注的焦点。

总面积35万平方公里的伊犁是江苏省总面积的3倍多。此时，面对这片广袤而陌生的土地，鞍马劳顿的江苏援疆干部们没顾上喘一口气，就迅速奔赴各自的岗位。

面对新的使命，俞明感到自己肩上担负的重量，暮云垂壁、落日熔金，俞

与江苏省委组织部王国生部长（左）在新疆（摄于2004年8月）

明在伊犁河边久久徘徊，深深思索。临行前，省委书记的嘱托仿佛又回响在耳边："你这次去伊犁不仅仅是人的支援，还要考虑一些援助项目，帮助伊犁在经济上更快发展，要增强造血功能呀！"

俞明决定把江苏经验和伊犁实际相结合，找准切入点和突破口，确定新的援疆工作思路。为了解伊犁实际情况，俞明克服了饮食、气候等方面的困难，风尘仆仆地到伊犁州20多个县（市）进行了广泛深入的调研，之后又率队到哈密等地方学习借鉴广东省的援助经验，并拍下大量照片。

夜深了，俞明窗前的灯却亮到很晚很晚，凌晨五六点，人们还在睡梦中，俞明却又坐在灯下开始挥笔疾书。在这些不眠之夜里，俞明撰写出了《江苏广东两省援疆工作比较研究》《广东、浙江、上海近年援疆无偿拨款和开展经协工作情况》《关于提高江苏省援疆工作组织程度的请示》等调研文章，并先后几次向省领导汇报。"我把照片放得很大，把报告带给书记看，报告给了领导们一个震动。我说，我们就要在这三年内赶上去！"

正是在俞明的带领下，江苏援疆干部们细致分析、大胆探索、多方努力争取，使援疆工作受到江苏省委、省政府的高度重视，新的援疆工作机制开始形成，江苏省援疆工作有了重大突破，援疆工作得到了江苏省全方位的支持。2004年4月，江苏省人民政府和伊犁州人民政府签署了对口支援框架协议，同时两地组织人事、教育、卫生、经贸4个部门也签署了对口支援协议，项目资金每年都被列入江苏省财政计划。双方县市（区）、学校、医院之间也结成了100多对友好单位。

也正是在俞明等援疆干部们的精心策划和多方面努力下，江苏和伊犁双方高层领导成功地进行了互访。2004年4月，俞明和援疆干部们积极协调和参与了伊犁州4个党政代表团赴长三角、珠三角、环渤海湾考察招商活动。俞明陪同州党委书记张国梁、州长柯赛江率团赴江、浙、沪考察访问。3个省、市的主要领导先后亲切会见伊犁州党政代表团。2004年8月，江苏省党政代表团一行50余人访问了自治区、自治州，取得了空前的成功和巨大的影响。

霍城县是中组部确立的援疆试点县之一，江苏援疆干部们带项目、带资金、带技术，增强了这个县的造血功能。作为第四批援疆干部的带队人，俞明经常到霍城县调研，全力支持和帮助县委书记项雪龙等开展工作。3年来，该县社会、经济发生很大变化，呈现出大发展的趋势。

江苏路、汉家公主纪念馆、霍城县江苏中学等一批援疆项目迅速在伊犁展开，数千万元的财政无偿支援源源不断地涌向伊犁。近3年来，江苏省的援疆资金投入迅速增加到1.3亿元，比前6年猛增10多倍，江苏省的援疆工作在自治区内外产生重大影响。

但是，俞明明白，援疆工作是个宏伟的系统工程，仅靠援疆干部个人的力量终究是有限的。他发挥自己在内地有较为广泛的工作联系的优势，在两地牵线搭桥，把自己当成了东西交流的使者。

通过不断努力，3年来，江苏省第四批援疆干部吸引内地企业投资伊犁，达成300多个经济发展合作项目，协议资金达到26亿元，其中俞明自己就引来投资1亿多元。

俞明在南京市任职时，与南京企业老山药业联系密切。2003年春，他专程与老山药业领导见面商谈，并邀请他们来尼勒克县等地考察黑蜂资源。在孙淮斌、张建明等援疆干部的共同努力下，南京老山药业与伊犁百信蜂业结成互补联盟，老山共投资数千万元，与百信蜂业共同发展蜂王浆及蜂胶制品。目前，伊犁百信蜂业正向着新疆乃至西北蜂业领军者的目标进发。南京野生植物研究所陈旭、萧正春研究员等也在俞明的邀请下，从南京远道而来，与霍城县达成研制开发野生果汁的协议。目前，野杏仁汁、野马林汁等一批产品在市场上大受欢迎。

十多年前，俞明在南京招商引资时引来了福建华侨、长城公司郑昌祥，现在又邀请他们一行来乌鲁木齐商谈合作。他们在奎屯市、霍城县芦草沟镇、伊宁县墩麻扎镇考察后，决定在伊犁投资，目前，已投资了1300多万元建设了两个物流项目。

在俞明的热情邀请下，苏宁电器集团（位居全国电器销售第二位）派出党委书记吴承庆一行考察了乌鲁木齐市、伊宁市、霍尔果斯口岸等地，目前已着手投资1000多万元，开设3家连锁分店，并通过霍尔果斯口岸发展小家电出口业务。江苏苏宁建设集团总裁张桂平考察了伊宁市第六中学，出资10万元使之与南京市第二十九中学结成友好支教单位。

作为伊犁州外贸强州和霍尔果斯口岸规划建设领导小组组长，俞明深谋远虑地提出许多建议。为了落实中哈双方关于霍尔果斯边境合作中心项目会谈要点，他多次到北京与商务部专家研究切磋。他还邀请海关总署领导和专家来口岸考察，并多次参与哈方的谈判。在多方共同努力下，霍尔果斯口岸的规划建设逐步提上国家有关方面的议事日程。在招商活动中，俞明与一批哈萨克斯坦客商、江苏籍企业界人士交上了朋友，经过多次牵线搭桥，引来国内及哈方投资商到霍尔果斯建设保鲜库和农副产品深加工项目，总投资达1亿元，首期投入已达3000万元。

为打响"伊犁牌"，三年来，俞明还先后陪同浙江、北京、江苏、香港、台湾以及印度尼西亚等30多个投资考察团来伊犁考察投资环境，促成了一批合作意向，扩大了伊犁在国内外的影响。他协调自治州人员组团赴南京、常州招商发展石化下游产品生产项目，签订了总额2.6亿元的投资协议；还充分利用南京经贸洽谈会、连云港农洽会等平台宣传伊犁、推介项目。

为了弥补边疆干部观念和思想上与内地发达地区的差距，近三年来，在俞明的带领下，第四批援疆干部多方争取，促成伊犁州1600多人赴江苏省接受培训，为加快伊犁州发展提供了有力的人才支持。

州党委办公厅工作人员张伊强是土生土长的伊犁人，平时不多言语，可提起俞书记，却感触颇多："俞书记思路新，想问题全面，工作节奏快，务实，不达目的不罢休。"俞明务实的精神、开拓创新的工作方法和高超的领导艺术也给州党委副秘书长施洪清留下了深刻印象，他说："俞明把单一的援疆变成了双向互动，把伊犁州和江苏省的交流推向了一个新阶段，江苏省的大力支持成了伊犁跨越式发展的重要动力。"

世界有爱才转动

总有一种精神，它让我们泪流满面；总有一种力量，它让我们信心倍增；总有一种人格，它驱使我们不断追求自我完善。

有人说，每一个人都有一双天使的翅膀，可以飞在爱的天空里，那么，我希望，大家都能了解援疆干部的事迹，我们会因为感动，而飞得更加高些，更远些，会看到心灵天空里的蔚蓝色，会听到第一朵花开的声音……

2003年12月1日，昭苏县突然发生地震，灾情牵动着全州上下的目光，俞明和州领导在第一时间赶往灾区。汽车在雪野上奔驰，灾区人民的安危牵动着俞明的心，他在颠簸的车上用手机不停地向江苏省委、省政府多名领导汇报昭苏县地震灾情，请求给予援助，引起了江苏省委、省政府的高度关注。江苏方面立即协调解决。当天下午，当俞明和州领导赶到灾区时，江苏省捐助的300万元救灾款也已汇到，为处在严寒中的灾区人民送去了暖暖的春意。

在伊犁的1000多个日日夜夜里，俞明和伊犁各族人民结下了深厚的友谊。俞明每个月的工资并不高，他平日生活俭朴，为了不给伊犁增加负担，他的很多差旅费都是回南京报销。但是，为帮扶困难职工、困难家庭，俞明却毫不吝惜。几年来，他的个人捐款就达5000多元。在俞明的带动下，州直的12名江苏援疆干部和霍城县萨尔布拉克镇的20名家境贫寒的学生结下了不解之缘，两年来，他们每个人负担两个孩子的学费。不久前，俞明和援疆干部们又去看望这些孩子，当他将饱含深情的助学金交给这些品学兼优的贫困学生时，孩子们的眼睛都湿润了。俞明对孩子们说："你们马上就要初中毕业了，我们要继续资助你们把高中念完。如果谁能考取大学，我们将负责你们大学四年的全部学费！"

俞明是50多名援疆干部中年龄最大的，三年来，他对工作从不懈怠，双休日也坚持工作。由于奔波劳累，身体状况下降，血压升高到170—180，甚至发生休克，但他放不下工作，不愿意去住院，就靠自己吃药控制，这些事他从不对外人说起。

俞明是个博学多才的人，为适应市场经济的需要，他非常注重学习外语、市场经济知识、WTO知识。2002年底，他又在百忙之中完成了博士学位论文。

历史上，曾有来自江苏的细君、解忧两位公主出嫁到伊犁，对促进民族团结、维护祖国统一做出了积极贡献。俞明潜心研究了这段历史，在全国核心期刊上发表了《细君、解忧公主和亲述论》等论文，在较大范围内产生了影响。为了纪念这两位公主，俞明亲自确定项目、选定地址、争取资金，促成了"汉家公主纪念馆"项目的建设，使这一纪念馆成为2100多年来伊犁与江苏、少数民族与汉族血肉联系的标志，成为一处爱国主义和民族团结的教育基地。怀着对汉家公主的崇敬之情，俞明写下了深情的诗行：

琵琶相伴车绝尘，江都公主嫁乌孙。
民汉融合万里路，八百年后有文成。（细君）

红颜骏马续春秋，百年战乱此时休。
万民爱戴汉家女，公主慈容可解忧。（解忧）

英雄何必论出身，巾帼更有冯夫人。
化解干戈赠玉帛，汉使一女胜千军。（冯嫽）

在平时，俞明和少数民族干部感情非常融洽，被少数民族干部称为“儿子娃娃”，少数民族干部干什么事都喜欢叫上他。柯赛江州长还亲自给俞明取了哈萨克族的名字——唐阿提汗，称他为真正的兄弟。

在三年的援疆过程中，俞明始终注意加强学习、提高认识，并且组织全体援疆干部学习，始终保持一种朝气蓬勃的精神，激励大家在任何时候、任何场合都按中央的要求做好工作。

2005年初，在全党开展保持共产党员先进性教育活动之际，俞明要求全体援疆干部春节后立即回新疆补课，共同接受“先进性教育”。他不但要求大家参加本单位、本机关的学习，还抽出时间安排援疆干部结合自身工作和体会开展单独学习和讨论。州党委副秘书长施洪清目睹了这一切：“从繁华都市到偏远的边疆，俞明凭着共产党员坚定的信念，把全部的心血献给了边疆人民。在当前保持共产党员先进性教育活动中，我认为俞明就是我们学习的榜样！”

短短三年中，第四批援疆干部中有五人在伊犁光荣入党，几十人次先后被授予优秀共产党员、优秀公务员、先进工作者、巾帼英雄等称号，援助资金达数千万元的九大援建项目也逐一完成。提起这些，俞明总是说：“州党委、州政府从政治上、生活上都非常关心我们，每逢节日，张国梁书记都要去看望援疆干部，对我们问寒问暖。柯赛江州长等少数民族领导干部对我们的感情很真挚，让我们很感动！如果说援建工作取得了一些成绩，那是因为有伊犁州党委、州政府做我们的坚强后盾。”

如今，俞明完成了党交给的光荣使命，就要带着对伊犁的依恋回到故乡，回到深深思念的家人身边了，俞明此时的心境和三年前已截然不同。他说："三年前，我觉得任务艰巨，对工作成效心里没底气，现在，我觉得我这三年获益匪浅，不但提高了领导能力，也确实为伊犁做了一些有益的事情。"

要离开伊犁了，俞明心中却有许多不舍，他感到三年太快了，时间消逝得飞快，还有许多事情来不及做，希望能抓紧时间多做些工作。怀着深深的依恋，俞明深情地说，伊犁资源丰富，今后必将成为我国的粮食、肉类、煤炭、电力等重要基地；伊犁紧靠边境线，是中国通向中亚五国和西亚的桥头堡，发展潜力无限；东部与西部是互补、互利的，在帮助西部的同时，东部必将从西部的发展中受益。现在，伊犁和江苏之间的发展差距还很大，比如，伊犁人均GDP只有700元，而苏南地区普遍都是3000元以上。俞明认为，帮助伊犁发展是江苏义不容辞的责任，援疆工作要持续不断地做下去，并不断扩大工作成果，使伊犁的经济尽快发展起来。

俞明及援疆干部的所作所为感动了伊犁人民，他用自己的人格力量和对党、对人民的无限忠诚，诠释着一个人对国家对社会应该担当起怎样的责任；他用自己的故事，解读人与人之间应该有着怎样的情感，带给人们感人至深的心灵冲击。

本文原载《伊犁日报》

2005年4月28日

燕玲　撰稿

内容有删改

1998年南京抗洪相关
新闻报道及领导批示

《人民日报》通讯：铜墙铁壁锁龙王

1998年，7月30日，国务院副总理、国家防汛抗旱总指挥部总指挥温家宝同志亲临南京下关长江干堤视察。当他听完俞明区长的介绍，再放眼望见汹涌咆哮的江水在防洪墙面前轰然撞碎，转而驯服地滚滚东流的情景时，紧锁的眉头舒展了，他紧紧握住俞明的手说："你们干得好！这是全国一流的防洪墙！你们也是一流的防洪将士！"

时隔1个月零9天，正值洪水未退海潮上涨，记者来到了下关长江干堤，只见绿荫相伴的防洪墙宁静而坚毅，丝毫没有洪水肆虐的痕迹。

下关是南京唯一的滨江城区，也是扼长江咽喉的要冲，江面宽仅1公里，为长江最狭窄处，水深流急，10公里长的干堤历来是南京最重要的抗洪屏障。新中国成立以来，这里陆续建成了4.7公里的防洪墙，但仍留有5.3公里的土堤。每年6、7、8月这里饱受洪水之害。

1996年7月，省委、省政府下决心一定要在1997年汛期到来之前，在下关建成高标准防洪墙，区长俞明立下了军令状，保证如期完成任务。

但是，要建造高标准的防洪墙谈何容易！一笔账算下来，建5.3公里的防洪墙需要资金4300万元。除了省市支持的1400万元以外，剩下的要靠区里自筹。而沿江21家单位多数是亏损企业，为了筹钱，区长俞明带人两上北京、四赴上海，说服沿江单位的主管机关支持。同时，下关区政府挤出财政500万元……就这样以"主管部门拨一点、银行贷一点、单位筹一点、沿江开发回报一点”的办法筹集到资金，工程于1997年3月开始启动。

南京市防洪工程下关区指挥部副指挥对记者说：我们水利上常用的一句话“一丈不牢，万丈无功”。因此，防洪墙的工程质量应是万无一失的。为了确保工程质量，他们统一规划、统一设计、统一验收。整个工程由区工程指挥部负责指定南京市水利规划院承担设计工作；以招投标的方式选择水利专业施工队伍；实行工程监理制度及业主部门负责制，每天现场监督；对工程用材做到严格把关……经过了140多天的精心建设，防洪墙终于在1997年5月全线竣工。

新建成的防洪墙能抵御五十年到一百年一遇的洪水，海拔高度12.6米，厚20厘米—45厘米，全部由钢筋水泥浇筑而成。防洪墙不但有主墙，下面4米多宽的底板也是用钢筋水泥浇筑而成，每段接缝之间还嵌有4米长的紫铜片，防止漏水。工程共耗用水泥1.5万吨、块石6万吨、钢材1260吨、紫铜片1000多米、土方46.3万立方米、木材710立方米，是名副其实的铜墙铁壁。

今年夏天刚发生的长江全流域特大洪水，下关水位最高至10.14米，接近1954年10.22米的历史最高水位，但这次“没有淹一片民居，没有死一个人，没有决一个口，没有一处停产”。老百姓都称赞：“政府为群众办了一件大好事。”

站在高高的江堤上，俞明区长兴奋地说，修建防洪墙不仅给下关带来了巨大的社会效益，也给我们带来了明显的经济效益。以往，许多外商曾看好下关优越的沿江地理位置，但一见每年的洪水就望而却步了。今年不同了，外商纷至沓来，1月至8月，全区国内生产总值增长了两成，财政收入增长三成，位居全市之首。

本文原载《人民日报》

1998年9月24日

乔杨　撰稿

《新华日报》通讯：托福防洪墙

今夏长江发生了自1954年以来又一次全流域大洪水。当洪峰一路狂泄到达我省境内时，面对一些地区巨龙般的混凝土防洪墙，不得不收敛起狰狞的面目，驯服地向东滚滚流去。一时间，我省长江的防洪墙，尤其是拱卫南京重镇的下关防洪墙成了令人瞩目的“明星”。外地的专家前来取经，各地的记者甚至国外的记者都赶来采访，市民们也纷纷来到防洪墙前察看水情。

我们来到位于下关的中山码头实地采访。登上防洪墙，极目望去，只见江水滔滔，似出海蛟龙奔腾不息，而防洪墙恰如磐石生根，岿然不动。一对家住中山门附近的老夫妻也在我们身边察看水情，男的姓阐，他感慨地告诉我们：“1954年发大水，下关街上划船才能通行。要是没有这水泥防洪墙，现在我们哪能这么悠闲地站在这里？修防洪墙实在是政府为老百姓办的一件大好事。”我们又来到江边路旁边的一个食品店里，几个顾客正在专心致志地挑选着商品，近在咫尺的洪水对他们没有丝毫影响。心直口快的服务员告诉我们，洪水期间食品店的生意反而比平时好，因为一到晚上，南京市区的不少居民到防洪墙上来，边乘凉边了解水情。

随后，我们又来到地处下关的扬子冷冻食品厂。谈到防汛护堤，该厂厂长感触颇深，他说：“我们厂紧靠江边，地势又低。没修防洪墙前，每年汛期，工厂不是进水就是被淹，全厂都在忙于防汛，停产一两个月是常事。1991年发大水，工厂就停产3个月，直接经济损失达100多万元。后来，我们咬牙花了310万元修了442米防洪墙。今年水位比1991年高得多，但我们厂一点没进水，一天没停产。现在是‘政府放心，工厂省心，群众安心’。”

下关江堤脚下的三汊河南街住着几万居民，当我们来到这里时，一位郭老汉拉住记者的手，要我们谢谢政府，他说：“我从小生活在江边，每年一到汛期就提心吊胆，家家都把家具、家电等用砖头垫高，把身份证、户口本、存折等贵重物品用塑料袋装好，随身携带，以防万一。1991年我们这里有3000多户被泡在水里。现在这么大的水，我们正常生活，一点都不用担心，防洪墙太好啦！”

省水利厅专家向我们介绍说，把江海堤防建成一劳永逸的“铜墙铁壁”，是省委、省政府的重大决策。1997年10月20日，省委书记陈焕友主持召开省委常委（扩大）会议，着重研究长江江堤和沿海海堤建设的问题。会议决定，全省上下共同努力，把江海堤防建成高标准的防洪屏障，从1998年起，3

年时间完成江堤达标任务，5年左右完成海堤重点部位达标任务，为我省国民经济和社会发展提供可靠保障。到目前为止，全省已完成长江防洪墙335公里，总投资11亿多元，完成达标任务的42.6%。南京下关防洪墙工程正是按省委要求开展的，被南京市政府列为水利1号工程，总投资4000多万元，长5.3公里。下关防洪墙是我省沿江防汛工程的一个缩影，类似的护堤设施，在靖江、江阴、常熟、太仓、启东、海门等市随处可见。

托您的福，防洪墙！

本文原载《新华日报》

1998年8月20日

王铭、李宗长、刘建平、孙大路　撰稿

江苏省委书记陈焕友为《托福防洪墙》一文所作的批示

8月20日《新华日报》头版头条刊登的王铭、宗长、建平、大路四位同志写的《托福防洪墙》一文很好，非常好。一是好在题目好，既简单又明了；二是好在引用群众语言，特别是用今昔对比和切身感受来叙述，很亲切，很真实，也很感人，因而有说服力；三是好在时机选得好，刚好五次洪峰已过，最大的第六次洪峰将至之时；四是好在照片配得好；五是好在文章短小精干，篇幅不长，内容却很丰富。希望《新华日报》刊登更多这类对现实生活有重大意义的文章，以激励人民群众的斗志，推动我们的各项工作。

1998年8月21日

本文原载《下关年鉴》（1999年）

《下关开埠与南京百年》一书序言

1899年5月1日，江苏下关设立“金陵关”，宣布对外“开埠”，至今已整整一个世纪了。100年来，金陵古城经历了前后两个50年：前50年是受尽屈辱、生灵涂炭的旧社会，后50年是天翻地覆、发生巨变的新时期。值此世纪之交，回眸百年历程，历尽时代沧桑，令人感慨万千。

为了研究下关开埠对江苏，对南京近代、现代经济与社会的发展变化产生过哪些影响，哪些是负面的、消极的，哪些是正面的、积极的，江苏南京历史学界、社会学界专家和下关区委、区政府共同发起了一次研讨活动，并选择了一部分研究成果结集成书，这是一件有意义的事。我阅读了其中的一些文章，觉得颇有深度，且具新意。我赞成用历史唯物主义、辩证唯物主义的观点来研究历史问题——包括南京开埠这样一类较为复杂的问题，从中汲取有益的教训，寻找可供参考的经验。

下关是南京的窗口，也是江苏的窗口，近年来(中共江苏)省委、省政府非常重视南京沿江开发，省委常委会多次研究了南京沿江开发问题。我希望南京的同志们，特别是下关的同志们在研讨下关开埠直到今天的改革开放这百年沧桑的同时，在实际工作中更好地深化改革，扩大开放，实施沿江开发战略，在21世纪前期把南京的滨江地区建设成现代化的新城区。我愿与同志们共同为之努力。

陈焕友

1999年3月14日

阅江楼鼎上文字

鼎 铭

狮梦觉兮鬣张
子孙骄以炎黄
山为挺其脊梁
阅万古之长江
江赴海而浩汤
楼排云而慨慷
鼎永铸兹堂堂

阅江楼鼎

新建阅江楼记

洪武七年春，明太祖朱元璋诏建楼于狮子山，锡嘉名为阅江楼，自撰《阅江楼记》一千余字，又令诸职事同题作文，以大学士宋濂之《阅江楼记》为最佳，后被《古文观止》选录。两篇《阅江楼记》流传于世，然楼终未建，以致有记无楼已逾六百年矣！今逢盛世，又值千年之始，斯楼终能拔地而起，将为古都金陵增一标志建筑，为亿万民众献一游观胜景，为人类文化续一千秋佳话，故铸鼎镌文以记之。鼎铭乃中国韵文学会会长钟振振教授所撰，后学俞明补记并篆。

公元二十一世纪元年元月元旦

本文原载《南京年鉴》(2002年)

跋

大约半个月前，俞明同志给我打来电话，嘱我为他即将出版的文集写一点感想。随后，他发来包括《我的学习经历》在内的一些文章，使我对其丰富的人生经历有了更为直观深入的了解。二十年来，与俞明同志相处相知的点点滴滴不断浮现在我的脑海中。他亲切热忱的待友之道令人如沐春风，老而弥坚的求学精神尤其让我感佩不已！

我与俞明同学初识于21世纪初。我于1999年至2002年在职攻读南京师范大学文学院中国古代文学专业博士学位，师从钟振振先生。俞明同志比我迟一年投入钟门，他虽然年纪比我大，但是仍然很谦虚地管我叫“师兄”。记得跟他第一次见面，就是钟老师和钟门同学接受邀请，一起游览在他主持下修建起来的阅江楼。这个4A级景区结束了江南名楼“有记无楼”的历史，堪称当代名胜建筑的一大传奇！我们在阅江楼远眺浩淼的长江，观赏雄丽的雕梁画栋，以及诸多名家题写的书法匾额，还集体合照留念。他没有一点官架子，不仅全程陪同，而且兴致勃勃地逐一讲解每处景点的由来和建造过程，热情洋溢，如数家珍，使我们顿然被他投入工作的热忱和敬业精神深深感染。在此后的多次接触中，我们更加真切地感受到，俞明同志真是一位爽朗坦荡的性情中人。他比导师钟振振先生还年长，但是不管在任何场合，他总是毕恭毕敬，极其谦和，为我们树立了尊师重教的好榜样。2019年3月，钟门弟子为钟老师集体庆贺七十大寿，俞明同志亲自担当主持人的角色，用满腔热忱感谢师恩，共叙同学情谊。他对于师弟师妹总是热情相待，关心帮助他们解决困难。他就像一团火，温暖着大家的心田，也为年轻的学子照亮了人生的道路。

俞明同志在《我的学习经历》中指出，人生就像是一场长跑，在不同年龄段都应勤于学习，善于学习。虽然在“起跑”阶段慢了几步，但是他抓住机遇，不懈努力，终于成就了人生的精彩、事业的辉煌。俞明同志从小就学习认真，成绩优秀，可是受到十年“文革”的影响，经历了下乡插队、进厂做工的曲折道路，耽误了学业；然而他一心向学的意愿从来都没有消退。1980年他考取南京师范学院“夜大”中文专业，终于圆了自己多年的“大学梦”。他不顾工作疲劳，一下班就骑行十多公里赶到南师上课，风雨无阻，坚持不懈，终于以各门全优的成绩圆满完成了学业，并且得到了时任南京市委书记的亲自表彰。

此后，俞明同志在南京大学经济学系学习，在南京理工大学获得经济学硕士学位；2000年，更以52岁的高龄考取了南京师范大学文学院中国古代文学专业博士生。当时社会上确实有个别官员凭借手中的权力，到高校读一个在职学位，镀镀金，以便谋取更大的利益。俞明同志可不是这样！他从百忙工作中安排时间，赶到学校听课，参加学术研讨。为了弥补自己在专业知识上的不足，他总是利用各种机会，虚心向钟老师以及各位同门求教。2002年，俞明同志被组织派往新疆，担任伊犁哈萨克自治州党委副书记。当时他的博士论文已经开题，正要集中精力投入写作，突遇这么大的工作变动，确实措手不及。我们都很担心他能否完成学业。结果，他竟然在出色工作的同时，克服百倍的艰辛，按期完成了博士学位论文《名胜与文学》的撰写，并于2003年顺利通过了答辩，得到评审专家的一致好评。该著作此后得以正式出版，导师钟振振先生亲自以五言长诗代序。其中“日了公家事，夜穷辞章理。援疆赴伊犁，寒宵犹不废。数见斗柄移，积稿渐盈几。毅力实可嘉，学位秋毫耳”，对其刻苦治学的坚毅精神给予了高度嘉许。

为官一任，造福一方，这是自古以来无数官员的从政理想。然而要想真正能够做出成绩，除了具备高尚的品格、正直的操守，还得要有文化的底蕴、善治的本领。俞明同志就特别擅长将文化知识活学活用，并且取得了令人瞩目的工作实绩。他在担任南京市下关区长期间，充分利用所辖区域丰厚的文化积淀，系统梳理明朝朱元璋、宋濂《阅江楼记》等相关文史典籍，努力发掘地方文化资源，有规划、有步骤地组织阅江楼的修建工作。如今阅江楼雄峙在南京城北的狮子山上，成为生动诠释“中华优秀传统文化创造性转化”理念的重要地标。俞明同志在援疆期间，通过查阅大量文献资料，在伊犁为汉代来自江苏的细君公主和解忧公主建造了汉家公主纪念馆，为历史素材的古为今用、促进民族团结发挥了重大作用。1998年，江苏建造连接扬州和镇江的长江大桥。我本人祖籍扬州，出生在镇江，深知这两座城市之间向来就存在着争先情结。到底起个什么桥名合适呢？确实颇费思量。俞明同志通过周密论证，向国务院办公厅提出取名为“润扬长江公路大桥”的建议，并且得到了最终的认可。润扬两个字连起来读，音声响亮，朗朗上口。这个名称起得既有文化底蕴，又解决了现实问题，真是妙不可言！可以说是巧妙的点睛之笔。

南京师范大学的校训是：“正德厚生，笃学敏行。”南师大杰出校友俞明同志的拼搏恰恰践行了母校校训的精神：襟怀坦荡，尊师重道，笃志好学，文以化人。如今，俞明同志已从南京市政协的岗位上退了下来，仍然热心于南京历史文化名城的保护与建设。祝愿俞明同志热情似火，青春永驻！

高　峰

2019年11月13日

本文作者简介：高峰，南京师范大学文学院院长、博导，江苏省中华诗学研究会副会长。

致　谢

感谢王蒙先生的肯定和鼓励。首先是王蒙先生破例为拙作写序，同时又对书中涉及之事给予极高的评价，认为四件事都“堪称有历史意义的佳话”，这种种机遇竟然被我一个人遇上了，“一身兼得其四”，实乃幸运也。

的确，我是很幸运的。我想不到自己高中毕业14年后还能考上大学，想不到自己36岁大学毕业后还能有很多机会为文化建设出力。这种幸运来自我生活的时代，这是一个有激情、有梦想的时代。天时地利人和。我所处的环境，南京、伊犁等地，富有诗意，富有人文精神。我所相处的人，有不少真正无私帮助过我的师长。我要感谢南京市经济研究所原所长钟章润同志，他在1984年以前和我素昧平生，他为我指引了努力的方向；我要感谢省作协丁捷同志，感谢我的硕导洪慧民老师（后在省政协、省监察厅任职）、博导钟振振老师（南京师范大学特聘教授）、省地方志办公室吴福林老师给予我的帮助指导。感谢南京师范大学文学院院长高峰老师、南京出版社社长卢海鸣老师、编辑余力老师为拙作付出的辛勤劳动。

正如王蒙先生2019年10月对我所嘱：“你能做成几件事，很幸运；这也是你的职务行为。你个人只是提出了、推动了、促成了这些事。你自己哪里有财力物力办这些大事？”的确，没有这个时代带来的机遇，我只会一事无成，所以，我用出版文集的方式来讲讲这些故事，或许能引起读者的关注。

俞明

致谢